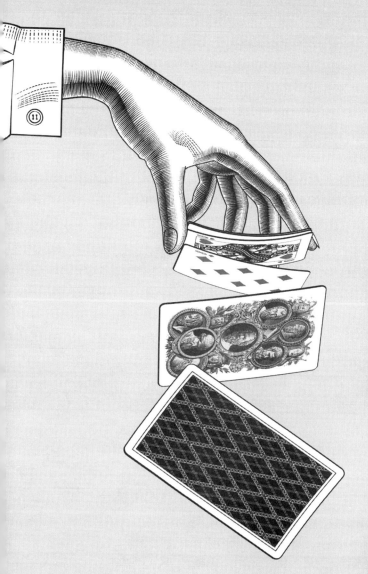

脑洞大开的哲学简史

8世纪后
60个有趣的灵魂

七 格——著

清华大学出版社
北京

本书封面贴有清华大学出版社防伪标签，无标签者不得销售。

版权所有，侵权必究。举报：010-62782989，beiqinquan@tup.tsinghua.edu.cn。

图书在版编目(CIP)数据

脑洞大开的哲学简史：8 世纪后 60 个有趣的灵魂 / 七格著 . —北京：清华大学出版社，2021.1

ISBN 978-7-302-56774-5

Ⅰ. ①脑… Ⅱ. ①七… Ⅲ. ①哲学史－研究－世界 Ⅳ. ① B1

中国版本图书馆 CIP 数据核字 (2020) 第 218039 号

责任编辑：左玉冰
封面设计：徐　超
版式设计：方加青
责任校对：宋玉莲
责任印制：丛怀宇

出版发行：清华大学出版社
　　　　　网　　址：http://www.tup.com.cn，http://www.wqbook.com
　　　　　地　　址：北京清华大学学研大厦 A 座　　**邮　　编：**100084
　　　　　社 总 机：010-62770175　　**邮　　购：**010-62786544
　　　　　投稿与读者服务：010-62776969，c-service@tup.tsinghua.edu.cn
　　　　　质 量 反 馈：010-62772015，zhiliang@tup.tsinghua.edu.cn

印 装 者：三河市吉祥印务有限公司
经　　销：全国新华书店
开　　本：170mm×230mm　　**印　张：**15.5　　**插页：**1　　**字　数：**248 千字
版　　次：2021 年 1 月第 1 版　　**印　次：**2021 年 1 月第 1 次印刷
定　　价：58.00 元

产品编号：089736-01

前 言

瘟疫肆虐的时候，往往是学霸最开心的日子。比如牛顿就是闲着也是闲着，在伦敦暴发瘟疫时躲在乡下随便使点劲，就给人类贡献了微积分和万有引力。

那今天我们芸芸众生除了积极活下去，并迎接日复一日的体温测量、口罩出门以及二维码监督外，还能做些什么呢？

要不真的来学点哲学？

让你想想万一这次会死的话，临死前怎么总结一生。

而更多情况则是怎么想也没死，日子还是一样在过，于是也就总结不出什么一生。

但也许有时候你也会问自己：这是老天爷的安排吗？一切都好好的，忽然就来这么一大出戏，还时不时加点洪水什么的作料，就为了警告人类别太忘乎所以；或者你会想，得了吧哪里有什么老天爷，一切都是偶然的随机事件，是祸躲不过，来就来吧，挨过去了就一片光明，挨不过去就是历史客观规律。

当你这么想的时候，你已经是哲学家了。是的，不要以为哲学家非得是蹲大学课堂或跑进直播间，满口说着你听不懂但却又时时金句不断的人。其实在德国那位康德老先生颤巍巍每天下午准时出来散步之前，世界上所有哲学家差不多都是业余的，他们都是工作之余随便想到点什么，然后随手写下来，或别人帮忙给做了记录和整理。当然能流传下来的那些，都是想得特别精彩或特别深入的，但更多的人，写完也就写完了，他们完成了对宇宙和人类的回顾，但并没有影响到我们。就像你们，如果开始思考，也不会影响你们后来的人类。或者就像我，在个体生命历程中当一会儿时间段里的哲学家，直到厌烦，或瘟疫消停。

人们总是在死亡迫在眉睫时忽然关心一下哲学，虽然它不是救护车，也不是速效救心丸，但站在火葬场、殡仪馆以及墓园，总能让人严肃那么一小会儿。当然我们中国人对抗哲学的本领也是很大的，因为严肃意味着我们知道死亡来过了。怎么办？用喜乐冲刷它啊。比如葬礼后大伙儿立即一块儿吃一顿豆腐饭，而且现在豆腐饭越做越好，喝喜酒也不过如此了。大伙儿吃吃喝喝，享受人生，至于什么是死亡，嗯，等它下次来了再说。

并不是自从有了人类之后，哺乳动物才拥有了关于痛苦的长期记忆，但人类确实是第一个发明了一整套快速遗忘痛苦系统的智慧物种。比如，我们发明了宗教，这样关于往生和来世的想象就有了可以寄托的物理地址，至于这个物理地址有没有可能到达，就需要我们再发明信仰。这本书会有一大部分哲学家在思考关于神存在是否可能的话题，他们思考出了什么结果并不重要，重要的是你现在有机会跟他们一起重温这一套思索进程了。他们的思索进程也许对你是完全没有帮助的，而这就是我写前言的动机之一：我想再次告诉大家，不要试图从哲学里学到什么人生之路，每个人的路都是自己走出来的，哲学家只是在走路的时候，话特别多而已。

话一多，自然会涉及语言，然后就会怀疑是不是我们的语言出问题了，以至于我们老在语言里打转，没法通过一系列人生的感悟，直接飞跃到我们想当然可以自以为是的境界。这样一来，又一堆哲学家对语言进行了孜孜不倦的研究。我得说他们大部分的研究都是废话，因为人工智能学家有另外的一大坨方案去解决从小样本到大样本的语言学习中遇到的麻烦。但要是不去回顾一下，看一眼哲学家们曾经怎么个大炼语言的钢铁，你就不知道你自己的时间有多宝贵，与其花时间去怀疑语言，不如投入更多时间陪家人聊天。

陪家人聊天，一般说来没什么挑战性，挑战性主要来自陪家人里的小孩聊天。他们会忍不住来问你一句：宇宙外面有什么？或者问：天外有天，那么再外面呢？还是天吗？没有尽头吗？

研究宇宙的物理学家最不耐烦的，就是这个世界总有这样的小孩问题去打扰他们，问他们如果宇宙是有边界的，那么边界外面是什么。他们一直觉得这个问题很可笑，因为边界就是宇宙的尽头，尽头外面就是啥也没有，你当然可以继续朝前旅行，并且一直旅行下去，但你永远旅行在宇宙的边界。打个比方，这就好比蚂蚁在地球表面行走，它将会永远走下去但跑不出地球进入太空一样。

可是这个用二维的球面空间，也就是地球表面来做的比喻是有问题的，因为我们都清楚这个球面是嵌在三维空间里的，我们等于是把自己当上帝了，于是才会嘲笑蚂蚁永远不知道第三个维度，哪怕它遇到了一根竖着的小树枝，它能爬离地表，它依然会以为自己贴着地表，只不过脚下的地表有些凹凸不平。

其实只要一阵风，把蚂蚁刮离二维球面，它就有可能会惊觉自己其实一直是被嵌入在三维空间里。

那对我们人类来说，这阵风在哪里？何时有过？是否会来？

如果一切都还是不知道，那么哲学家的老三样考题，就只能一遍又一遍地重刷你我的灵魂：你是谁？从哪儿来？要往何处去？

物理学家声称对观察、实验和推理之外的任何事情，他们都闭口不言。

但数学家不会，哲学家也不会。

不幸的是，今天所有那些学术界的哲学家都已垂垂老去。他们想回答，但政治家、科学家、艺术家以及其他各行各业领袖似乎都忽略了他们的发声，因为他们认为在自己的领域，他们做得比哲学家好太多，如今的哲学家应该掌握的新技能，是闭嘴。

我认为这是一件好事。

因为芸芸众生的声音现在更重要了。当哲学成为每一个人的标配，那么关于文明演化和技术进步这类事情，也就成了每个人的事，乃至哪怕你拒绝思考，都可以成为一名不思考的哲学家。

于是我们可以这样回答哈姆雷特先生："To be, or not to be, that is NOT the question."。（生存还是毁灭，这不是一个问题。）

因为我们才是问题。

2020 年 7 月 21 日

君临海域
一统天下的努力

商羯罗(Shankara)
约700—750年
印度的伽拉迪
"有梵无佛。"

第一天　商羯罗

佛教最广为传播、深入人心的四个字,就是苦、集、灭、道。其中第一个字:苦,说的就是众生的智慧被遮蔽,堕入一种叫作"无明"的状态,于是就把大千世界当作真实的世界,并在这世界中生死轮回,苦苦挣扎,万世不得超生。为了摆脱这种困境,佛教给出了各种方案,最出色的莫过于唯识宗,认为什么都是假的,包括我这个人都是假的,只有比眼、耳、鼻、舌、身、意这前六识还要高出两级的阿赖耶识,才是唯一值得信赖的。通过努力追求某种清净无染的阿赖耶识,众生即可破除各种妄执,从而摆脱无明,进入涅槃。

然而上述的方案存在一个挺要命的漏洞:如果阿赖耶识属于我,那阿赖耶识就会一起堕入轮回,这相当于救命稻草也要喊救命;如果阿赖耶识不属于我,并且我和它没有任何交集,那我凭什么可以追求到它?此外,阿赖耶识对佛教的中观派也是一个麻烦:中观要求最高的境界是空,就是你可以承认东西是存在的,但它的性质是空的,是没有的。但现在阿赖耶识显然是个有,哪怕被称作真空妙有，依旧是有个可以独立自主的实体，这么一来，品位就低级了。

各路佛学专家正在殚精竭虑，努力想出各种补丁方案的时候，商羯罗来踢馆了。他是婆罗门教吠檀多派的，开宗明义就告诉佛教徒们：外面大千世界虽然是假的，但在大千世界背后，存在一个真的主宰神，它无边无际无色无嗅无始无终无法无天，它就是梵。

我们来看看，商羯罗构造了这么一个梵，是不是可以解决上述佛教理论的漏洞。首先，以人体作为分界，我们可以把在人体内的梵叫作阿特曼。商羯罗将梵和阿特曼之间的关系，比喻成整个空间中的虚空和一个瓶子里的虚空。整体空和瓶中空是没有差别的，它们唯一的差别，就是被瓶子隔开了，如果把瓶子打碎，那么它们将毫无差别。现在，这个瓶子换成人体，上述关系对梵和阿特曼也成立。这样，人体内的梵，也就是阿特曼，就继承了梵的一切性质，包括完满、清净、不运动。其次，梵会产生一种叫作"非变异名色"的元素，这种元素还没展开时，表现为梵的特征，但一旦展开，就表现为和梵相反的特征，最主要的特征之一，就是它开始运动了，并由此形成了无明，于是逐渐形成了迷惑我们的大千世界，以及被迷惑的知觉系统。最后，对于我们每个人来说，我们想要得到阿特曼，那么只要看穿各种迷惑我们的无明，放弃一切意识活动，进入不运动的状态，如熟睡状态，阿特曼就会显露出来。在这里，大家千万不要以为阿特曼是可以追求到的；相反，阿特曼是自满自足的，它绝不能作为对象被追求到，你必须领悟到自己已经在庐山中了，才能在清静无为中，识得它的真面目。

商羯罗这套方案的精彩之处，就在于把高高在上的阿赖耶识，改造成了人人皆可成尧舜的阿特曼。这个阿特曼就在我们每个人心中，虽然它跟我们的知觉系统没有任何交集，但是商羯罗把知觉系统，也就是唯识宗的各种识，统统当作假象给抛弃掉了，使之成为一个空集，那么和空集没有交集也就自然没什么要紧了。

商羯罗这种釜底抽薪的战术，叫作不二论，意思就是梵我不二。它对佛教理论绝对是一次核打击。它不仅轰平了唯识论，也碾压了中观论，因为中观论虽然强调没有任何实体，一切皆空，但它至少还保留了缘起，认为所有的现象都是相互依赖而成为可以真实感知的形式，但是，商羯罗的不二论把现象以及现象之间的运动关系,也全都当作一种迷惑世人的假象,因此不管缘起的性是空还是不空,缘起本身也要被一并抛弃。也就是说,整个佛教的理论基础,被他连根拔起当柴火烧了,这简直就是在屠盟。

同时商羯罗也是一位身体力行者,他到处宣扬他的不二教义,与人论辩,试图用他的学说覆盖整个南亚次大陆。其中最为传奇的一次,莫过于他跑到摩西施摩提王国,和那里名气很大的哲学家弥室罗,进行了一场旷日持久的大辩论。辩论的裁判呢,竟然是弥室罗的老婆巴拉蒂。巴拉蒂是一位很有学识的才女,她将两圈花鬘分别挂在两人脖子上,说好谁的花鬘先枯萎,就谁先输。如果商羯罗输,商羯罗就得还俗去结婚生子;如果弥室罗输,他就得离家去做一名托钵僧。弥室罗平生最恨又臭又脏的托钵僧,辩论一开始就咄咄逼人,吹胡子瞪眼什么都来,出乎意料的是,他老婆巴拉蒂一点也不胳膊肘往里拐,反而是一位很守辩论规矩的裁判,她不时提醒老公要注意辩论的风度:不许跺脚,不许大吼,不许指指戳戳,不许仰天大笑……弥室罗被老婆这么三番五次压制,更是对眼前这个小白脸恨之入骨。可惜弥室罗技不如人,双方大战17天后,也许是喷的口水比商羯罗少,弥室罗的花鬘率先枯萎了。

面带胜利微笑的商羯罗刚要带弥室罗得胜而去,巴拉蒂却一把抓住丈夫的手不让走,说丈夫的花鬘才枯了一半,还有一半没枯,是因为商羯罗还没有战胜另外一位潜在的对手,就是她本人。于是,就像很多游戏里大怪物总是最后一刻现身一样,商羯罗又和巴拉蒂大战了17天口水战。巴拉蒂见自己也快要落败,懊恼对手的口水真的好多,忽然她计上心来,问起商羯罗爱欲瑜伽经方面的知识:拥抱有多少种姿势?少女的吻是什么滋味?做爱怎么来?

可怜商羯罗还是个孩子啊,你这样问真的好吗?商羯罗面红耳赤,败下阵来,但他不服输,说希望给他一段时间,他要去民间采风,获取性方面的知识。巴拉蒂同意了。于是商羯罗运神通,假死在森林里,魂魄则神游到摩西施摩提王国的国王体内,把他的三宫六院的床单差不多全滚了一遍,然后志得意满地回来,说起性经验,真是口若悬河,滔滔不绝,巴拉蒂和她的丈夫,这回输得心服口服。

传奇当然不可信,但商羯罗的确在印度各地壮大了印度教的势力。佛教哪里是印度教的对手,加上伊斯兰军队在北方的入侵,以及佛教自身越发在理论上脱离普罗大众,最终,佛教势力被迫翻过雪山奔吐蕃、大唐而去。吠檀多派取得了压倒性的胜利。

然而,商羯罗对印度教的功劳虽然大,却有段时间没落得好名声。因为他的不二论包含了太多佛教唯识宗和中观的知识。他和佛教的竞争,完全属于近身格斗类。所以远远看去,一时竟分不出他的学说到底算是吠檀多派还是佛教,以至于后来那些吠檀多派的学者竟然称他为"假面的佛教徒"。

这些学者真是太井底之蛙。如果他们也能有互联网,看到世界上更广泛的思想分布,他们马上就会意识到,与其说商羯罗的不二论和佛教一脉相承,还不如说是和中国的道教更加水乳交融。因为区分这些古代哲学的一个最重要的标准,不是看它们各自用的术语是不是相同或接近,而是看它们对世界本原的定义:佛教明显是把外部客观世界的实在性,当作无来处理的(一切有部除外),但吠檀多派的梵,还有中国老子的道,却全是当作了有。

但商羯罗的梵和老子的道还是有一些微妙差别的。如果换用《道德经》的语句来表述,那商羯罗的梵可以被描述成:"道非可道,可常道;名非可名,可常名。"详细解释起来,意思就是:梵这样的道,是不能说出的,如果能说出,那就不是清静无为的上梵,而是经过无明的拓扑变换后形成的下梵;梵这样的名称,是不能定义的,如果能定义,那就不是清静无为的上梵,而是经过无明的拓扑变换后形成的下梵。

本来这一日志记录到这里,商羯罗也就功德圆满可以全身而退了,然而不幸的是,他自己在著述中,不小心写下这么一句话,顿时让旁观者发现了其不二论中的一个致命漏洞。商羯罗写下的那句话是:"在死亡或熟睡状态时,是依靠身体以及直接知觉等的知识根据来确立的。诸感官都是如此。"

这句话透露了一个令人不安的事情:死亡状态和熟睡状态一样,都会让阿特曼自动显现,于是阿特曼可以依靠它与身体外面的梵的同一性,迅速建立自我认知关系。问题是我人都死了,阿特曼你们还在那里忙什么忙啊?你们这么忙,你们这么梵,你们这么有理想,跟我这个死人还有关系吗?

也就是说,唯识宗的这个清净无染的阿赖耶识虽然不属于我,但好歹最终我还能追求到它,进而熏染它,虽然我很卑贱,但也算是个入赘的女婿;可是不二论的阿特曼,追都追不上,简直就是个不管我死活的女神。我们只有放弃一切追求,守株待兔,才有机会一亲芳泽。可如果这样的话,那反正我们都要死的,等死了后阿特曼不就自动来了吗,我们还费这么大劲去找它干吗？也就是说，商羯罗你的瓶子迟早要破，何必劝大家去提早打破它？除非有轮回接力，那么我在今生今世为下一个轮回做准备，努力做好打破瓶子的工作才有价值。但商羯罗并未提及这一点。而在他之后的学说中，是否对此做了补充回答，我就不清楚了，且摘录他的一颂，权作他的回答吧。

自为纯粹心智同，
味与结合归汝误。
然汝生果非我因，
我与属性无关系。

推荐阅读：《示教千则》

莲花戒（Kamalasila）
约740—795年
印度的卷处
"我也曾胜之不武。"

第二天　莲花戒

当商羯罗在印度开疆辟土的时候，被赶跑的佛教也早就留了后路，它传播到其他地域的种子，渐渐都开花结果。其中翻山越岭到吐蕃的藏传佛教，此时已成功战胜当地本土宗教，并分化成了格鲁、宁玛、噶举、萨迦等宗派。然而，它很快面临一场新的挑战：与汉传佛教争夺藏地传教的资格。公元792年，双方在吐蕃举行了一场旷日持久的辩论赛，历时大约两年。所有的问答都是以文字形式写就，最终，其中一方败下阵来，被勒令离开吐蕃，再也不能回吐蕃传教。

这失败的一方，就是汉僧摩诃衍。胜利的一方，则是来自印度的婆罗门僧侣莲花戒。

这是一次不公平的较量。摩诃衍这边只有三人，莲花戒那边却有三十来个；摩诃衍年事已高，莲花戒正年富力强，而时局背景也对摩诃衍团队极度不利：当时唐朝和吐蕃的关系非常紧张，藏王赤松德赞早就想找个机会，把汉地佛教势力赶出吐蕃。总之，这是一场必输的辩论，表面上，禅宗讲究顿悟的摩诃衍，与瑜伽行派讲究渐悟的莲花戒，只是在互相切磋专业能力，看谁最后能赢得藏王欢心，实际上，摩诃衍就是个陪标。

即便如此，看一下第三方记录下来的辩论内容，我们仍旧可以发现，摩诃衍虽然在论辩气势上不及对方，但绝非毫无还手之力；相反，他以守为攻，在这场没有硝烟的战争中，让看起来似乎不善于逞口舌之能的禅宗教派，大放了一把光彩。

莲花戒一开始就咄咄逼人，开问摩诃衍："内观自己的心，从而除去被熏染的习气，这是出自哪里的经文？"佛经浩如烟海，当时又没有谷歌（Google）、必应（Bing），身边也不能带个图书馆，冷不丁抽一句来问，对方如果不是博闻强记，绝对上来就要被问倒了。还好，摩诃衍就是一台离线的佛经数据库，他的脑袋就是一座藏经阁，他立即引用《首楞严经》的原话，不慌不忙回答道："这个吧，取自这样一首偈语：一根既反源，六根得解脱。"

这个偈语不仅回答了莲花戒的提问，也表明了汉地禅宗顿悟的理论基础：眼、耳、鼻、舌、身、意这六根之中，只要有一根，譬如听闻习诵佛经产生的印象，首先在内观中被还原到真如境界，那么其余五根也就能很快依次得到解脱，就好比佛陀将一块手帕打了六个结，想要回到原来不打结的状态，你当然得一个又一个依次解开，但首先你得想办法打开第一个结。

接着莲花戒又问了很多个问题，分别从妄想、无想定（让所有知觉系统停止工作，进入无想境界）、声闻授记（许诺听佛陀讲经的人将来成佛）等各方面入手，竭力论证摩诃衍他们靠寂静不想，是没法成佛的。但摩诃衍将这些提问都一一化解了。摩诃衍是个老实和尚，在回答中，他还诚实地表示，我们那边绝大部分禅宗文献，喋喋不休吹嘘着那些不可说的公案，其实都是做给愚痴看的，没什么价值。这是辩论的大忌，可以说摩诃衍缺乏辩论技巧，但他表现得更像是一位追求智慧的哲学家，而不是为了求胜可以罔顾一切。

在激烈的辩论攻防转换之间，莲花戒也并非永不犯错。在他提第 11 个问题时，他质疑道，禅宗把自己等同于般若波罗蜜（般若：智慧的意思。波罗蜜：到达彼岸。），但是佛陀当年可是有六种波罗蜜呢，您把它们割裂开来，单单修其中般若一种，不觉得是有问题的吗？莲花戒这样提问，是犯了一个常识性的错误。因为在佛学里，般若波罗蜜是统领其余五个的，如果把般若学成了，其余五个修习不修习，是无所谓的。而般若波罗蜜是一种超验的解脱之道，想要修习它，恰恰是顿悟派的长项。如果莲花戒的提问成立，那另外五种波罗蜜一旦向般若波罗蜜靠齐，势必全部要从渐悟改成顿悟，那莲花戒就输得连裤子都没了。作为写下《般若波罗蜜多心经释》的大师，还犯这种低级错误，真是太不应该。但是，他的对手摩诃衍真的是老实，他没有抓住这一点绝地反击，而是平心静气地把正确知识说了一遍，上了一堂常识课，这错误就算翻篇了。太善良了！摩诃衍大和尚，这是在辩论，不是在讲经啊！

  莲花戒事后也意识到这个低级错误，这个错误在学术上并不是什么大不了的事，但也够他狼狈的。为了给自己圆场，事后他在写下的《修行次第论》里，强调菩萨就该同时修另外五种低级的波罗蜜，因为菩萨要有慈悲心，要为凡夫俗子学它们，否则就是魔业。莲花戒最后这般威胁道。

  没人知道当时吐蕃王判定摩诃衍输了的时候，内心是否闪过一丝内疚与羞愧。虽然禅宗有很多弱点，比如顿悟那一套，等于天然是给装神弄鬼者开了方便法门。但是，相形之下，不公平的比赛是令人更加鄙视的行为，它不仅输掉了气度，也输掉了品行，如果为了国家利益，这些气度和品行都是可以放弃的，那么，这样的国家利益，不过是一些见不得人的交易之后的冠冕堂皇。

  一定有人觉得奇怪，既然我这么看得起摩诃衍，为什么章节名却是莲花戒的名字？因为15年前，我才疏学浅偏听偏信，只读了胳膊肘朝里拐的《布顿佛教史》，便以为这西藏喇嘛布顿写的一切就是全部。直到如今又读了法国学者戴密微的《吐蕃僧诤记》，才对整个事件的来龙去脉有了更客观的了解。所以，我要把莲花戒作为章节名，这样每次看到这令人羞愧的名字，都会时时提醒我，历史真相离我们有多远，取决于我们追寻历史真相的意志和决心。此外，莲花戒也并非庸碌之辈。他不仅壮大了藏传佛教，也创立了"无相唯识"学派，真要为他另外单独写一篇，也是够份量的了。

  说完南亚和东亚，我们终于在这个时间点上，有机会来到西亚看一下那里的思想市场了。公元1000年左右，阿拉伯半岛学术繁荣，诞生了一位空前绝后的哲学家，他就是下面这位中东医圣阿维森纳。

推荐阅读：《吐蕃僧诤记》

阿维森纳（Avicenna）
约 980—1037 年
波斯的布哈拉
"宇宙和人体一样奥妙。"

第三天　阿维森纳

假如你大白天站街上正发呆想事呢，忽然眼前金光一闪，一个人突然被创造出来了。他眼睛被蒙着，肢体被卸开，空气和他隔绝，他被剥夺一切感觉。请问这个人要是活着，会意识到自己的存在吗？

不管你第一反应是逃跑还是报警，或者陷入哲学思索，反正这是大约 1000 年前的阿维森纳构想出来的。

阿维森纳，也叫作伊本·西纳（Ibn Sina），出生于布哈拉（今乌兹别克斯坦的第三大城市）的一个塔吉克人家庭，父亲是位财税官吏，对科学、哲学非常痴迷。据考证，这位父亲有可能带有中国人的血统，当时那片地区基本是中国人的地盘，和周围的波斯人、突厥人、阿拉伯人混居一片，摩尼教、琐罗亚斯德教、聂斯托利派基督教、佛教、伊斯兰教各种宗教争奇斗艳，也是一时繁华，风光无两。

阿维森纳从小就是个神童，举凡算术、逻辑学、法律学、文学无所不学，尤其是医学，学起来不费吹灰之力，简直就像上辈子都学过、这辈子只是来复习一样。这位学霸也愿意公开他的学习秘诀：有疑难之处去清真寺祈祷神明，通宵学习累了去喝酒提神。

但是阿维森纳也有学习上的难题：亚里士多德的《论形而上学》一书，把他难住了。据说他反复读了 40 遍，还是没法理解，直到看了他的先辈法拉比写的注释，他才豁然开朗。

到 18 岁时，阿维森纳的医术已经名冠天下。这时萨曼王朝的王子患了顽疾，群医束手无策，他去之后药到病除。阿维森纳具体是怎么治疗的，史上并无确切记录，不过在电影《神医》（*Der Medicus*）里，这场治疗被描述成一场外科手术，并动用了麻醉剂。在愚昧的中世纪，切开人体肌肤看里面的各种器官构造，这种神奇刺激外加不寒而栗的惊悚激动，不亚于观察天体运行找到规律后的莫名高潮。据历史记载，苏丹的病治好后，曾问当时阿维森纳要什么报酬。阿维森纳目光远大，他提出想要进苏丹的私家藏书楼，饱览各种难得一闻的奇书。

让我们回到先前那个阿维森纳构想的惊悚科幻片场景，继续我们相比之下显得略有枯燥的哲学讲述吧。阿维森纳根据他的这个思想实验，想到的是：人要是这样被大卸八块地创造出来，他没法肯定自己的胳膊、大腿、心脏、大脑是否还属于他，但他可以肯定的是，他作为一个整体，作为他之所以为他而不是别的什么而存在，这种本质存在的前提，就是因为他的灵魂存在。可见，灵魂和形体不是一回事。

阿维森纳会这样去构想，可能是来自他尸体解剖之后的灵感，是基于实证科学的基础上对灵魂的定义。由于在伊斯兰文化传统中，灵、魂、体这三个不同的语词对应的是不同的概念，所以对阿维森纳来说，将灵魂先从肉体分离开来，然后再把灵魂分解为"灵—魂"（注意特地加塞的"—"，并不是很难的事情）。"灵—魂"这个结构里，"灵"相当于弥漫在宇宙中还没被调用的生命软件，它不会死亡，也不会轮回，而是永远存在着；"魂"相当于这个生命软件和生命硬件的结合，和人类结合，就是最高的人类之魂；和动物结合，就是次一档的动物之魂；和植物结合，那就是再次一档的植物之魂。"灵—魂"当中那个"—"，表明它们不是同一类，以免大家一旦读得顺畅，不小心就会误以为灵和魂指的是一类东西。

阿维森纳的这套说法，显然是继承了亚里士多德的这个构想：万物之所以为万物，是因为万物背后都有动力因。阿维森纳在这基础上，又结合了自己的宗教教义和解剖学知识，将它们天衣无缝地拼合在了一起。有学者评价说，他不过是一个亚里士多德在阿拉伯世界的翻版，这种评价是让人不满意的。亚里士多德一个实验都没碰过，更遑论人体解剖。阿维森纳才是真正能把形而上学和实证科学完美结合的天才，他不像亚里士多德，凭臆断就得出星星发光是因为被太阳照亮，而是通过观察实验，得出星体是自己发光的结论。更何况阿维森纳酒量那么好，亚里士多德如何可能同时在智力和酒量上都超过他呢？

要让"灵—魂"成为一种生命软件，阿维森纳就需要为这种没有形体但具备了万物信息的对象，提供一个存在性的证明，让它有所着落，能得到一个本原，这样就能从数学层面落实到物理学层面。为此，他借助伊斯兰宗教知识，将真主等同于本原。既然教义上说真主是真的，那么万物的本原也就被落实了。然后，阿维森纳再用新柏拉图学派的流溢规则，一级一级构造宇宙万物的等级。他一共构造了十个等级的球体，依次排在真主的后面，一级又一级把自身的动力因往外流溢，生成次一级球体。球体名称从第一理性一直叫到第十理性，其中人类的灵魂以及月球的内容，都是在第十理性这儿。这些球体并不在时间和空间之中，所以不会按照我们这个宇宙的天体运行那样去运动，它们完全按照不同等级的灵魂能力在活动，其中月球的理智活动，推动了地球上万事万物的运行。而从最后一个灵魂球之后，再往下的地界就不归真主管了，那里的生老病死，由世界灵魂来统筹。

那么，为什么真主造了十个球就不造了呢？无穷无尽造下去不是更能彰显他的能耐吗？阿维森纳的回答是：因为真主面对的世界是有限的，他用不着造那么多灵魂球去对付我们所在的世界，造完十个就足够了。总之，阿维森纳的这个宇宙图说，彻底统一了从真主到世俗的方方面面，对一切向往囊括一切时空的科幻爱好者来说，实在神奇到令人叹为观止。想来只有他在做人体解剖时发现的那些奥秘，才足以匹配他头脑里构想出来的形而上学吧。看看本篇所配的人物肖像插图，就是阿维森纳手绘的人体内脏图例的局部，那如同麦穗一般的血管，匍匐在天体般圆润的脸庞上，如果再配上庞德那湿漉漉的诗句①,那将是多么美妙的行星组曲。相形之下,亚里士多德的形而上学,是显得多么苍白而没有嚼头啊。

最后,让我在推荐《论灵魂》这本很难看懂的阿维森纳译著之外,再次推荐电影《神医》,它是如此得精致与完美,当然是在女主角的戏份被全部删去的前提下。

推荐阅读:《论灵魂》

---

① 诗文原文:In a stattion of the Metro, The apparition of these faces in the crowd; Petals on a wet, black bough.

邵雍（Shao Yong）
1011—1077 年【北宋】
古中国的范阳
"从三皇五帝到太空殖民，这套历法都能管。"

第四天　邵雍

一圈满世界走马观花之后，现在我们的时光三桅船来到了中国宋朝。我们发现自隋唐以来，佛教事业蒸蒸日上，这对儒家的打击实在是有点大。所以到了宋朝，出现了邵雍、周敦颐、张载、程颢、程颐这北宋五子，试图重振儒学经典，也是情理之中。这五人中，邵雍的思想是最奇怪的。一方面，他要继承儒家老老实实做地面上学问的传统；另一方面，他又很羡慕佛教可以搞出三十三重天。这年代，道教已经跟了佛教，儒教再不跟，可真的要一辈子吃土了啊。他思前想后，决定再度从象数之学入手。

象数这门学问，董仲舒他们也尝试过，但是失败了。但邵雍想，万一我成功了呢？看到这里大家一定会大声喊：邵雍邵雍不要妄想啦，那象数之学就是个死胡同。但是，中国的实验科学从来就没进入过这些传统知识分子的眼界内，唐朝数学家李淳风编的十部算经他们也看不懂。既然象数之学对数学和物理的要求并不高，只要内心有崇高的道德感，就能去大胆地碰，那邵雍又怎么会停下呢？他一定还觉得，自己这辈子勤勤恳恳读圣贤书，已经到了"寒不炉、暑不扇、夜不就席"的地步，想来从易经八卦入手，将儒学推到一个新的高度，应该还是可以做到吧？

对的，他真的做到了。因为这并不难。屎壳郎推粪球，总能机缘巧合推出个更大的。

中国的八卦里面，本来是有两仪四象的，但这两仪，一般来说指的是阴和阳，四象呢，就是阴和阳以三画为一组构成的卦象。它们可分为以下四类：三画全部是阳的乾卦，三画全部是阴的坤卦，一画是阳两画是阴的震卦、坎卦、艮卦，一画是阴两画是阳的巽卦、离卦、兑卦。所以这样生成的八卦再两两搭配，才成了六十四卦。也就是如黄宗羲所说的，八卦里面已经蕴涵了两仪和四象的意思，不需要额外添加了。

但是邵雍有自己的打算，他觉得这样在象数推演上不够顺畅。为了将二进制的想法（当时他称之为加一倍法）一以贯之，他将太极定义为一翻一倍成为两仪，再翻一倍得到四象，再翻一倍得到八卦，然后终于翻到六十四卦。这样，他就给予了二和四以独立的本体地位，接下来为儒家建立宇宙论就方便多了。

邵雍的这番努力，要比其他哲学派别晚了足足1 500年，但奋起直追也是其心可嘉嘛。不过儒家到底是儒家，做事情不会太忘乎所以。邵雍首先声明，我们儒家的宇宙，不像道教说的那样，有一个包打天下的道，也不像佛教说的那样，有恒河沙数个三千大世界。我们的宇宙就这么一个，上面是天，下面是地，没有更多的了。因此，它是可以穷尽的。用什么穷尽呢？天用阴阳穷尽，所以就分出四时（春夏秋冬）；地用刚柔穷尽，所以就分出四维（东南西北）。这个阴阳刚柔，其背后就是邵雍早就准备好的四象。

然后邵雍注意到，道家的道被冷落了。好吧，道也很重要，但是邵雍认为，道等价于太极，在太极生出两仪后就没道什么事了。邵雍是很实际的人，他要的是看得见听得到摸得着的自然界，需要有诸如白昼、夜晚、太阳、月亮、土石、水火等元素予以对应。道什么的对他来说，都太缥缈了。所以邵雍的宇宙观是很老实的，虽然其思想来自道家的陈抟，但经这么一番改造，已经成了一种所见即所得的哲学观：从感官能感受的事物出发，通过一系列排列组合和交互感应，最终以形成儒式宇宙。

按照邵雍的逻辑，既然我们身边各种物体是推出整个宇宙得以成立的前提，那么我们如何才能认识身边这些物体呢？也就是说，谁保证对这些物体认知的正确？不得不说，邵雍真乃神人也。他认为人类虽然比物体高贵很多但仍然是物，就好比圣人虽然比普通人圣贤很多但仍然是人，因此，只要人学会把自己当作物，做到以物观物，就能通晓宇宙一切。这种能耐，叫作"反观"。

　　再明显不过，这又是一个理想很丰满现实很骨感的典型事例：邵雍之后，多少儒学大师想要通过以物观物，完成格物致知的目标，然而他们几乎没有一个获得任何关于自然界的有效知识。就拿邵雍本人来说，他就非常令人惊骇地提出："暑变物之性，寒变物之情；昼变物之形，夜变物之体。性情形体交，而动植之感尽之矣。"这句话的意思就是：暑热可以改变物的本性，寒冷可以改变物的情绪；白天可以改变物的形状，夜晚可以改变物的本体。本性、情绪、形状、本体交相感应，就能穷尽动物植物的所有感觉。这种类似梦呓的陈述，其背后的逻辑思路是：暑热属阳，物性又属火，所以暑热和物性是同类，于是它们可以相互感应，从而前者可以改变后者。

　　在邵雍之前，自然变化能影响的，最多是生物的生长发育节奏。当时人们依靠长期观察，代代相传，总结得到的自然规律，虽也存在不少谬误，但至少还都派得上用场。但现在邵雍这么个解释，胆子显然不知比他先辈肥了多少倍。这么做显然是荒谬的，但你要说他错，反而变得没那么容易。因为当时没有相应的实验科学深入证明，靠长期观察积累予以驳斥吧，时间上又来不及。所以大家都觉得他在逻辑上好有道理，这事就这么成立了吧。

　　然而邵雍并不满足上述这样的宇宙论结构，因为这比起佛教来，依旧显得不够气派。于是他接着把注意力集中到中国颇为发达的历法系统上。他很清楚象数之学有很大一部分是建立在年月日时上面的，其中一年分十二月，一月分三十天，一天分十二时辰。于是他在这基础上，又构造了元、会、运、世这四个历法单位，其中一元分十二会，一会分三十运，一运分十二世，一世分三十年。这样合起来，他得到了一元有十二万九千六百年！对人类历史而言，这绝对是一个惊人的时间跨度。如果这是考古学得出的结论，考古学家都快要激动得哭了。只可惜，这是邵雍空想出来的，他想用这个时间跨度，解释自尧舜开始到未来整个人类的命运。你要说邵雍粗放，他没佛教动不动一个大劫一百三十四亿年那么夸张；你要说他审慎，偏生他要把人类社会一切细节尽入彀中。所以儒家学说一旦成了宗教，也是很可怕的。它索性像佛教那些漫无边际倒也危害不大，偏偏近在咫尺，于是各种削足适履，这也就成了中国近现代逃不脱的命运。

行文至此，想必大家也看出来了，我对邵雍整个学说的总体评价不高，但我不厌其烦把他的主要思想罗列其上，主要就是为中国今后思想的发展做一个警惕性标记：儒式宇宙这么搞下去是行不通的，请不要再浪费时间了。

然而邵雍毕竟是无辜的，这么一个博学勤奋的人，只因生不逢时，遂把无穷的精力，投掷到这么一个有趣但无用的学术研究中去。尽管如此，邵雍依旧忙里偷闲，留下大量令人惊叹的诗歌作品，请允许我摘抄一首，表达一下对他在文学上的敬意。

十一日福昌县会雨

云势移峰缓，
泉声出竹迟。
此时无限意，
唯有翠禽知。

是不是有的读者读下来，觉得也不过如此？嗯，儒者诗往往过于注重哲学上的禅意，以至于读起来感觉要超越陶渊明实在有些难。不过接下来的这位哲学家张载，也许在诗歌造诣上会更让人满意一些。

推荐阅读：《皇极经世书今说》

张载（Zhang Zai）
1020—1077 年（北宋）
古中国的长安
"宇宙一团气."

第五天　张载

当北宋五子里面，排在首位的周敦颐写下"自无极而太极"时，他真正想说的意思，可能还是庄周的无中生有概念。但这对宋儒来说，又是一个天要塌下来的灾难。对，宋儒就是这般，时不时担惊受怕，不是外面金兵要入侵，就是内部儒学要崩解。

在宋儒眼里，这个世界必须从有开始。太极就是有的一个最开始的生长点，而它应该是至全的，自己就是自己存在的原因，所以绝对不能来自无。这是一个原则问题，马虎不得。怎么办？改啊。到了南宋，集儒学大成于一身的朱熹，就一直要求记录这句话的另一位学者洪迈，删掉开头的一个字，将之改为"无极而太极"，这样一改，无极和太极至少就并列了，然后再注解一下这个"而"字，就能把无极解释为是修饰太极用的。这样，句子意思就变了，变成在说太极是本来就有的，只不过是无形的罢了。洪迈老顽固，也是朱熹的死对头，觉得自己记录下来的不会错，不肯改。朱熹没招了，就只能等他死，等啊等啊，老不死的洪迈终于死啦，朱熹赶紧改了，于是大获全胜。

即便朱熹这么卖力，依旧还有人不买账啊，认为朱熹还是太软弱。陆九韶和陆九渊兄弟两个就和朱熹杠上了。他们索性咬死周敦颐连这句话都不曾说过，并声称写有这句话的《太极图说》乃是伪作。双方就这么吵啊吵，一直吵到宋朝灭亡，也真是够拧巴的。

相比之下，我们的张载就显得世故多了。他上来就只给了一句"太和所谓道"，只字不提无极和太极。他单用一个太和的概念，就一劳永逸解决了所有关于道的定义。而这个太和究竟是什么，那就全由他张载自己说了算。张载给出的初始条件里，放了阴阳两种元素，当它们运转起来后，就称此时的太和为太虚。太虚是没有形状的，作为气的本体，聚而生成万物，万物散而复归太虚。

一个改进的可循环儒式宇宙体系就这样巧妙构造好了，并避开了无中生有这种道教特有的形而上学观念。相比张载的这个宇宙模型而言，后来朱熹他们追随周敦颐的那个模型，耗费时力，却一点不讨好。

张载用实打实的气来贯穿宇宙和个体，尽管比古希腊的阿那克西美尼晚了1 500年，相形之下会有些让人羞愧，但不要忘记，中国哲学的最高目标，不是在于解释自然，而是在于规范道德。在张载那个年代的欧洲，马上就要迎来实验科学的兴起，但宋朝的哲学家，依旧在沿着既定的思想路径埋头前进。

为了更好地描述宇宙，张载在气的基础上，又设计了天和神两个概念，专门用来描述宇宙之气。其中，天是可以观测的气，神是不可以观测的气，并且"缓辞不足以尽神"，也就是说，用有限的语言是无法充分描述神的。这样，张载在人类可观测天地生万物的背后，又构造了一个形而上的神，并且将这个神纳入他的太虚之气的体系里，从而不仅和佛学、道学有了一个清晰的划界，而且给予了道德上的仁一个可以方便打开的后门：我们人类之所以本质上是善良的，可以行仁义之事，是因为背后有一套看不见的运行模式在支持。在天这个东西叫作神，在人这个东西叫作啥呢？当然就是性本善的性啦。

在孟子那会儿，性本善虽然确立了，但并没有给出性本善的形而上理论。现在张载给出了，张载自然还要进一步把剩下的活给做干净：既然性本善，那么恶是从哪里来的？孟子说是物欲造成的，那么人的物欲又是从哪里来的？这个问题也困扰了西方基督教无数个年头，其实在没有上帝的东方，中国哲学家的日子也不好过。

张载为此给出的解决方案是：宇宙的气在凝结为每个人的形体时，会出现不同维度的偏差（请回忆卢克莱修的神奇思想：原子在自由下落时，会自己决定偏离原来轨迹一点点），这种偏差，导致每个人的性格有了刚柔之分，脾气有了缓急之别，聪明才智上也出现了差异。如果偏差得很厉害，那么人的善良天性就会被屏蔽得很严重，于是产生物欲的动力也就无形中得到了加强。如果人想要回到圣人的行列，那就该把屏蔽拆掉，但是呢，屏蔽薄的还好拆，屏蔽厚的就很难拆，但不管怎样，靠后天努力以圣贤为榜样，刻苦学习，突破屏蔽还是有希望的。论证到这里，张载给出的书单，自然首推《论语》《孟子》，至于《道藏》《释典》，当然看不看就都无所谓了。

就这样，张载把整个知识分子的儒家传统，全部纳入几乎与宗教毫无二致的修习过程里，完成了一次儒家形而上学的整体迁移工程。在这工程中，他提出了两条修习成圣的道路：一条是"自诚明"，就是先诚悟背后的一贯之性，再明了前面的万物之理；另一条是"自明诚"，就是先明了前面的万物之理，再诚悟背后的一贯之性。这两条道路在张载看来是等价的，此等做法，类似于在宗教里，有的人选择先信仰后学习，有的人选择先学习后信仰。不管怎么选，反正"条条大路通罗马"。

人们在讥评儒家思想时，往往会蔑称其为儒教。可是实际上，真正离儒教很接近的这套张载的学说，他活着的时候并没得到重视，程颢、程颐他们还把他的想法移花接木，用以抒发自己的一套理论。到了南宋，朱熹他们又都忙着改弄周敦颐去了，张载的学说就跟一条咸鱼一样被扔一旁晾干着。即便到了明清之际，有人为了反对朱熹，又把这条咸鱼翻出来晒，但也没有将儒家思想带到真正的宗教领域。可见，儒家思想是一种很贴地面的陆行思想，与其费尽心思要让它飞起来，还不如因材施教，让它跑得更矫健一些算了。

最后，让我们摘录一段张载的诗句，作为对其哲学思想的映照吧。无论是禅意，还是诗意，张载的这首作品的确要比邵雍那首来得更浩渺些。

八吟翁十首之十

篮舆多病八吟翁,
云宾溪叟恣游从。
清时无事青山醉,
青山仍醉最青峰。

推荐阅读:《张载的思想》

程颐（Cheng Yi）
1033—1107年（北宋）
古中国的洛阳
"理，是一种规范吧。"

第六天　程颐

　　北宋五子我们已经介绍了邵雍和张载，周敦颐也提了一句，现在还剩下程颢和程颐两兄弟了。近距离看，这两兄弟在很多方面的见解差异还挺大，但远距离看他们对人类文明的贡献，只需留其中一个介绍给大家就够。思前想后，我认为还是弟弟程颐更精彩些，至于哥哥程颢，就当陪在一边的影子哲学家吧。

　　程颐这个人，给人的感觉就是古板到无趣。当时和他一起当官的苏东坡，是非常看不惯他的，觉得他就是个不近人情的神经病。而程颐也是看不上苏东坡的，觉得他这人"巧言令色，鲜矣仁"。两人一个在经筵，一个在翰林，互相就这么杠上了。

　　程颐如此面目无趣是有原因的：他太向往传说中的圣人了，所以处处严格要求自己，也严格要求别人，甚至严格要求当时的小皇帝玄宗。据说程颐在经筵上给玄宗讲课时，看到玄宗伸出小手去摘外面春天里的嫩枝，就立刻教训说：春天刚来没多久，不可以随便折树枝！

情商低，官场上一定混不下去。果然，程颐没多久就被贬了。后来又因为政治变迁被召回，结果没多久又被贬，然后再被召，本来程颐眼看还是要被贬的命啊，但程颐的命数到了，吧唧死了。

别看程颐这么三进二出非常狼狈，可他在学问上可是一点没耽搁。他的门生对他也没有失去半分尊敬。有一个典故叫"程门立雪"，说的就是这么一个事：杨时和游酢两人去看望程颐，程颐正在瞑坐，就是半睡眠状态吧，两人也不打扰，就静静站着看他瞑。程颐醒来发现这两人还站着，就说天色不早你们住下来吧。这个时候，门外已经积雪深达一尺。后来不知怎的，很多人误解为这两人是冒雪站门外，直到积雪达一尺。这个误解好是好，显得更加尊师重道，但也把原来那种范宽《雪景寒林图》般的意境，硬是生生给改成了国产电视剧里常见的苦情戏。

自打那位唐朝著名的文学家兼业余哲学家韩愈，把道家的道给扯地面上来，把本来和宇宙颇有渊源的本原，给弄个灰头土脸后，儒家门生可都是个个笑逐颜开了。他们伸出手把道接住，仔仔细细捧回家洗干净了，供作为国家人民服务的秩序规则。程颢、程颐继承的就是这样的道统思想，他们还将之进一步发扬光大，成为宋明理学。这么一来，众多后辈儒生怎会不把这两兄弟奉为偶像呢？大家当然要跟定他们，参研理学了。

理学，其实并不是逻辑学，也不是数学或物理学，虽然沾了个理字，讲的却全然不是自然之理，而是道德之理，由此可把自然给坑得不轻：因为只要拿道德之理去解释天地万物，基本上是不可能成功的。但宋儒并不在意这一点，自然算个啥呀，我的品行才是天下最重要的呢。所以程颐虽然声称"今日格一件，明日格一件，积习既多，然后脱然自有贯通处"，但他最后所谓的融会贯通，不过是品德上假想出来的完美人格。至于他对整个自然界的认识，依旧是一团糨糊。别看他声称一草一木都有理，都要观察，但他也就这么说说，真要他去搞植物学研究，告诉大家什么是单叶对生什么是单叶互生什么又是三回奇数羽状复叶，他立马就两眼一抹黑。好在当时是宋朝，哲学还处于可以随便吹的时代，不似如今，搞哲学的要是除了哲学什么也不懂，那就不算是哲学家。

程颐用理替代韩愈的道和张载的气，等于新构造了一种道德的本原。这种本原不仅存在于每个人的心中，也预先弥漫在天地万物之间。其中属于人类社会的，程颢将其定义为仁。这样，孔子的仁，就从一个个与个体单独联结的孤立点，扩张成了一个局部区域，成了一个连续的道德规范。

（预警：前方高能，数学不好者请绕行。）

程颐这个看似寻常实如惊蛰的变动，终于让孔子的道德纤维丛理论有了进一步的发挥。因为一旦扩充到局域，我们就可以在主丛乃至伴丛上按照我们的需求获得各种截面，而其中某个截面，正是我们需要的某种规范选择，在底流形（人类社会）上就表现为一个群体所要遵循的"仁"，在主丛（天地万物）则表现为和这个群体相关的"公"（公只是仁之理，不可将公便唤作仁。公而以人体之，故为仁）。而对其他各个事物种类相应的一切规范，与"公"一起构成的规范势，就是程颐提倡的"理"，也就是先前提到过但孔子并没有构造起来的联络。如果允许我们更进一步，大胆地将主丛上的伴丛所对应的截面，看作程颐提出的"命"，那么其所对应的同一个"仁"，也可以同时被称为"性"。这就是程颐所谓的"在天曰命，在义为理，在人为性，主于身为心，其实一也"。

而程颐名动天下的著名命题，即"理一分殊"，说的就是在这样的规范变换下，虽然规范势的各个分量是千变万化的，但它们万变不离其宗。这个宗，在物理学，可以是杨—米尔斯规范理论中的规范势，在数学，可以是纤维丛理论中的联络，在中国哲学，则可以是宋明理学的理。

（警报解除。现在让我们愉快回到饭后甜点上来吧。）

在性本善的框架下，通过程颐的努力，仁终于彻底统一了理、心、性、命，虽然程颐局限于当时语言工具的缺乏，只能把这四样说成是一回事，但按上述分析，完全可以将它们看作一套相当不错的道德本体论下的不同组件。这个功劳往上推，当然应该首功于孔子，之后往下推，顺着心的是陆九渊、王守仁，顺着理的是朱熹。所以，程颐才是整个儒家思想发展的重要拐点，至于其余的硕儒，如朱熹，或者王阳明，也只是名头比程颐响亮罢了。论学术上的贡献，朱熹、王阳明他们只是沿着拐点指明的方向，狠狠跑了一段下坡路。

当然，程颐不可能拿起微分几何工具，去阐释其精微繁复的构想。上述这么一番越俎代庖的良苦意愿，主要就是想看看中国哲学在到达它最顾盼自雄，也是最夜郎自大的一刻，是否依旧具备了一条通幽曲径，能借道潜入现代科学领域，做一次爱丽丝漫游仙境般的奇妙旅行，这样就可以看出它是不是具备一统天下的潜质。如果有，那么传统文化还有希望；如果没有，那么就再储存一段时间。人类文明发展每个时刻的每个学术成果，都应当被看作一种为应对未来生存环境变化的智慧储备，所以既不要轻言糟粕，也不要谬赞精华，全部封冻起来吧。正如那些封冻起来的人类卵子，终有一天妈妈想要派你们出场！

北宋哲学的游园会到此告一段落，接下来我们会返回欧洲，见一位神奇的基督教哲学家安瑟伦，因为据说他竟然试图用逻辑而非信仰证明，上帝是存在的。如果他成功了，那逻辑学家多半都要疯了吧。幸好我们都知道，上帝是否存在是不可能被逻辑证明的，但我们还是很好奇地想去了解一下，他到底是怎么证明的。也许有的读者早就知道他的证明思路了，不要紧，如果你愿意，欢迎一起跟我们再走一遭，因为有些思想旅游景点，光玩一次怎么够呢？

推荐阅读：《程颢程颐评传》

安瑟伦（Anselm of Canterbury）
1033—1109 年
意大利的奥斯塔
"你们都误解了我对上帝存在的证明。"

第七天　安瑟伦

在少年时代，安瑟伦就向往修道院的生活，无奈当地修道院看不上他，把这乳臭未干的小家伙给拒了。马云说得好，今天你对我爱搭不理，明天我让你高攀不起。胸怀壮志的安瑟伦铁了心，他离开故乡，继续求学问道，潜精研思，终于成为名动天下的大主教。

在为上帝工作的过程中，安瑟伦留下了不少著作，其中一篇论证上帝存在的旷古之作，让他的名字被世世代代永远记住，甚至还有数学家哥德尔用模态逻辑语言，把他的这个证明又重新构造了一遍。可见，人类对上帝的种种好奇心和窥视癖，不是靠一些虔诚的神学家所能威胁阻挡的。

安瑟伦的这个证明，是写在他的《论道篇》里的。但实际上，在写下这个证明之前，安瑟伦已经在另外一篇《独白篇》里，给出过另外几套证明方案了。但是安瑟伦总觉得那些证明还不够给力，他觉得自己应该再写一篇能镇场子的。于是他真去做了。

从安瑟伦的字里行间，我们可以发现他对上帝是非常谦卑的，但对人世间那些不信神的家伙，他是很不友好的，他直接称他们是一群愚者。为了对付愚者，他在《论道篇》里果然想出了一个更加高妙的证明，这个证明让无神论者雀跃不已，既然你跑出来当出头鸟，那么大家就可以在逻辑的领域，公平扳一次手腕，看看你们的上帝到底存不存在。

安瑟伦的证明思路，大致格式是这样的：

因为：无与伦比的存在者不仅在头脑里存在，也在现实中存在；
并且：上帝是一个无与伦比的存在者；
所以：上帝在现实中存在。

安瑟伦这个证明一经公布，马上就遭到各种反对意见，连他们基督教内部都有人没法同意。天雷滚滚冲我来，上帝怎么能证明？法国僧侣高尼罗就反驳说，那要照您这想法，我可以设想一个谁也没去过的美得无与伦比的海岛，但是，这个海岛并不在现实中存在呢。

这个反驳其实是没有力量的。因为安瑟伦的支持者可以帮腔说：上帝这个概念设计，要比无与伦比的海岛不知道完美多少倍。所以海岛可以在现实中不存在，但这一点不妨碍比海岛更完美的上帝，在现实中存在。

高尼罗败下阵后，过了700年，康德又来说这事。康德认为安瑟伦的这个句子有问题啊，什么叫无与伦比的存在者也在现实中存在啊？当你说出无与伦比的存在者这个主语的时候，你已经把谓语里的存在的意思给包含进去了，于是这就等于是在同义反复，等于在说"存在存在"，这不就什么也没有证明吗。当然，康德并非首先发现这个问题的人，在他之前，阿奎那已经指出过："上帝存在"这句话，主词和谓词同义，等于白说。

然后康德以为这个事情就这么愉快地结束了，但安瑟伦要是还活着，他一定会很不愉快地撰文反驳的。因为他说的这个无与伦比的存在者，只是一个在语言里的存在，而后面那个存在，是现实里的存在。所以当表述为"存在存在"的时候，两者不是同义反复，因为论域不同，它们只是字面上重复了。安瑟伦认为，只要前面那个语言中的存在者，进入语言论域的无与伦比状态，就能在现实论域里找到对应的存在物。这才是安瑟伦这个证明的跳空之桥，这座跳空之桥建立在叫作无与伦比的语境之中，不把那个语境破坏掉，这座跳空之桥就没法彻底拆除。

并且，如果我们仔细读了安瑟伦在这个简明版证明之前写在另外的《独白篇》里的完整版证明，就会知道，语言进入无与伦比状态，不是随便这么说说的。安瑟伦认为：上帝在创造事物之前，预先已经有了事物在形式上的概念。当他用一个词造万物的时候，这个词是一种属于上帝的内心语言，它不需要借助任何外部其他概念就能自行获取。愚人的语言只能说出他思想里能掌握到的，再怎么无与伦比，也都在他的想象范围内，这就是愚人语言的天花板；但是，还存在比这个天花板更高的语言，那是愚人无法想象的，那才是真正的不可企及的无与伦比，能言说那个状态下的存在者，也就是上帝内心语言的，当然就可以保证其在现实中也存在。这样来理解为什么无与伦比的上帝不仅在语言里存在，也一定在现实里存在，才是正确的理解。这真是：此语只应天上有，人间哪得几回闻。

真是成也萧何败也萧何。

如果安瑟伦不写后一个简明版证明，关于上帝存在是否能证明，就不会上千年来吸引那么多关注；可也正是因为他写了简明版证明，使得很多人忽略了他的前一个完整版证明，导致很多有神论者和无神论者都以为安瑟伦干了一件大蠢事。但只要我们把前后两个版本的证明连在一起琢磨，我们就会明白，安瑟伦的整个思考过程并不是一个严格意义上的证明，只是一个完整的形而上学的阐释。

也就是说，关于上帝的本体论证明，从一开始就是一个天大的误会。

安瑟伦可真是一个中世纪的标题党啊。但这个标题党真的是很有实力的。

安瑟伦认为，上帝从虚无中创造万物，这是无中生有，但这并不意味着这个无，提供了什么实质性的帮助。相反，这个无中生有的无，只是一种静止的描述状态，其实真正发生的事情，是上帝将某物造出来，从而把无的状态改成了有的状态，所以这个无中生有的"生"，其实是上帝在"生"，不是无在"生"。上帝在"生"万物的时候，是按照内心语言来做的，这种内心语言就是上帝本身，或者说，道即上帝。并且他还声称，这个最高实体的上帝，不仅生成了万物，还渗透到万物之中。

行文至此，终于图穷匕首见：原来安瑟伦用另外一套语言，在距离周口市鹿邑县 8 702 公里之外的坎特伯雷，重新阐释了 1 500 年之前的老子的道，是如何做到无中生有产生天地万物的。

　　过滤掉这些活跃一下气氛的乡曲之见，我们是不是可以掩卷感慨：人类的哲学史，就是一部阴差阳错的调配史。虽然很多哲学家彼此在时空上老死不相往来，比如这个安瑟伦和老子，或者之前那个阿那克西美尼和张载，再或者之后会遇到的斯宾诺莎和王阳明，他们两两之间跳空相接，藕断丝连，冥冥中齐头并进，只是为了解决人类带给人类自己的一个千古课题：

　　这个宇宙最不可思议的地方，就是它竟然是可思议的。

　　愿他们功不唐捐、玉汝于成①。

推荐阅读：《安瑟伦著作选》

---

① 　功不唐捐：作出的努力不会白白付出。玉汝于成：像打磨璞玉一样磨炼你，总有成功的一天。

阿伯拉尔（Pierre Abelard）
1079—1142年
法国的帕莱特
"上帝不可言说，但可以指向。"

第八天　阿伯拉尔

别看前面那位安瑟伦一生平平安安，最后寿终正寝，其实中世纪的基督教是一门危险系数挺高的宗教。如果说之前奥利金是自己请人把"小蘑菇"采了去，那阿伯拉尔的"小蘑菇"可是被人硬生生给采走的。

话说当时的法国有位老实教士，名叫菲尔贝，他有一位才貌双绝的侄女叫爱洛依丝。那会儿整个巴黎都在传颂阿伯拉尔的辩才，多少学生慕名而来，死活要投奔其名下。菲尔贝自然也仰慕阿伯拉尔的才能，非常想邀请他给他侄女上上课，提高一下侄女的综合素质。这番情形下，菲尔贝是多么信任地、毫不犹豫地、满腔感激地将自己的侄女交给他了啊。没想到啊没想到，阿伯拉尔这个衣冠禽兽，顿时被爱洛依丝的才貌俘获。照他后来回忆的原话，那就是当时两人"交换的更多的是亲吻而不是教导。我的双手不常翻动书页，却总在她的胸口流连……"最后，两人行苟且之事被撞破。菲尔贝又因误会，以为和侄女秘密结婚后的阿伯拉尔始乱终弃，一怒之下派人里应外合，抢走了阿伯拉尔的"小蘑菇"。虽然在电影《天堂窃情》里，扮演阿伯拉尔的男演员被人摁住，表情痛苦大声嘶吼，但实际上，据阿伯拉尔事后回忆，当时他睡着了，所以也不觉得有什么疼。行文至此，大家一定会暗暗佩服中世纪这帮阉割高手，他们到底掌握了什么高超的手艺，能将阉割之刑干得如此行云流水、雁过无痕？

人类总是喜欢讴歌付出巨大代价却成不了眷属的苦命鸳鸯，比如祝英台与梁山伯，罗密欧与朱丽叶。现在这事发生在禁欲的中世纪，免不了大家将同情心一股脑儿往这对不幸的恋人身上撒。再加上后来爱洛依丝为了能和对方至少在灵魂上紧紧在一起，也毅然出家成了修女，最后凭才能还当上了女修道院院长。这更是让今天的人觉得，这个女子不容易啊，从一而终，阿伯拉尔这辈子也是无憾了。

但实际上当时像阿伯拉尔这样的，真要光明正大娶了爱洛依丝也不是不可以。就是这样一来，会对他的职业规划产生比较大的负面影响。但这些在今天看来都是借口，凭着阿伯拉尔那张小白脸以及自带的学术光环，要东山再起也非难事，但阿伯拉尔当时显然被爱洛依丝说动了。爱洛依丝不希望他为两人的婚姻牺牲太多，她觉得他们的爱超越了世俗的礼仪，他们应当追求的是情感的自由，而非婚姻的束缚。我得说，爱洛依丝这么说是为了你这渣男好，但你真要把这番好意全盘接受下来，那你真的就是一架渣男中的战斗机。

所以后来阿伯拉尔被人采了"小蘑菇"，这又能怪谁？再说采你"蘑菇"的人也没啥好下场：那几个坏家伙被人捉住后，也被阉割还被刺瞎了双眼。所谓恶有恶报，这事算是两清了。再说，塞翁失马焉知非福。阿伯拉尔没了"作案工具"，正可以一心深研逻辑学和神学，倒也把中世纪的经院哲学带到了一片崭新的天地里去。其价值，几乎可以用摩西带领他的子民出走埃及来形容。

要说阿伯拉尔的贡献，我们得先做点准备工作，把阿伯拉尔之前的一些相关的哲学问题说一说。

古罗马的哲学家波菲利，就是把普罗提诺所有文章的次序打乱，按自己的理解编纂为《九章集》的那位，他曾把柏拉图和亚里士多德之间关于种属的理解分歧，总结为以下三个问题：

（1）种和属是真实存在，还是只存在于理智？

（2）如果是真实存在，那么它们有无形体？

（3）它们存在于感性事物之外，还是存在于感性事物之内？

这里说的种和属，其实就是大类别和小类别的意思。比如，男人和女人归于人这个种，而暖男和渣男则归于男人这个属。哲学家一般把抽象出来的种或者属，叫作共相，就是事物共同拥有的一种性质，而把剩下无法提取公共项的部分，叫作殊相。亚里士多德他们那个时代，搞不清的就是这个共相到底是仅仅存在于我们的头脑里，还是真的存在于外部事物中？如果真的存在于外部事物中，那么是像柏拉图认为的，是单独存在于感受到的物体之外，还是像亚里士多德所说的，存在于每一个感受到的物体之中？

今天的人们肯定会毫不犹豫回答说，那还不简单，共相只是我们抽象思维形成的一个概念，客观世界是找不到它的对应物的，所以既不存在于感受到的物体之外，也不存在于它们之内。嗯，回答得好有道理，柏拉图加亚里士多德竟然都无法反驳。但回到古代，想一想柏拉图的理念世界，就会明白这个问题对当时的古希腊人来说，还是一个没有标准答案的问题。因为古希腊人的抽象思维并不比我们差，他们完全可以抽象地认为：共相就是客观世界的实体，只不过它们都是在理念世界，你们这些俗人凭感官无法感受到罢了。

本来这些形而上学的问题，随他们怎么争辩也不会有什么结果。即便在今天，真要有人非说共相是实体，你也不太容易在辩论中胜过他。好在形而上学的争论从来不会有什么正确结果，再说又不影响人们平时的吃喝玩乐，所以大家渐渐也就忽略了共相问题。但是到了中世纪，这个历史遗留问题开始变得有些不太安分起来：基督教不是宣称上帝是三位一体的嘛，这意味着上帝是圣父、圣子和圣灵的共相。如果共相仅仅是一个名称，并没有实体，那就等于在说，上帝并不存在。所以神学家必须坚持：共相绝对不仅仅就是一个名称，而是有实体的。这是来自神学对形而上学的命令。因此绝大多数神学家都是实在论者，即相信共相真的是实实在在的物体；而无神论者多半倾向于唯名论，即认为共相只是一个名称而已。

但实在论不是神学从此可以高枕无忧的挡箭牌。它自身还是有一些问题的:为了表达上帝是全知全能的无限者,我们必须构造一个对应这个共相的词语,这个词语得具备对应无限之物的性质,否则它一旦对应上的是有限之物,那就说明它指称的不是上帝。可是,什么样的词语才配得上对应无限之物呢?神学家也不是酒囊饭袋,他们想出用代表有限之物的词语的否定词,来构造这个神奇的词语。比如,"人"这个词语,代表有限之物,那我们用"非人"这个词语,就可以指称无限之物了;接着,我们再用"非人"来定义上帝,就大功告成了。是这样吗?当然不是,因为石头也属于"非人"所对应的无限之物里的一种,如果我们把石头当作"非人"的指称,一系列语义运算下来,难道结论就是上帝有可能是一块石头?如果不是这样,那换个思路,把人这个有限之物之外的一切,就是无限集合,全部打包做成一个最大的集合,说它就是上帝,这样上帝就可以容纳天地万物一切了,是吗?似乎也不行,因为这样把"人"漏掉了;那好,就不用"人"来当有限之物,直接用"无"好了,这样,"非无"就一定能构造出形神兼备、德艺双馨的上帝出来。好,这次逻辑上是成立了,但是,"无"并不是有限之物啊,它啥都没有啊……

神学家们,想法子啊!

阿伯拉尔早年师从的哲学家洛色林,可是一位极端的唯名论者。极端唯名论,意思就是坚持共相仅仅是一个能叫出声音的名称,除此之外它啥也不是。阿伯拉尔虽然不完全同意洛色林的观点,但毕竟是受了他的影响。后来,阿伯拉尔在与一名实在论者,也就是香蒲的威廉辩论中,运用自己高超的论辩技巧,将对方辩得丢盔弃甲。阿伯拉尔到底是怎么战胜对手的,现今文献记载得并不详细,可能他就是捕捉到了实在论上述的这个天生弱点:面对上帝这种共相,根本不可能构造出相对应的词语,如果构造出来了,那也只是一个徒有其表的名称。

既然不能构造,那就只能强行规定。我们强行规定:上帝这个词语,天然对应了无限的实体上帝。一旦上帝这个词语是强行规定出来的,那就说明这只是语言和逻辑的事情,和外部的客观世界并无关系,而这,正是唯名论的立场。

但阿伯拉尔并没有像洛色林那样,将共相仅仅当作发出声音的名称。他很清楚,强行规定也是一种需要合乎逻辑的规定,他需要构造出一套具有结构的名称系统。在经验世界,这套系统可以指称殊相和共相,到了超验世界,它们不指称，但可以指向。也就是说，尽管我们语言里的上帝，已经无法准确命中外部世界里的共相上帝，但是这并不妨碍我们去言说、去指向那个共相上帝。所以，他用了一个词语"sermones"，就是布道的意思，来说明共相是什么。

在阿伯拉尔看来，共相就是布道。而布道，就是说那不可说的上帝。因此，阿伯拉尔是一位坚定而虔诚的基督徒。他的巧妙构思，一举解决了唯名论和实在论各自的缺憾，剩下的归纳总结，交给后人去打理即可，阿伯拉尔只负责最难啃的框架搭建。所以，想想他的丰功伟绩，再想想他给爱洛依丝写的那些也配叫作情书的性冷淡回信，人们不得不又一次发出同样的感慨：天才果然对爱情都麻木不仁，尤其没了"小蘑菇"之后，更是性情大变。假清高，伪道学，偏生在哲学上居功至伟，天意吧。

在今天，阿伯拉尔的这个解决方案被称作温和唯名论。可以说，是阿伯拉尔将语言学、逻辑学从与外部世界有着千丝万缕的对应关系中解救出来，为今后的谓词演算等形式系统的发展打下了坚实的一步；同时，更重要的是这样一来，自然科学才有机会接手一切关于共相和殊相的事情，去放心大胆地只管观察、测量、演算和验证外部世界，而不用去管它们是不是和我们的语言以及心灵对应。否则，欧洲无论是否会经历文艺复兴，它们那里最多呈现的也就是类似中国明朝昙花一现的仁宣之治，而更后面的工业革命，能不能出现都让人捏一把汗了。

所以阿伯拉尔在我眼里，是比阿奎那更关键的人物。如果把阿奎那比作中国南宋的朱熹，那阿伯拉尔就相当于中国北宋的程颐。虽然这两位哲学家在情欲方面有着截然不同的追求，但在推动东西方文明的过程中，他们两个都是被忽略的幕后推手。

然后我们当然是要介绍阿奎那和朱熹了。阿奎那还可以单独成一篇，但说朱熹的话，不把陆九渊扯出来是不行的。所以接下来我们会按着时间轴，将先出生的朱熹"游览"完，然后再去顺道看一眼陆九渊，最后再返回欧洲故地，探访阿奎那的思想领地。

推荐阅读：《劫余录》

朱熹（Zhu Xi）
1130—1200年（南宋）
古中国的龙澳
"格物致知。"

第九天　朱熹

据说朱熹从小就很聪颖，4岁的时候他就会问父亲："天的外面又是什么呢？"他父亲非常吃惊，觉得我这儿子了不起啊，瞧瞧，4岁就这么出息啦！其实这就是"瘌痢头小孩自家好"，但凡是个孩子，没病没灾的，到了三四岁都会有一大堆问题问大人。大人的知识面不丰富才会觉得这孩子聪明呀，怎么这些问题我都回答不了啊。但你想没想过，问个问题又不需要同时给出答案。朱熹这样问，只能说明他小时候对宇宙万物还很有兴趣，至于长大了为什么没有成为一位物理学家，那是因为他不幸出生在了中国南宋。

朱熹可能是这里所有哲学家里面，有确切杀人数字最多的一名哲学家。1194年，新旧皇帝更替之际，为了防止即将到来的大赦会让狱中一些恶棍死里逃生，他亲自下狱提斩了18人。所以当不时有人用各种手段为他大力主张的"存天理灭人欲"辩护时，想想这人在天理的感召下，杀人如此正义凛然，就会明白任何辩护都是徒劳。

由于朱熹得罪的人太多，最后被政敌韩侂胄他们搞得差点丢了老命。幸好他立即认了错，把自己说得猪狗不如，连招尼姑为妾这等破事也认，才得以逃出生天。很多后人为此讥笑朱熹，说他平时大道理讲得震天响，怎么事到临头要他为了天理而杀身成仁时，就怕死求饶了呢？

这个事情我是这么看的：朱熹的天理，是一种合乎天地运行规律的道理，而人欲，是在这道理之外蔓生的欲望。因此，求生是人的本能，完全符合天理，而为了气节慷慨就义，这是在追求个人的美德，属于人欲范畴，当然不值得去践行了。当然，什么是天理，什么是人欲，还不是全凭朱熹一张嘴。量体裁衣，饮水冷暖，向来就没个标准。所以朱熹的思想其实也是问题多多，他自己心里应该清楚。所以保得一命后，他也就不再为自己的行为多加解释了。至于天理和人欲的协调问题，恐怕要到了明末王夫之那里，才算有个马马虎虎的了结。

朱熹这个时候，已经手握程颢、程颐、张载、邵雍、周敦颐这北宋五子的哲学精要。他博采众长，殚思竭虑，终于完成了理学的系统性阐述。现在，理成了宇宙之中唯一的本体，它不仅指导着天地万物的运行生灭，也规范着人类社会的衣食住行。它没有形体，非常抽象，却又体现在每一个细节之中。朱熹举例说，比如一把椅子的理，就是体现在它有四个脚，可以坐。当然我们不明白为什么他没有进一步说明，三角凳或者五爪椅是不是也占着同样这个理，但至少朱熹让大家清楚，他所谓的这个理，其实就是通过它的各种用途来得到描述。朱熹自己也说，这样的四只脚椅子要是去掉一只脚，没法坐了，就失去理了。可见，坐这个用途是和理紧密相关的。凡是和人类无关的，朱熹都没加以考虑，或者在他心目中，宇宙中根本不存在和人类无关的规律。这个道理你要说它错也没错，问题是这样一来，朱熹的这个理，其实也就是个"人之理"，而不是"道之理"。

虽然朱熹辩解说，他的这个理，其实就是道的很多细目，即所谓"道字包得大，理是道字里面许多理脉"，但实际上，他的这个理，虽然还是某种客观规律，却已经从宇宙的道降格为人的道，成为一种围绕着人世间的客观规律。而他的格物致知方法论，则在鹅湖之会上被陆九渊批评为支离，也是一点都不冤枉。因为你带着人之理的眼光去观察天下万物，这么转一圈回来，各种草木理、禽兽理、椅子理，乱纷纷的，都沾了人味，再怎么万理同源，具体做起来立即就会发现，不可能统统还原到原汁原味的那个理上。朱熹自己有时反思一下，也觉得陆九渊批评得对，但心下依旧是各种不服。

朱熹在讲述理的同时，又把张载的气给引入进来。因为他知道，光靠无形无状的理是没法充填出有形有状的天地万物的。因此气这种可以随意揉捏的元素，在阴阳变换之下，就成了他构造万物的最佳材料。朱熹把理和气的关系，比作水中月，就是气相当于水，理相当于水里映照出来的月。如果水没了，月也没了。当然你一定会说，朱熹同学，请抬头看看，月亮不是还好好挂在天上吗？朱熹才不怕你这个诘问呢。因为他同时也声称："一月普现一切水，一切水月一月摄。"就是说投射到水里的月，只不过是理的一个投射。理可以投下无数个影子，这无数个影子也可以逆溯回一个理。但投影毕竟是投影，也就是说，体一用殊。月亮这个本体就一个，但它投下的月影这类表象，却可以有千千万。

为了实践朱熹提倡的理一分殊，朱熹对自然界也进行了一番详细的考察。感谢宋朝发达的科技，以及大科学家沈括的贡献，使得朱熹在宇宙论、天文学、地质学、气象学各方面还不至于太被人笑话。朱熹甚至为了研究天文，还在家里搭了一个浑仪。唉，有时我真的是挺为朱熹着急的：你就差那么一点点，就能成为开创中国实验科学风气之先的鼻祖。偏生却还没穷其理，就急急开始往回赶，去摸索心中的仁，生怕走远了，那仁就逐渐支离了去。

尽管各种惋惜和叹气，朱熹还是发展了古已有之的鸡子说（即大地悬浮在天体之中，就跟蛋黄悬浮在蛋白中一样），又正确给出霜是露珠凝结而成的结论，还凑对了比较准确的历法，正确观察到天球的旋转是有倾角的。这样一个不信神不信鬼的醇儒，虽然没作出什么有价值的科学贡献，但还是尽力了。中国没有在那个转瞬即逝的一刻，抓住向实验科学方向的转型，怎么能全怪在这批儒生头上呢？当时的南宋，正被北方的金国压着打，接下来它又会遇到一个更可怕的蒙古帝国，所以像文艺复兴那样的奇迹，在中国也就只能和陆秀夫抱着小皇帝一起，永沉于崖山之下了吧。

诗曰：

> 九曲将穷眼豁然，桑麻雨露见平川。
> 渔郎更觅桃源路，除是人间别有天。

推荐阅读：《朱子大传》

陆九渊（Lu Jiuyuan）
1139—1193年（南宋）
古中国的金溪
"格物致知是错的。"

第十天　陆九渊

淳熙二年（1175年），鹅湖寺。

一场哲学辩论会正静悄悄地在此进行。

当陆九渊吟诵他的诗作刚过一半，他注意到了朱熹的脸色瞬间变得不太好看。他清楚自己念到"支离"二字时，咬字太刻意，用力太过猛了。但事已至此，他必须把这首酝酿多日的诗作全部吟诵完毕，这不仅是他和朱熹两人之间的学术切磋，也关系到他和两位兄长陆九龄、陆九韶一起初创的心学，能否经此一役之后与朱熹的理学分庭抗礼。朱熹的理学我们都已经知道了，需要读书人到外面世界转一大圈，去格物致知后再回来，但这么做很容易就收回些支离破碎的知识，完全不太有希望回归到仁的本心上。陆九渊自少年时就明白宇宙即吾心、吾心即宇宙的道理，所以他以为只要用自己的心，直接去观照宇宙，关于仁的知识就能瞬间了然于心，完全不必像朱熹那样，兜兜转转去做这许多无用功。

陆九渊没有停歇，他假装并不在乎朱熹的脸色，吟诵完了这首诗作最后一个字，而整首诗歌的余音，依旧在这片小天地中，袅袅不散。

墟墓兴哀宗庙钦，斯人千古不磨心。
涓流积至沧溟水，拳石崇成泰华岑。
易简工夫终久大，支离事业竟浮沉。
欲知自下升高处，真伪先须辨只今。

这首诗作的大意是：废墟坟墓使人哀伤，宗祠庙宇令人钦敬。哀伤钦敬的心情，是千古不变共有的人心。涓涓溪流积成大海，拳拳石块垒成泰山。易简功夫才是长远大事，支离学问最终命运浮沉。想要知道从下到上的修行之路，只在于辨别那一瞬的真假。

在座的除了一起前来的陆九渊的兄长陆九龄，还有一些学人、官员，以及这次朱陆相会的组织者吕祖谦。吕祖谦知道朱熹心里已经很不高兴了。本来，在陆九渊吟诵这首诗之前，他的五哥陆九龄已经念了一首，那首诗的意思和陆九渊这首差不多，但好歹还顾及了念书学习的好处，希望能"古圣相传只此心"，也给到了对方面子，提及要"珍重朋友相切琢"。最关键的，并没吐槽对方的学问是支离破碎。

本来陆九龄吟诵完毕，按规矩是轮到朱熹来说两句作为回应的。但他没想到的是，心急的陆九渊紧接着就抛出这首支离诗，这让朱熹如何下得台来。吕祖谦毕竟是见过世面的人。在这次聚会之前，他和朱熹合作，编纂了《近思录》。他太了解朱熹了，也清楚陆九渊他们的哲学立场。他很想让他们有更多思想上的交流和交锋，但眼下，他必须稳住场子，宣布休会……

淳熙二年，也就是 1175 年，在江西铅（yán）山下的鹅湖寺，中国历史上最精致繁复的两家哲学派别，不顾长江以北的金兵虎视眈眈，也无视杭州临安的皇帝夙夜不寐，却要在初夏见面的第一天，即要分个高下，哪怕双方不欢而散，也需各自肝胆相见。人类对真和善的追求，在战火纷飞的岁月里凸显出来的，是美。

之后的两天，双方各抒己见，一时瑜亮。朱熹是一个很善于思考的人。他们一共讨论了十个问题，看起来每次都是陆九渊他们占了上风，但也许朱熹是把更多时间花在了沉思上。因为朱熹的确在陆九渊的哲学思想里，看到了自己哲学体系里一些早就让他担忧的苗头，那就是宇宙实在太大了，你再怎么精简，也不可能被你格完，到头来很可能是你反被宇宙格了个底朝天。此外，朱熹在那个时候，毕竟已经是一方名家，他应该也看到了陆九渊那套做法的缺陷，但他并不会当面直陈，自掉身价。他只是事后和人聊起这次辩论时，才说出了他内心的看法。朱熹认为，陆九渊那一套，不去求学只管体悟，简直错得离谱。而且他们太过自信，眼界狭窄，看不得别人长处，这么下去迟早完蛋，而他们却还蒙在鼓里。

当六年之后，陆九渊和朱熹再次于南康会面时，陆九龄已经过世了。陆九渊这次来，是想请朱熹为陆九龄写墓志铭的。当他和朱熹一同泛舟同游时，他会忆及什么呢？无论是心学，还是理学，它们真的能和这山这水一样，比人类的存在更为长久吗？恰在这时，朱熹感慨道："自有宇宙以来，已有此溪山，还有此佳客否？"陆九渊当下明白，当今世上能理解他的人，也就是这位值得尊敬一生的对手了。通过自己在当地白鹿书院对朱熹学生们的几场演讲，陆九渊已经很清楚地看到，他和朱熹两人在道德伦理观念上是完全一致的，他们在义利方面，也完全步调一致，他们甚至都在四岁时，也步调一致，都对天地之外是什么感到好奇并向各自的父亲发问。

在这次南康相会前，陆九龄在生前拜访过朱熹一次。陆九龄是一个比较替对方考虑问题的人，在哲学思想上也不像陆九渊那么执拗。他的谦虚赢得了朱熹的好感。朱熹当时回赠了一首诗，作为对鹅湖之会陆九渊那首诗作的回应。

> 德义风流夙所钦，别离三载更关心。
> 偶扶藜杖出寒谷，又枉篮舆度远岑。
> 旧学商量加邃密，新知培养转深沉。
> 却愁说到无言处，不信人间有古今。

朱熹这首诗作，前四句表达了自己对陆九龄的尊重和感谢，后四句表明了自己对鹅湖之会的态度，以及目前的学习状况：过去的学问通过上次辩论后，变得更加严密，新学到的知识经过潜心培养后，变得深远厚沉。

但我也担心学问做到语言无法说出的高度,连人间是否有古今都变得恍惚不知。

朱熹的确是一个诚实的人,他愿意向自己的对手坦诚自己理学所遇到的困难:在格物致知到最后的突破时刻,却发现一旦进入超验境界,他就无法把握这个时候的理,是否还带着仁所特有的经验性。然而,现在陆九龄去世了,朱熹也失去了一位最值得尊敬的对手。他不得不把全部希望寄托在身边这位陆九渊身上,希望陆九渊能和自己一起努力,开创一个新的哲学世界。不管这个新世界,是理学,还是心学,只要为了这天下,理学和心学这点摩擦,又算得了什么呢?

然而陆九渊不是陆九龄,虽然他一时被朱熹感动,但他做不到朱熹想要他做的那种人。陆九渊是一个直觉能力强过陆九龄许多的悟者,早在他和陆九龄一起读书时,就表现出不一样的领悟力。当时陆九龄正在读《程氏易传》,对其中"艮其背,不获其身。行其庭,不见其人"一句特别赞赏,反复诵读。结果陆九渊走过一看,却认为这句话道理说得非常糊涂。陆九龄问他应该怎么解,陆九渊就回答:前一句说的是无我,后一句说的是无物。意思就是说,抱住别人的背部却抱不着,是因为无我;行在别人的庭院里却看不到人,是因为无物。陆九渊的解读相当费解曲折,几乎只有禅宗那一路才可以完全跟得上他的节奏,而这也正是朱熹最厌恶的一门学问。

可是,心学恰恰是要用类似禅宗的方法,直观地把握到整个道德宇宙之后,再去细想所有的细节。这就是为什么陆九渊总是喜欢喊"先立乎其大者",这是一种伦理学上自顶而下的设计,因为陆九渊断定,"万物森然于方寸之间,满心而发,充塞宇宙,无非此理"。也就是说,朱熹要找的那个理,不用到外面去找,它其实就在每个人的心里,只要向内去找就能找到,找到后自然就能引爆小宇宙了。这就是陆九渊那首诗里自诩的"易简功夫"。

然而,有思想没方法,有设计没结构,有假设没证明,有感情没理性,是中国北宋哲学的通病,连朱熹都看不惯陆九渊这番做派,抱怨说我做饭还要先搞定柴火与米呢,上来就玩易简功夫,是不是有点托大了?

每个人的学问发展,都会按照自己最舒服也最擅长的路径去延拓。陆九渊也一样,他不会在乎朱熹的抱怨,他只会在心学的道路上越钻越深,与朱熹的距离也渐行渐远。两人虽书信不断,但两人心里都清楚,朱熹想要的那种殊途同归的结局,自南康同舟之后,再无可能了。

唯一的可能,就是在今天,让我们为曾经在鹅湖有过的灿烂,做一部神奇的动画片吧。在动画片里,朱熹和陆九渊,相视一笑,天地将为之动容。

推荐阅读:《理心之间》

阿奎那（Thomas Aquinas）
1225—1274 年
意大利的洛卡塞卡堡
"三位一体是个数学问题。"

第十一天　阿奎那

好了，我们终于遇到了整个基督教哲学最后一根神柱：阿奎那。这根神柱长得人高马大，可能差不多接近美剧《权力的游戏》里那个叫阿多的大块头了吧。在修道院里，阿奎那被人取笑为"西西里的哑巴牛"。不过他的老师慧眼识珠，告诉众人此牛不鸣则已，一鸣惊人。

这头大牛，促使我从圣罗姆波特斯大教堂的花窗玻璃上截取他的肖像时，宁愿让他顶天立地，也不想给他剃光的脑门上留有空间。在被我艺术加工之前，他手里那本书上的拉丁文意思是：道成肉身，即他用语言将自然界的面包，化作了血肉。

在阿奎那的那个中世纪，与阿奎那并肩而立的无数神学家，犹如浩瀚星辰，其中有一些在夜色中显得分外明亮。神学家格罗塞特就是其中一位佼佼者，他是罗吉尔·培根的老师，也是牛津大学初期的校长。格罗塞特建立了以数学为工具的归纳法，并把实验科学从粗糙带入了精确的殿堂。此外，商业贸易促进了数学的发展，印刷术增加了知识传播的速度，这些进步都从方方面面让当时的欧洲人坚硬而愚蠢的花岗岩脑袋，开始逐渐风化。

当时钟表业和建筑力学的兴起也帮了不少忙。钟表的精确走时，拱顶的力学计算，使得欧洲人对时间和空间的度量有了感性的提升。这是一场格物致知普及化的运动，带来的是直接可见的GDP（国内生产总值）上升，其产生的经济效应和政治效应，远非当时中国南宋朱熹他们的道德满足感可相比拟的。

在这样的大环境下，与斐洛、奥古斯丁那两根远去的"神柱"遥遥相对的第三根"神柱"阿奎那，成功完成了他的皇皇巨著《神学大全》。在这部伟大作品第一部的开头，阿奎那便试图用理性来一步一步接近那不可知的神，从而证明信仰的可靠。在这方面，他并不同意安瑟伦的上帝本体论证明，而是沿着阿伯拉尔的思路，将对上帝的证明改造成了一种弱证明：假如上帝是存在的，那么他一定会呈现出各种效果，我们可以根据这些效果，去逆推上帝存在的可能性。

应该说这是一个可取的思路。甚至会让人想到后面会提及的美国哲学家、逻辑学家皮尔士的溯因推理。这种逆推虽然不能保证上帝绝对存在，但至少保证了上帝可能存在。如果这个可能性能被加大到百分之一百，那么上帝就必然存在。虽然必然存在离绝对存在还差很远，前一个是模态逻辑，后一个是形式逻辑，但谁叫我们是人类呢？能走到这一步算是很好了，知足吧，人类。

为了努力让这种弱证明的成功率达到百分之百，阿奎那兵分五路，从五个方向给出了五个求证上帝存在的证明。这些证明充满创造力，但永远不会成功，然而将它们换用现代语言重述一遍，却又是一件饶有兴味的事，就像是在欣赏各种永动机的精巧设计一般，无用，却很有趣。

第一路证明：运动中的物体一定是被其他物体所推动，不断寻找上去，一定会找到第一推动者，那么他就是上帝；

第二路证明：因果关系中的事件前后会找到其他相关事件，不断寻找上去，一定会找到第一个原因，那么他就是上帝；

第三路证明：模态逻辑关系中，如果所有物体都可能存在，这会导致有可能全部物体都不存在，如果那样的情况发生，就不会产生我们今天的世界，为了保证这样的情况不发生，就必须假定有某种物体必然存在，那么他就是上帝；

第四路证明：排序关系中，总能找出更高更善更伟大的，不断寻找上去，一定会找到一个最高最善最伟大的，那么他就是上帝；

第五路证明：自然界万物中那些没有生命的，也在按照某种规律在完成某种目的，这背后一定有一个指导者在指导它们，那么他就是上帝。

论证完上帝存在，阿奎那就要告诉我们，上帝到底是个什么样子。首先他认为，上帝是无限的所以是没有形体的。这一点他说得非常明确，彻底堵住了普通老百姓天真素朴的想象力，让他们不能再把上帝想成一位没事就放闪电的凶神大爷。阿奎那告诉世人：上帝没有形体，所以他说按他的形象造人，指的是按他的理智，于是人才有理性能力去管理世间万物。

阿奎那继续论证上帝不属于种类，不含质料和形式，无任何依附物，完全单纯，并非组合物，完美到无以复加，善到无物可比……总之，让人感觉上帝是一大块无边无际纯洁无瑕的时空单晶体。

在阿奎那眼里，上帝虽然是十全十美的，但他并不是自私到只管自己圆满就完事了，他还要有所行动。在这里，阿奎那借鉴了普罗提诺的流溢说，让上帝流溢了一份自己（耶稣），好比通过一种人类没有采用过的全保留 DNA（脱氧核糖核酸）复制方式，备份了一份自己的拷贝，所以两者间在理性上是一致的；之后，阿奎那又让上帝释出一股爱（圣灵）。这个行动是和意志相关的，且圣灵不和上帝有什么直接相通之处。我们可以设想阿奎那可能在这里放置了一种伴随机制，类似于 RNA（核糖核酸）转录了 DNA 的信息，所以得绕个弯子才能找到和上帝一致的地方。

最后，让我们好好讨论一下三位一体吧。

三位一体中的一体，当然指的就是上帝了。那么三位呢？

三位，指的是圣父、圣子和圣灵这三样位格（persona）。位格，指的是有理性且自个儿就能单独存在的实体。我们人类因为有理性，所以也算有位格，但我们只是一位一体。位格这个单词，根据波埃修的看法，应该是从古希腊的戏剧中转义而来。在古希腊戏剧中，演员都要戴好面具，声音穿过面具上的洞眼发出来，音量会有所降低，所以必须高喊（personare），观众才听得清楚。

同时，位格也表示圣父、圣子和圣灵三者之间的关系。其中圣父到圣子是流出（emanatio），圣子到圣父是流自（generatio），圣父和圣子到圣灵是释出（spiratio），圣灵到圣父／圣子是释自（processio）。

介绍到这里，很多人已经郁闷坏了，且不管这些陌生的拉丁文单词，单就把位格既表示为元素又表示为关系这种做法，就很让人不爽。阿奎那为什么要这么做呢？把两者分开来不是很友好吗？大家都习惯把人和人际关系分开说，为什么到了上帝这里就这么麻烦呢？

因为阿奎那必须让上帝时时刻刻满足他是单一至全的这个约束要求，如果位格之间的关系是外在于位格的，那就说明上帝里面还有三个位格所不包含的关系成分，而按照定义，这三个位格每一个都必须包括了上帝的一切，于是位格关系就要内在于位格的定义。可见，为避免逻辑上的漏洞，阿奎那也是拼了命的。

经院哲学就是这样被人讥嘲为烦琐神学，包括我也因为讨厌这种无聊的逻辑游戏而一度对阿奎那很不友好，认为这头牛能一鸣惊人，指的是能把人都惊吓跑吧。但是，在数学家格罗滕迪克他们的努力下，范畴论跃然成为抽象代数里最有威力的工具之一，而范畴论的基本想法，就是把我们习以为常的关系和元素一起打包，变成一个新的研究对象，也就是范畴（category）。

所以如果用范畴的语言来重新解释阿奎那想要说的三位一体，那就是如下这样的表述。这个表述也是相当艰涩，不喜欢啃数学西瓜皮的群众可以先跳过去。

设上帝是一个范畴，圣父、圣子、圣灵是上帝的三个对象。考虑上帝中以圣灵为值域的下面两个态射：

释出 f：圣父 ⟶ 圣灵，把这个记作（圣父，f）。

释出 g：圣子 ⟶ 圣灵，把这个记作（圣子，g）。

那么，我们可以构造一个以（圣父，f）为对象的新范畴，使得任意两个以圣灵为值域的态射：

f：圣父 ⟶ 圣灵 和 g：圣子 ⟶ 圣灵，

能够满足：f=g·h；其中：

流出 h：圣父 ⟶ 圣子，指的是态射：（圣父，f）⟶（圣子，g）

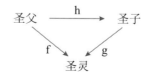

这个 f=gh，也就直接解释阿奎那说了半天没说明白的另外一个态射，就是圣父和圣子共同对着圣灵流出，其实等价于圣父单独对着圣灵流出。

替少数啃完数学西瓜皮读者轻轻擦去头上冒出的冷汗，我们不得不承认阿奎那这头牛鸣叫起来，真的是大音希声。看来他无意之中，已经用了非常抽象的数学工具，试图解决一个神学上非常难缠的概念。相形之下，如果我们无神论者对三位一体的理解，依旧停留在初级入门阶段，连阿奎那当年的思想都跟不上，那么凭着我们这样粗糙的学术准备，也去批评基督教的种种荒谬与可笑，显然是有些一百步笑五十步了吧。

推荐阅读：《神学大全，第一册：论天主一体三位》（第一集·第一题至第四十三题）

奥卡姆（William of Ockham）
1285—1349年
英国的梦里
"不要滥用我的剃刀。"

第十二天　奥卡姆

本海域殿后的哲学家奥卡姆，并没有任何要在神的庇护下统摄一切的野心；相反，他想要做的事情，差不多是要把基督教所生成的繁荣泡沫给全部挤出，只留下上帝老人家干巴巴坐那里，生无可恋。

奥卡姆留给我们最有名的一份遗产，就是他的大剃刀，俗称奥卡姆剃刀。内容是："如无必要，勿增实体"。比如，"本质"这个词，凛然不可侵犯，但它在现实世界中有相对应的事物或现象吗？没有，那它就只是一个没用的名词，最多算根毛，但却是可以剃掉的毛。

就用这方法，奥卡姆剃掉了"本质""隐秘的质""实体形式"等没用的毛。当时可是星河璀璨的中世纪，这些语词是教会里神学家们论证上帝存在的口头禅。奥卡姆这么触碰上帝，给他剃毛，大家一定会想，教皇咋不会震怒呢？

原来奥卡姆躲到德国皇帝那里找庇护了。他对皇帝说，你用剑来罩我，我就用笔来罩你。皇帝寻思：嗳，敌人的敌人是朋友，这个生意可以有，就接下来了。那段时间，神权也在和王权的斗争中走向没落，教廷都从罗马转到法国阿维农。阿维农方面看对方现在实力很强嘛，也就顺坡下驴，同意和奥卡姆和解。奥卡姆松口气，打点行李准备衣锦还乡，没想到黑死病来了，他没挨住，被死神当没用的毛给剃了。

现在我们说说他身后留下的这把剃刀。实话实说，这把剃刀虽然名气大，却很不靠谱，就跟德州电锯差不多，看起来雄赳赳气昂昂，气势十足，可真要杀人，什么凶器不好用，偏要用电锯？呜哇呜哇冲过来，保不齐摔一跤，砍自己一刀。

所以后来，爱因斯坦给这把剃刀加了一个保护套，那就是：万事但求简，但别简过头。

但爱因斯坦也不是神，他也把握不住这个度。当年写完他的场方程后，发现不符合静态宇宙观，就自说自话加了个宇宙常数。结果若干年后，观测数据表明宇宙在膨胀，于是他又心急火燎把这常数删了，并对自己没有早点用剃刀而追悔莫及。结果呢，再过一些年后，大家发现宇宙在加速膨胀，所以这个宇宙常数还是得有，这回爱因斯坦没有心急火燎再加回去，因为他已经死了呀。

也有统计学家搞出了贝叶斯奥卡姆剃刀，以便让这把剃刀继续有效。这类改良型剃刀能从概率上证明，简单的比复杂的要更有可能。比如，一棵树后面，一侧露出奥卡姆的脑袋，另一侧露出奥卡姆的屁股，那么，请问这树后面到底是站着一个活生生的奥卡姆，还是两边分别挂着奥卡姆的脑袋和屁股，中间部分都被取走了呢？根据贝叶斯奥卡姆剃刀，应该是前一种说法更可靠，因为根据经验，后一种只剩脑袋屁股的说法，要实现起来太复杂，可能性太小了，所以可以剃掉。

但这种改良剃刀的用途是极其有限的。在生活中，只要你有一次失误，你就足够死无葬身之地。比如，当年各种迹象表明，我们应该相信最大的概率结果，即2008年5月12日，汶川不会发生地震，发生地震这种说法，应该剃掉。可现实结果呢？

其实，奥卡姆剃刀只是奥卡姆用来在语言学领域，和一群经验哲学家争辩时，为了删除共相名词对应的实体，而特地制造的一把武器，它基本上是一种怪兽级的魔法攻击，用来对付另一群怪兽级的教士，为的是向他的同行表明，他的语言学规则才是通向上帝的正确阶梯。因此，如果我们想将这把神学剃刀，借用在日常生活中，那真的是要慎之又慎：各行各业的大师们都有一个坏习惯，那就是喜欢发表一个包罗万象的公式或句子。比如"如无必要，勿增实体"这类，然后无数吃瓜群众都配合着也有一个坏习惯：想都不想就点赞。于是，谬误就流传开了。

抛开剃刀，让我们谈谈奥卡姆真正的成就。奥卡姆真正的成就，是发展了指代问题。这门学问中世纪独有，前无古人后无来者。在人类逻辑学的发展长河里，活像独眼巨人的那只巨眼，没人再会主动去提及它，但一旦偶尔被想起，总会让人肃然起敬：这么庞大的一只眼球，掉下来要砸死多少人啊？

指代，指的是在特定的语言环境下，某个语词所指向的东西。奥卡姆把指代分了五个层次，想知道"每个人是动物"这句话属于哪一类指代吗？请逐级向下依次索引，历经恰当的、人称的、普通的、模糊的、模糊周延的之后，就会知道，它属于模糊周延可变指代。看得头晕了吗？那你就差不多领略了中世纪烦琐神学的真谛。但是，请不要以为指代问题很简单，是个人都会。是的，因为你是人所以你会，但对机器翻译来说，指代问题实在太难了。目前的人工智能（AI）完全就是基于句法功能开发，对语义并没有更多的涉猎，解决不了指代问题。比如我们开口念以下句子："小明和妈妈去超市买冰淇淋。妈妈很生气，因为小明没有做作业。于是她就说：我下次再也不带你去买冰淇淋了。"某翻译器听完我的中文，翻译出来的英文，没有一次是把听到的她（ta），正确翻译为 she，每次它都傻乎乎地翻译为 he。为什么？因为指代问题，机器翻译搞不定。

好，吐槽完机器翻译，我们最后再说上几句奥卡姆。奥卡姆这样孜孜不倦于语言学逻辑学，可能是为了警告教廷，不要以为这世界上本来没有路，走的人多了也就有了路。这类庸俗的日常经验，在神学领域是得不到应验的：上帝属于先天共相，人类靠自身努力，永远只能得到语言上的后天共相，而这种后天共相，是没有实体对应的。也就是说，人不可能通过钻研神学，到达天堂——这是多么高冷而痛彻心扉的领悟，与之对照，他那把举世闻名的剃刀，真的是有些浪得虚名了。

奥卡姆并没想到过他的钻研，直接开启了现代逻辑的量词理论和语境理论。而他的著作《逻辑大全》，则成了我床头必备的催眠用品，而这也是我推荐此书的理由。失眠是一件极其痛苦的事情，但是，奥卡姆大叔写的《逻辑大全》，保证你没看完一页就会哈欠连天，一觉到天明。

推荐阅读：《逻辑大全》

机器时代

度量海域

王守仁（Wang Shouren）
1472—1529 年（明朝）
中国的余姚
"致良知。"

第十三天　王守仁

事实上王守仁并不如传说记载得那么自幼聪慧。他的心学思想，是到了中年之后才猛然洞悟的（真的是在一个山洞里悟出的）。年轻时的他，资质可谓是相当驽钝，在寻求真理的道路上，他走了很大一段弯路还茫然不知。他曾想照仿朱熹的格物穷理之道，勘破宇宙的奥秘，就邀请朋友一起去附近格竹。因为朱熹说了嘛，一草一木之中都是有理的。结果格了三天，他的朋友吃不消称病不来了，王守仁却傻乎乎的，像个神经病一样地继续猛格。看着他在竹林中疯狂而绝望的背影，我们并不会指望他有任何基于植物学的专业素养，其实他只要能像朱熹一样，稍微有点前科学时代的观察和思考方法，得到一些类似"二蚕抵首"这样的国画常识，也就能有所斩获了。然而愣头青王守仁用的，却是陆九渊的直觉之道，但陆九渊的天生异禀，又岂是俗人可轻易效仿的，所以小王的一番努力，不过是落得个照猫画虎，怪得谁来。

不过天无绝人之路。王守仁最后还是靠研习中国书法，慢慢领悟到用心体会天地万物的妙处。平心而论，他的书法真的是非常的好，骨挺神俊，有鹰击长空之态。他画像中的这几个字，我就是从他的真迹中抠出来的。

后来，为躲避宦官刘瑾的迫害，王守仁去了贵州龙场，这是一个极其偏僻的地方，当时文明还没传播到这儿，可谓人迹罕至。龙场附近有一个天然的洞穴，叫阳明洞，虽然条件非常艰苦，但也算是有些"云在青天，水在瓶"的意境了。小王就此在阳明洞中定居下来，久了，人们也就管叫他王阳明。

王阳明在洞里居住时间长了，一天半夜终于悟透了一个陆九渊早就看破的道理：天下所有一切，都只存乎自己一心。这一关过了，王阳明的哲学思想顿时势如破竹，原来格竹乃是格心中之竹也。他很快提出良知就是天理，就是说只要我心中有了天赋的道德心，就能体察到外界的理智，就能运筹千里之外，用意念和宇宙一气流通。

这种说法非常挑战当时人们的常识。他的一个朋友实在忍不住，曾指着树上的花问他："天下无心外之物，如此花树，在深山中自开自落，于我心亦何相关？"王阳明早就想明白了这类问题，回答说："你未看此花时，此花与汝心同归于寂；你来看此花时，则此花颜色一时明白起来，便知此花不在你的心外。"

面对王阳明上述这种回答，以前我是很不满意的，认为他一定是穴居久了，压根就没明白独立于感觉的存在，不需要以感觉为依据。他的英国同行贝克莱，虽然也发表过"存在就在于被感知"这样的高论，但人家是信上帝的，可以请上帝24小时不间断地工作帮你我照看这个宇宙，这样就算我们的感觉消失了，上帝还免费帮我们继续托着呢。可王阳明你有什么呢？你只有"致良知"，翻成大白话就是"狠斗私字一闪念"，要每时每刻都让自己和人世间最美好的道德情操保持一致。可是，良知产生于人类的感觉，感觉都没有了，良知还能独立存在吗？

但现在我知道，以下这个从哥本哈根诠释脱胎而来的量子贝叶斯模型假说①，也许可以支持王阳明这个想法。

如果我们的世界是需要通过量子叠加处理后，才能呈现在我们面前的话，那么的确，在我或者王阳明或者任何人，都没有去观察树上那朵花时，那朵

---

① 都是用来解释量子理论中不确定现象的假说。哥本哈根诠释认为波函数是客观的，量子贝叶斯模型则认为波函数是主观的。

花就可能以其他形态存在着，绝不会事先已经安排成了一朵花的形状，固定在那里等你去看。这个宇宙所有的信息不可能全部都已经计算处理完毕，如果我们人类作为观察者，是进行信息处理的机器，那么，只有叠加了观察者的观察波函数后，被处理的信息才是可理解的，呈现为目前我们所看见听见的样子，成为我们主观上的认知信息。而一切还没有处理或已经处理过并被我们抹去的信息，究竟是保持叠加状态弥漫分布，还是早就极大概率地退相干为固定的宏观物体，都是没有意义的猜想。

按时间排列的事件序列是上面说的这个样子，按空间排列的事件序列也是上面说的这个样子，因为你永远看不到你到达不了的地方的景象，哪怕你让人通过手机，把深山里的花树景色传给你了，那也是他的观察波函数和你的观察波函数发生了叠加，于是你们会看到完全一样的花树景色。所有发起对宇宙进行观察的智慧生命，会形成一个观察总体，宇宙只呈现为被观察总体观察时的那种主观景象。而我们以不同的观察方式介入，在某些场合宇宙就以不同的观察结果输出。

宇宙也许就是以主观概率叠加后的状态呈现在我们面前，这是一个很经济的用来对付人类感觉的计算安排。我们每一个人根据自己的主观的观察立场，去获得不同的波函数坍缩结果，所得结果通过互相交流而取得共识。因此，薛定谔的猫①以极其确定的后验概率呈现为或死或活，深山花树也以极其确定的后验概率呈现为花开花落。同理，宇宙间的良知可以在人类想起它的时候才呈现出某种状态，这样就解决了王阳明致良知时遇到的逻辑困境。至于在人类主观概率还没波及之前，薛定谔的猫、深山花树、王阳明的良知究竟是什么确定的状态，按哥本哈根学派的诠释，它们是量子叠加态，但按量子贝叶斯派的观点，我们可以用量子维度去刻画它的概率，因此不存在量子叠加态。

宇宙和人类这一对设计，应该是一个绝对聪明的设计，它绝不会傻乎乎

---

① 薛定谔的猫是个思想实验。说的是假如有一只猫在一个密封盒子里，同时盒子里还有一个二十四小时内不知什么时候会发生衰变的原子。这个原子如果发生衰变，就会激发一个粒子出来触动一个电子开关，这个电子开关就扯动一个锤子，这个锤子就会敲碎一个瓶子，瓶子里有毒气散出来就会毒死猫。根据量子力学的说法，这一天某个时刻，原子衰变到一半时，我们只能说原子这个时候的状态是既激发又不激发的状态叠加，于是一系列连锁反应之后，到达猫的时候，猫的状态也只能说是处于既死又活的状态。这个时候我们只有把盒子打开，才能完全确认它的死活。物理学家薛定谔认为，上述这个想法与我们日常生活常识是相违背的，因为宏观物体不可能处于既死又活的状态。

地把一切都事先计算好,然后等着它们去互相一一确认,那样太笨拙了。它们完全可以做到以下这种方式来互动:对宇宙这一方,人类采取的是量子贝叶斯策略;对人类这一方,宇宙采取的是"所见即所得"策略,这是一个概率论与决定论的完美结合,可以省下无穷无尽的算力。

王阳明在我眼里,如今已经成了一个不自觉的机器算力派,他的语录其实是在启蒙关于测量宇宙的一些基本规范,只是他本人在过去岁月里,早就托体同山阿,返回到了量子场基态,而他的哲学思想却一直无精打采,绕着传统的文化解读石磨,转了一圈又一圈。与此同时,在欧洲,关于测量世界的方案,虽然没有中国这里上来就这么高端,却发生着真真切切的变革。实验物理学开始发力了,每一步的进步都让人感慨:哲学用实物表达,远胜于在头脑中虚构。

除了诗歌。

> 寻山到山寺,得意却忘山。
> 岩树坐来静,壁萝春自闲。
> 楼台星斗上,钟磬翠微间。
> 顿息尘寰思,青溪踏月还。

推荐阅读:《王阳明大传》

培根（Francis Bacon）
1561—1626 年
英国的伦敦
"让我们做实验吧！哲学家们。"

第十四天　培根

随着欧洲经济贸易的不断发展，人们在探索自然时对测量精度的要求也在水涨船高。亚里士多德那一套显然已经不能满足需要了。想想亚里士多德的作品也真是惨啊。打一开始就失传，后来好不容易从阿拉伯文翻译回拉丁文，又遇到教会百般阻挠，在格罗塞特、罗吉尔·培根（不是我们这位弗朗西斯·培根）、布里丹、阿尔贝特等学者前赴后继的努力下，教会终于"开恩"作出让步，允许大学里讲授他的学说了吧，又好景不长，没过多久就撞上了伟大光荣又正确的文艺复兴。

在培根眼里，亚里士多德的三段论，以及它所运作的许多概念，诸如本体、属性、能动、受动，还有干、湿、冷、热等，在新机械工具面前，已到了捉襟见肘、词不达意的地步。其实，早在 13 世纪那会儿，哲学家布里丹就意识到，亚里士多德认为物体要靠某种外力持续推动才能运动的说法，是不正确的。布里丹认为应该是一种一次性的冲力，让物体受力后一直运动下去，而物体会停下来，那是另外遇到了摩擦或阻碍的缘故。亚里士多德学说中各种漏洞一直被这里或那里发现，但他的知识体系总体上还是强大，所以大家缝缝补补依旧又用了两百年。但科学发展速度实在太快，很快人们迎来了文艺复兴的全面怒放。在这样的时代背景下，培根需要寻找一种新的科学方法，让知识变成力量，变成可测量的工具，而不是徒然在语言的辩证法里打转。

在这么做之前，培根需要排除一些前进道路上的陷阱。他总结了人类认识自然的途中会遇到的四大陷阱，它们分别是族类假象、洞穴假象、市场假象，以及剧场假象。

族类假象是说，谁叫你是人族呢，人族的感官决定了我们感觉理解世界的方式。比如你的视锥细胞就只能感受红绿蓝三种基色，所以我们看到的世界，统共也就这么多颜色。如果你突变了，拥有感受四种基色的视锥细胞，那么你看到的世界一定比我们更加细腻丰富。

洞穴假象是说，每个人都有每个人的洞穴，每个洞穴就是每个人的脾性和阅历。不同的脾性和阅历，当然会造成每个人对世界的理解不同。

市场假象是说，人们在市场上交头接耳传递信息时，意义的精准度会在传递中受损。

剧场假象是说，已有的各种学说体系本身，其实就像是一场戏，是虚构的真实世界。

培根列举完这四大陷阱后，就抱怨人们精力过剩，总想进一步寻找自然中最普遍的原则，结果反而画蛇添足，弄巧成拙。不能说培根这样的抱怨毫无道理。在那个年代，人们特别需要培根这样的务实主义态度，而不是一心寻找普遍真理的理性主义者。培根的愿望很贴近当时人们的需要：开创一种理性和实验相结合的实验科学，它不需要掌握整个宇宙的规律，它只需收集足够多的证据，完成"头疼医头脚痛医脚"的规定任务。

然而，今天不少理论物理学家、数学家以及逻辑学家，并没听从培根的劝导，他们依旧在按照柏拉图和亚里士多德当年的做法，去寻求自然秩序中某种先在的规律。当然，这可能的确是如培根所说，是一种叫作"元精"（spirit）的东西在人类思维里作怪，它让我们总是倾向于寻找更大范围的均匀和更高级的齐一。不过培根这个说法也是很打脸，因为元精这说法本身，就已经够得上是一种剧场假象了。

廓清前进的障碍之后,培根描述了一番理想中的科学方法。在今天看来,这套方法并没什么惊人之处,无外乎演绎加归纳、理论加实验,我们现在不就是基本照着这方法在做吗?不过反过来你想一想,正是因为我们基本是照着这方法在做,所以第一个提出这方法的培根,才是真正的慧眼独具。当时他面临着神学和形而上学的双重干扰,同时机械工业也正蒸蒸日上,不断从工程上给出各种经世致用的引诱,他必须摆脱这一切干扰,直接找到科学的内在规范,并提出用实验去寻找真实的微粒,来替换德谟克利特形而上学的原子,这真的算是如有神助的一次方法论飞跃了。

不作死不会死。作为哲学家的培根,提出这样一个提纲挈领的方法后,原本就可以歇息了,何必非要自己亲力亲为,想方设法去举个例子呢?但培根是个有诚意的哲学家,他真的去举了一个很重的"栗子",看看会不会砸到自己的脚:他想用他这套方法,搞清楚什么是热。

于是他罗列了所有热的现象,以及相反的现象,并做了排列比较,这些现象里有不少完全和热没关系,所以照道理他不应该成功。然而,鬼使神差,他得到了基本正确的结论:热是一种分子之间互相在斗争的运动,它具有扩散和向上的性质。——如果我们把向上改成对流,那么培根就算在现代热力学考试中,也几乎算是答对了这道题。

幸好实验科学在具体操作上并不是按照培根的方案去执行,我们只是遵循了他所指出的正确方向,但是,培根竟然能够蒙对什么是热,这样反过来却说明科学有时候就是靠直觉加运气,而不是按部就班死读书。

培根和王阳明几乎同时要求向自然出发,去获取能满足自己的知识,只是用培根的话来说,王同学的道路,是"对人心的冒测",而他自己的道路,则是"对自然的解释"。显然,培根说对了,也押对了。中国的心学探究宇宙的最终目的,还是为了自己的道德,而培根他们把道德事情扔给了神学,他们从阿伯拉尔那儿开始就解放了双手,可以轻装上阵,一心只管测量世界,根本不用管这么做下去,是不是满足了道德之心。

现在我们回顾培根一些说得比较狠的语录,会发现这些语录不仅仅是针对中世纪神学和古希腊形而上学,也是针对这世界上所有以人为中心而不是以物为中心的知识系统。比如他说:"若是使用冒测的办法,纵使尽聚古往今来的一切智者,集合并传递其劳动,在科学方面也永远不会作出什么大的进步；因为在人心里早已造成的根本错误，不是靠机能的精良和后来的补救能治好的。"我在想，如果让我拍南宋那场鹅湖之会的动画片，我一定会把培根这段话，原封不动地平行剪辑进去。

1626年，培根在冰雪里做冻鸡防腐实验，受寒亡故。

之后，欧洲的实验物理学迎来了更灿烂的春天。各种机械装置的发明，让人们不禁思考，人和机器的区别是什么？或者人和机器也许就没什么很大的区别？同时，一些政治哲学家也开始思索：如果把整个人类社会当作一台大机器，那又会怎么样？下一位出场的哲学家霍布斯，就是试图用机械原理来归纳政治理念，无论他这么做是否成功，至少他本人的学说成功影响到了今天。

推荐阅读：《新工具》

霍布斯（Thomas Hobbes）
1588—1679 年
英国的马尔麦斯堡
"起初，每个人是每个人的敌人。"

第十五天　霍布斯

霍布斯一生胆小，东躲西藏。在他撰写的著作中，其中有两本是以巨大威猛的神兽为名，这不知是为了给自己壮胆，还是为了吸引眼球。一本名字叫《狌希莫斯》，另一本名气就更大，叫《利维坦》。狌希莫斯是一种陆地巨兽，而利维坦则统治着海洋，两者都是让世界处于混沌之中的神兽，但不幸的是，它们之间最后的争霸大决斗却被造物主给制止了，制止决斗的办法是它们瞬间全被杀了。可见上帝办事情，是多么讲究效率。

多年前，我曾参照水母的构造画过一个海洋中的生物与机械的合成巨兽，现在想来，再也没有比利维坦更适合描述它了：合成巨兽可以净化海水，净化方式是灭绝海洋里的一切生物。

霍布斯在《利维坦》一书里，设想了一种人类还不曾存在社会和国家之前的状况，那是一种人人都把对方当地狱、你死我活的战斗模式。为了生存，每个人都必须如狼似虎，置对方于死地而后快。公平地说，上述这种丛林法则还是非常具有文学吸引力的，普通读者都会情不自禁地身临其境。但如果大家理性一点，想一想没有任何人类考古学的依据，可以支持霍布斯头脑里空想出来的原始人内部大乱斗的状态，我们就不会轻易相信，他根据这个前提推出的所有结果。事实上，这种以空想的人类社会起始状态为出发点的政治哲学设计，是所有政治建构主义者的通病。这个通病，霍布斯之后的洛克和卢梭都不由自主犯了，直到今天的政治哲学家比如罗尔斯，也不例外栽到了同样一个坑里。他们这些政治哲学家，似乎都特别热衷于一种接近于数学公理化的推导论证，都企图从少数几个看起来大家都认可的起始条件开始，逐步证明出自己早就想说出来的结论。这个过程，愚蠢、傲慢却又精彩纷呈，让人看完之后，情不自禁地会跟着以为，嗯，就是这么回事。

但在我看来，根本就不是这么回事。这些建构派的政治哲学家，完全不知道几万年前人类第一次走出非洲时是什么样的情形，也不清楚直立人和尼安德特人之间到底发生过什么，对基因组考古学这类新兴科学更是隔行如隔山。他们只是想为当前的权利形态建立一个可以自圆其说的设想，投喂给大量的井底之蛙。

霍布斯认为，每一个人为了让自己活得够久，品质够好，最好互相转让权利，使得对方不至于因为要争取那份权利而伤害自己。这种互相的转让行为，就是契约。如果大家把相同的契约，都授权给一个人或一小群人来管理，那么这就是一个国家，而这个被授权的就是他们的主权者。由于君主并没有和他们中间任何一个人互相订下契约，他只是一个收契约的，所以君主的臣民没有解除契约的权力。

现在麻烦来了：这个主权者到底有多善良？要是他很有野心，上门收完你的契约快递件，顺便把你家值钱的东西也全收了，那你怎么办？

霍布斯认为，主权者应当是个很理性的人，他是按照大家的集体意志和集体利益在行事，所以不会作出对任何臣民构成侵害的事。再说了，什么样的国家制度是没有毛病的？不管是君主制、贵族制还是民主制，只要会抓耗子，就都是好猫。相比较而言，君主制是所有制度里相对更好一些的制度。因为在君主制，私人利益和公共利益可以捆绑得更紧密。所谓普天之下莫非王土，率土之滨莫非王臣，说的就是这回事：你的就是我的，你穷就是我穷，你没面子就是我没面子，所以君主是绝对不会让他的臣民受苦挨饿的；相反，贵族制或民主制却是各自为政，贪污腐败会比比皆是。但它们三个就算再坏，也坏不过人人互相为敌的这种状态。

霍布斯虽然吹了上面这么一个大得离谱的牛，但他也没有完全失去理智。他也意识到，君主制很有可能也会制造出一个不顾人民死活的独裁者。不过，霍布斯当时的主要火力瞄准了教会权力，所以他一心向着世俗政权，对于这些致命的缺陷，霍布斯是虚晃一枪草草了事。

然后还是会有人提出疑问，说历史上那些契约，更多是建立在武力上的。战败的人群为了活命，不得不与战胜者订立契约。那这种基于恐惧而订立的契约，我们该怎么看待？霍布斯考虑到了这一点，但他死守住契约订下了就得遵守这条规矩，认为只要战败方通过契约获得生存的机会，就应该从此放弃抵抗，臣服战胜方。总之，既然跟人订了契约，不管是不是合理，是不是公平，都必须无条件地遵守。照霍布斯的看法，那就是既然你把自由让渡了出去，遵守契约也就等于实现了自由。相反，像杨白劳这种欠了高利贷不还的，活该喜儿被黄世仁拖走。

不过，霍布斯的理论也并非全然像上面列举的那样，理性、中立、客观，仿佛从头到尾就不是在说人话。他在某些该接地气的地方还是很接地气的，尤其是讨论到和他本人性格合拍的内容，比如活命。他说，作为臣民也不是君要臣死臣不得不死，虽然我已经授权给你，让你有权颁布杀死我的命令，但轮到你真来要我命时，我还是有权用武力保住小命的，因为我并没有让渡自卫生命权的自由。

嗯，所以他活到了91岁，祝贺他。

下一位出场的，是大名鼎鼎的数学家笛卡尔，但是他同时也是一位信仰上帝的人。因此，他也受了机器的影响，想要用清晰无比的论证，来严格证明上帝是存在的。我们可以再一次预料这个努力必然是以失败而告终，但鉴于这些聪明人如此前赴后继孜孜不舍，我等吃瓜群众不尾随上去看个热闹也实在是可惜，所以还是一起去瞅瞅吧。

推荐阅读：《利维坦》

笛卡尔（René Descartes）
1596—1650年
法国的拉艾
"上帝保佑我思故我在。"

第十六天　笛卡尔

笛卡尔是个很体虚的哲学家，所以他早上都要赖床，躺着，在似睡非睡中冥想，顺便积蓄一天活动的能量。大家一定会奇怪，这样浪费时间，也能成为哲学家？是的。因为天才的时间是不需要节约的，所以笛卡尔不仅是个哲学家，还是个数学家。如果他愿意，他还可以成为诗人、赌牌高手、解剖学家或者起重机设计师。

由于笛卡尔身体底子太差，所以火炉是他冬天里的命根子。1614年的一个冬天，他住进德国乌尔姆的一家客店，然后钻在客房里已经加热了的暖炉里面，整整思考了一天。这位钻在暖炉里看来想当面包的哲学家，当晚做了三个梦：第一个梦，梦见一阵暴风雨把他吹得连转三圈后，看到一大群幽灵；第二个梦，震耳欲聋的雷声把他震得醒来都眼冒金星；第三个梦，梦见一本辞典和一本诗集，旁边有个陌生人和他交流诗歌……笛卡尔醒来后，感觉这是神灵附体，他得从今以后好好做人，不能再虚度光阴了。

就这样，笛卡尔慢慢攒了一些自己的哲学思想，并找到机会加以出版，其中有一个著名的论断，即"我思故我在"（Cogito，ergo sum）。这个论断初看起来特别古怪，因为我思的前提就是我在，所以这不等于是说：我在故我思，我思故我在吗？笛卡尔你把前半句略去就算证明完了？

但实际上，笛卡尔可没那么傻。

笛卡尔的论证全过程是这样的：首先，他认为上帝存在；其次，上帝保证了他有清晰的大脑用来思考；最后，这清晰的思考使他意识到了自己的存在。所以，"我思故我在"这个论断是在上帝存在的语境下得以成立的。

笛卡尔真正遭遇到的逻辑困难是：怎么才能保证上帝真的是存在的呢？毕竟是数学家，他首先想到的是，三角形三角和等于两直角和这样的事儿是确凿的，而这种永恒不变的现象，能如此清晰无误地传递给我们的思维，那只能说明有上帝存在，是他保证了这个思维是清晰无误的。当然，这话并不是全然没有漏洞，笛卡尔要是活到19世纪，接触到罗巴切夫斯基几何，就会发现在那种空间下的三角形内角和，如果不顾空间的内禀曲率，强行拉出来贴到我们常见的欧式空间里，会小于180度；而要是遇上黎曼几何，则贴出来的三角形内角和会大于180度。不过笛卡尔身为数学家，并且是第一个把代数与几何完美结合在一起的数学家，这点儿通过空间内禀曲率的换算就能搞定的事情，对他来说根本就不算什么事，也许反而更能佐证上帝给予他的大脑是多么得清晰。

因为笛卡尔借以证明上帝存在的工具，不再是逻辑加推论，而是数学加猜想。

天才数学家都具备一种直感的抽象图像，也就是一种不用证明就能察觉到的秩序。凭借这种直感，他们可以直接看到答案，就像是一次又一次的完美作弊，并且作弊完成后，大家都在赞美，没人指责。在自学成才的印度数学家拉马努金身上，这种完美作弊行为得到了最完美的体现：拉马努金从来不用一步步证明，就能凭感觉写下很多复杂无比但却是正确的数学公式，只因为它们看起来很美。有关他的传奇故事，可以参看电影《知无涯者》（*The Man Who Knew Infinity*）。这种直感能力数学家欧拉也有，冯•诺依曼应该也有，但爱因斯坦可能是没有的，所以他在寻找描述引力时空的场方程上，白白折腾了两年。

笛卡尔应该就属于这样的天才数学家，只是他直觉看到的那些没法写下来，因为这毕竟是神学而不是数学。也正因为这样，他的证明在当时引起了广泛争议。霍布斯就曾批评过，可惜他批评得驴唇不对马嘴。另外还有一个叫伽森狄①的法国神学家，也写了六组反驳文章，这些文章读起来油腔滑调，毫无章法，难以想象竟然出自一位博学者的笔下。事实上伽森狄也懊恼啊，这些文章他都是私下给笛卡尔写着玩的，哪里想到笛卡尔这么顶真，正儿八经对伽森狄的诘问逐篇回驳后，不经伽森狄同意就全发表了。为挽回声誉，伽森狄态度变得认真多了，他不再油腔滑调，而是赶紧写下第二组反驳，这次文章质量有了显著改善，但木已成舟，悔之晚矣。之后他们就把对方拉黑了。好在过些年后，在朋友们拉拢下，他们之间还是相逢一笑泯恩仇了。但这场实力不对称的论辩，却被永远记载在了哲学史里，让反对笛卡尔的一方丢尽了脸面。

笛卡尔的盛名终于引发了一位19岁少女的注意，她在冰天雪地中统治着一片寂寞而广阔的国土，时刻期盼着有什么冰雪奇缘。1647年，这位少女，也就是瑞典女王克里斯丁娜，正式向笛卡尔发出邀请，希望他来给她上课。这笛卡尔也是不要老命，真去了，心甘情愿每天凌晨五点为女皇上早课，这完全是打破了他的作息制度，也超出了他对寒冷气温的耐受度。最后，爱情让这位暖房里的天才，早早结束了他本不应该这么早就散场的人生。

但对他来说，这完全值得吧。

一口气将欧洲的近代哲学介绍到这里，我们要换一下口味歇一歇，再次来到中国，看一下差不多也就是明末清初的时候，中国这儿的哲学家又在忙乎些什么，他们能继承王阳明那种暗藏量子贝叶斯思想的超前机械主义吗？还是继续浑浑噩噩在天人合一的模糊把握之中？我们将从下面这位王夫之切入那个时代的哲学，看一下中国的近代哲学到底出了什么问题，以至于从那一刻起，不再能和欧洲的哲学思想并驾齐驱，互为瑜亮。

推荐阅读：《第一哲学沉思集》

---

① 伽森狄不仅是一位神学家，其实也是一位杰出的天文学家，是他第一个观测到开普勒曾预言的水星凌日现象，并发表了观测数据。

王夫之（Wang Fuzhi）
1619—1692年【明朝】
中国的衡阳
"尽天地只是个诚。"

第十七天　王夫之

宋明理学的招牌口号"存天理灭人欲"，是今天人们一想起儒家思想，就立即对之猛发表情包的原因。虽然有很多人站出来说，这是对儒学的误解，这个口号其实是要人克制，不要穷奢极欲。天理是包括基本吃穿住行的，铺张浪费那才叫人欲。可是，再怎么为周敦颐他们辩护，这句话还是很有杀伤力，因为我们的确分不清楚，到底划一道什么样的界线，这一边就算是艰苦朴素，那一边就算是穷奢极欲。手机还在用诺基亚算是艰苦朴素吗？那用苹果就算穷奢极欲了？还是用手机这本身就是过界了，真正的艰苦朴素应该是到处借别人的手机打电话，或者索性退回到20世纪去打公用电话？

一种很高标的道德规范，却没有实际指导价值，这个问题也不是直到今天才让我们头疼。清朝的王夫之就受不了这种哲学上的精神分裂状态。于是他想出一个主意，干脆，把两者合二为一吧，天理就是人欲，这样多省事。

其实这个想法，也不是王夫之完全原创，类似的意思很早就有。那会儿，王阳明收了一个弟子叫王艮。王阳明问他在外面游学时看到了什么。王艮回答说，满街都是圣人。这句话明明就是嘲笑王阳明：你说天下所有人的人性从源头上来说，都是善的，那自然能够推出在某种条件下，人人皆可成为尧舜了。但大家都知道，这只是一句口号，世风日下，物欲横流，如今怎么可能满大街都是尧舜一样的圣人呢？王阳明也是脑子很灵活的人，当即回答王艮说，你看满大街都是圣人，他们看你也是圣人呢。意思就是如果你真的看到满大街都是圣人了，说明你透过满大街的人欲看到了天理；反过来，别人也可以透过你的人欲看到你的天理。

王阳明和弟子这一来一去的机锋，很清楚地表明：天理，是可以以圣人品行的形式，镶嵌到人欲里面的。反正孔子早就说了，"我欲仁，斯仁至矣"，可见天理什么的，都是可以当"召唤兽"来用的。至于天理和人欲是不是进一步可以合二为一，这时候就需要王夫之来回答了。

王夫之用张载提出的气，作为人欲的代名词，这样人欲就获得了动力因。在内在驱动下，这种气就可以调和冲淡天理，最后让两者合二为一。也就是他说的，"气无非理""理依于气"，这样一来，王夫之只要讨论气这么一个元素就够。当然这一招并不见得有什么高明之处，把已经有的合在一起，或者把已经合在一起的拆开，幼儿园小朋友都会干。但王夫之稍微厉害一点的地方在于：他明白张载的那个气，分散的时候是抽象的太虚，聚集起来则是自然界的物质，但不管怎样，里面并不包含形式化的道德规则。也就是说，不包括理。这样一来，直接用张载的气来包容理，就没得可能。

所以王夫之一咬牙一跺脚，干脆，把张载的气给改造了吧，改造成也具备形式化的道德规则，这样就能把理给收编了。接着，他又去思考气在阴阳未分之时是个什么样的东西，即我们通常哲学上说的本体。就这样，王夫之意外找到了一个新的本体概念，并命名为"诚"。是的，古希腊阿那克西美尼在公元前6世纪曾经玩过的把戏，王夫之才刚刚开始玩，并且玩得还磕磕绊绊、左支右绌。比比和他同时代的笛卡尔、帕斯卡，再看看他周围的黄宗羲、顾炎武，我们不得不承认，中国哲学家从这一刻起，对人类思想文明进程的贡献，明显是越来越少了。但这又如何呢？不积跬步无以至千里，此一时，彼一时，我们不争朝夕。

王夫之肯定了本体之后，那么接下来就是从一切本体出发，去构造其他哲学概念的配对关系，诸如体—用、理—气、道—器等。其中，形而上的体、理、道这些，都不再是占主导地位的。相反，用、气、器这些形而下的，反而开始成为解释天地万物的主要工具。可见，就算闭关锁国，但只要科学技术不断发展，哲学迟早会跟着走上实用主义的道路。王夫之那会儿，徐光启的《农政要书》、宋应星的《天工开物》、方以智的《物理小识》都已出版。人们已经慢慢知道，"地形如胡桃肉，凸山凹海"，而不是像以前以为的那样，大地是浮在水面上的。利玛窦他们带来的欧几里得几何学和亚里士多德逻辑学，也在极大程度地重塑中国知识系统。清朝的哲学家虽然都还拖着辫子，但还不至于因此拖累他们明白什么是先进事物。王夫之率先提出要有"质测之学"，也就是接近近代科学的实验观察方法，来代替那个对认识自然毫无帮助的"格物之学"。这个时候离欧洲实验科学兴盛也不过晚了两百多年，但棘手的是，配套的哲学思想、经济组织和政治制度实在太不般配，所以最后等到的也就只能是鸦片战争，而非文艺复兴了吧。

王夫之是头一个将宋明理学中的物之理和人之理给勇敢分开的中国哲学家，这是一个伟大的举动。自然科学和道德伦理被头一次硬生生拆开，这在中国思想史上实属惊天动地。王夫之认为，实体虽然是万物的本原，但万物无法回归到同一个实体予以理解，所以包括理一分殊在内的诸多说法，完全是没有道理的，而这种说法顺带出来的天理人欲两分法，也就可以一并勾销。在王夫之眼里，仁义礼智和声色犬马都是人性组成，想要分出道德高下，完全可以在饮食、男女中通过理性和欲望的调和来实现。

当晚年的王夫之归隐于石船山下，自称船山老人时，已是清康熙十四年（1674年）。不知他是否已然意识到，他所有的思想，无论如何努力，都会在历史中杳如黄鹤，正如已经发生的这场野蛮人的入侵，可将千年的传承，冲刷得印记全无。

诗曰：

荒郊三径绝，亡国一臣孤。
霜雪留双鬓，飘零忆五湖。
差足酬清夜，人间一字无。

推荐阅读：《王夫之评传》

帕斯卡（Blaise Pascal）
1623—1662 年
法国的克莱蒙费朗
"信上帝吧，这是稳健型投资。"

第十八天　帕斯卡

评点完船山老人，让我们换乘时空夜航船重返欧洲，拜访一下和笛卡尔同时代的另一位数学家兼基督徒——帕斯卡。

要在笛卡尔和帕斯卡这两位法国哲学家之间评判谁对人类的贡献更多，真的是有点难。数学上，笛卡尔开创了解析几何的新道路，帕斯卡推进了圆锥曲线和摆线的研究；物理学上，笛卡尔推导了光的折射定律，帕斯卡发现了液体压强的奥秘；哲学上，笛卡尔想出了"我思故我在"这么一句千古绝唱，帕斯卡也不落后，留下一句"人是一根脆弱但却会思考的芦苇"；最后，我不得不找出一个杀手锏，那就是看他们在实验科学方面的造诣。于是帕斯卡赢了。1642 年，当年帕斯卡 19 岁，为了减轻做税务工作的父亲的压力，他成功设计出了世界上第一台可做加减法运算的机械计算器，极大地推进了计算机科学的发展。

所以有一次，当步入中老年的笛卡尔在家庭聚会上遇见青年帕斯卡时，他由衷感叹自己不如人家。笛卡尔这份落寞的心情，我们是可以理解的：天才和天才的相遇，有时就是一场有生之年狭路相逢的悲剧。

帕斯卡的天赋不仅得益于父亲珍藏的各种数学著作，也受教于每周一次的学术沙龙。在当时的法国，人们把数学和物理作为一种时尚来崇拜，在学术沙龙上你可以轻易遇见一流的数学家，比如笛卡尔或者费马。17世纪欧洲时尚文化好这口，这和现在21世纪追捧流量小生和流量小花的全球时尚文化形成了鲜明对比。

帕斯卡虽然也是数学家，但是他反对笛卡尔用理性证明去表明上帝存在。相反，他认为上帝是隐蔽的，要通过耶稣降临，才能曲折委婉地暗示上帝是存在的。那个时代的无神论者空前活跃，他们一直在问信教的：上帝如果存在，为什么自己不亲自现身？他如果直接在天空上光芒万丈地出现一次，不就解决所有问题了吗？靠耶稣复活这类奇迹，曲里拐弯，太没诚意了吧。

帕斯卡也知道上述这些教义上的困境，他很冷静，给出了如下这份回答：

如果上帝真的现身，那我们就会因为认识了至善至美的上帝而得意忘形；如果上帝完全不现身，那我们就会因为到处找不到神迹而绝望。为了人类免于这两种极端状态，所以上帝要隐蔽自己，却让耶稣彰显他的能力，这是为了让人类既不夜郎自大，又不妄自菲薄。这一番回答，避重就轻，滴水不漏，敢情帕斯卡还是位了不起的"心理学家"。

帕斯卡其实是个虔诚的冉森派教徒。冉森派以奥古斯丁解读的神学思想为准，讲究上帝将救赎的恩典有选择地赐予信徒，反对耶稣会坚持的信条，即只要信上帝就能得恩典。所以冉森派一直和耶稣会对着干，谁也不服谁。

帕斯卡受同道影响，自然也对耶稣会相当反感。当他得知在中国的耶稣会教士在传教时，允许当地教徒表面上对孔子画像敬拜，但心里却在敬拜上帝后，终于爆发了。他写下了一系列文章匿名发表，抨击这种挂羊头卖狗肉的传教行为。帕斯卡站着说话不腰疼的批评态度，当然让耶稣会非常光火。这一系列文章以《致外省人信札》为书名结集出版后，很快被列为禁书。之后的情况大家都懂的，仿佛只要是"禁书"，就会热销。

帕斯卡在信仰这事上，其实并不总是那么苛刻。耶稣会教士面对中国人想出挂孔子卖耶稣的计谋，帕斯卡面对怀疑上帝的人，也一样会耍花招。他曾经开出过一个信仰赌局，就是著名的帕斯卡赌局。这个赌局大致是这样构造的：

第一步，他先让人们意识到，凭借不断的各种世俗中的"小确幸"，你只能躲得过一时，却躲不过一世，最终你还是会面临死亡，那么你怕死吗？如果你是怕死的，那么请接着看第二步：现在有一个赌局，如果你赌上帝存在，你要是赌赢了，你就能赢得永恒的生命，如果你赌输了，发现原来上帝并不存在，那你也什么没有失去；反过来，如果你赌上帝不存在，那你赌赢的话，你并没得到什么，可万一你赌输了，你可输惨了。所以，权衡利弊，你应该选择赌信上帝。第三步，面对还在迟疑的那部分人，帕斯卡继续替他们分析：赌赢赌输，赔率都是1：1，我押上去的成本是今生这条命，得到的收益则是无限的生命和幸福，那么，赢局的期望（帕斯卡那会儿还没期望这个术语，他用的是赢局的不确定性）就远远超过输局的期望，因此，你要不赌，那你就是拎不清。

　　应该说，帕斯卡在劝人信神这件事上，用赌博的办法就够离经叛道了。别说信教的，就算我这样不信教的，由于深受中国法律教育，也知道赌博犯法啊。可是帕斯卡不管，他不像笛卡尔，以为凭理性就可以证明上帝，他可能觉得人类天生就是非理性的，所以他劝人信神，也是用非理性的赌博心理在劝勉。让他没想到的是，他这么一劝，结果使他意外成了概率论的开创者。

　　但帕斯卡赌局并不如帕斯卡所想得那么完美无缺。假如世界上有一百种宗教，都是排他性的。那么，面对基督教赌局、摩尼教赌局、印度教赌局、耆那教赌局、袄教赌局……假如它们各自的赔率都是1：1，赢的期望都是无限大，那么人们应该进哪个赌局比较好呢？

　　简而言之，宗教那么多，该信哪一个？

推荐阅读：《思想录》

洛克（John Locke）
1632—1704 年
英国的威灵顿
"不信上帝的国度，不存在天赋人权。"

第十九天 洛克

当我们随口说起"天赋人权"时，一般不会考虑这天指的是什么。因为深入考虑的话，这句话就会显得很荒谬：如果这天指的不是神而是自然的话，那么自然作为没有生命的对象，却有能力赋予人类以权利，这是一件说不通的事情；可是如果这天指的是神，那么对不信神的人来说，他们就没有人权了吗？在今天，全世界无神论者这么多，大家都心安理得地用着这四个字，那究竟是什么样的信念，让无神论者对这个口号也甘之如饴？

在17世纪，洛克所处的那个时代，宗教和科学大战正酣，这毛病就是那时候得的，必须好好说一说。

洛克一共写了两篇《论政府》，在上篇里，洛克以神的名义，来论证为何人人生而平等。有学者认为洛克把上帝弄进来纯粹就是掩人耳目，其实他根本就不信神。上帝只是他的一块抹布；但是通篇读下来，上述说法并不成立，至少在逻辑上，洛克没法把上帝当抹布一样，借过来将君权神授这观念擦干净了就扔到一边。洛克全部的天赋人权学说，都是架构在上帝存在的前提下，要真当了抹布，那天赋人权就会是一句空话。

事实上，洛克是很严肃地在推理与反驳，告诉大家为什么在圣经里，上帝是把生命权、财产权、人身自由权，直接当作阳光普照奖，均匀给予当时在场的所有人，而不是当特等奖内定给了亚当，也就是象征意义上的君王。在其中一段里，洛克指出：

> 上帝是"生命的创造者和授予者"，而不是其他什么角色，因此，父亲并没有随意剥夺子女生命的权力。同理，每一个人的生命，也不能被君王随意剥夺……

所以你们看，有神论虽然总搞出各种花样，但真要开始争取个体自由来，有没有神，逻辑上就会大不一样。东方人不信一元神，父权和君权就都特别强大。东方人只承认子女生命是父母给的，并不需要神的创作和授予，在父权社会下，心理上很容易产生父亲可随时要回子女生命的错觉，然后在家和国的同构类比下，进一步类推出君要臣死臣不得不死这样的结论，就会显得特别有道理；西方人信神，所以父权和君权都会被神权削弱。当家与国发生类比时，他们只能得到洛克上面说的那个结论。至于其他衍生话题，比如君主是否可拥有全体臣民财产，以及君主王位是否可以永久世袭等等，也都可以依样画葫芦，各自得到各自的答案。

但这么一来，逻辑上我们会得到一个无法避免的尴尬推论：对于不信神的国家，比如中国，那里的人们就没有天赋人权。这话很伤人，但从整个逻辑链来看，这个推论成立。即便有神论者祭出普遍恩典的大法器，认为就算你不信神，我的神也一样赋你人权，这也一样没用。因为对不信神的国家来说，大家都不信神，你不经我同意随随便便扔一个神过来，根本就不会有人把他当作一回事。总之，我们要么就接受我们没有天赋人权这个事实，要么就不接受洛克的学说，而是坚定相信，人权是来自我们人类的自我赋予。

好在洛克本人也没有很坚持天赋人权的前提必须是信神。因为他偶尔会拿一些不信神的部落来举例，比如拿印第安人的例子，来说明他们是怎么通过劳动来私人占有鹿肉的。可是如果印第安人不信神，他们就没有天赋人权，那就无法保证其私人占有鹿肉的合法性。可洛克却完全忽略这一点，堂而皇之地一路论证下去了。也许，这就是天赋人权自带的"抹布逻辑"吧：先把上帝拿来用一下，用完真的就当抹布扔了，需要的时候再拿来用，反正逻辑上大家也不在乎，因为光天赋人权四个字，就足以让全世界受苦难的人们热泪盈眶。

洛克接着在他的《政府论》下篇里，详述了怎么样的政府才能保护我们由上帝那里天然得到的生命、财产和自由。如果说霍布斯设想了一种"人之初、行本恶"①的群氓状态，那么洛克给出的却是一种"人之初、行本善"的良民社会。在上帝发的阳光普照奖下，大家彼此之间不仅互相平等，而且明白爱人如同爱己。为保持这种和平的自然法，避免"来啊！大家互相伤害啊"这类战争状态出现，大家才相互约定，建构一个国家并立下契约。

在洛克之前，有一些哲学家小心翼翼设想过：假如上帝缺席，人类的权利分布会怎么样？其中最大胆的就属霍布斯了，他直接设想了一个"人人杀我、我杀人人"的黑暗森林界，最终得出必须要有一个君王来和每个人定约的结论，并不可避免地陷入君王权力一旦确立就无法撤销的困境。

在这事上，洛克因为引进了神，所以君王的权力就没那么高高在上，如果他想奴役人民，他就会被驱除。但洛克也承认，有的君王具备了上帝的智慧和品德，他拥有专断权力反而对整个社会更有利。可是在这种情况下，君王的特权和人民的民意要是依旧产生了冲突，那该怎么办？这下洛克也没招了，于是他再一次祭出上帝，建议大家一起向天求告，问问上帝，到底谁有理。可见，天赋人权是一个多么高明的招数，一旦山重水复，转瞬就能柳暗花明。

在上帝免费快递上门的天赋人权中，洛克比霍布斯更大胆的是，他不仅要论证其中的生命权是天赋的，他还要进一步论证财产权也是天赋的。洛克是怎么想的呢？

原来，洛克认为世界上所有没有思想头脑的东西，比如山脉河川牛羊猪狗，都应该归有思想头脑的人类所管辖。因此这世界上所有一切资源，上帝已经慷慨赠予了全人类；接着，如果其中某个人通过劳动，将一部分资源转化为

---

① 这里要和中国古代哲学提出的"性本恶"观念区别开来。霍布斯和洛克并不是从道德规范上去描述自然状态下人类的善恶，他们更多的还是想从行为规范上去判定，即当时人类在自然状态下是利他还是利己。

产品，那么他就排他性地占有了这份产品；最后，当这份产品中产生了他自己消化不了的部分，在交易中变成了财产，那么这份财产也随之应当属于他。

在这一财产占有的过程中，洛克尤其重视土地占有。他的眼光是敏锐的，不管是当年大英帝国的海外殖民，还是今天我们中国的房地产，土地永远是稀缺资源。洛克在当时强调了以下几点：第一，土地占有不能影响别人的占有；第二，土地占有不能超过自己的需求；第三，不能占着土地不劳动；第四，生产出来的果实或者鹿肉等物资，不能任其腐烂，而是要通过交易让它们变得有价值。总之，财产权的确立，不仅仅是为了天赋人权，更主要的是为了把上帝给你的资源，最大限度地利用好。在这样的逻辑下，洛克其实是在隐隐暗示：能从土地上产生出更多价值的人，就有资格在不侵犯他人利益的前提下，占有更多的土地资源。

这才是中国历史上真正需要但却从来没有出现过的土改运动。历朝历代的中国农民起义，起初都是轰轰烈烈，到头来依旧原地踏步，这到底该怪谁呢？

上帝回复说：怪我咯？

洪秀全默默点了个赞。

推荐阅读：《政府论》

斯宾诺莎（Baruch de Spinoza）
1632—1677 年
荷兰的阿姆斯特丹
"道德是一种几何。"

第二十天　斯宾诺莎

"警告你们不要跟他说话、写信，帮助他，不要与他同处在一个屋檐下，与他相距不能小于 4 米，也不能读他写的书。"斯宾诺莎在他 24 岁那年，受到了荷兰犹太教会上述处罚。在今天看来，这个处罚算什么，手机上建个群不就什么都解决了。但斯宾诺莎是 17 世纪的荷兰哲学家，那时候只有手，没有机。此外斯宾诺莎同时还丧失了家产继承权，看来他唯一的生活来源，只能是给人磨光学镜片了。每一个犹太人家的孩子从小都要掌握一技之长，以备不时之需——斯宾诺莎学的就是磨镜片。

那么斯宾诺莎到底说了些什么，惹怒犹太教会了呢？其实大家猜也猜得到，无非就是不信灵魂不灭，也不信上帝是超然物外的存在。斯宾诺莎把笛卡尔的思想和自然主义哲学相结合，认为上帝、实体、自然其实指的是一回事。这个想法在当时很大胆，在今天也依旧熠熠生辉，包括爱因斯坦在内的很多物理学家，都或多或少是个泛神论者，他们都相信自然的上帝，而不是相信雅各的上帝。

大家也许会认为斯宾诺莎真是命苦,好好富家子弟沦落到靠磨镜片谋生,可见哲学是学不得的。实际上情况没那么糟啦。斯宾诺莎朋友遍天下,尽管他一再推辞不受,但得到的资助还是络绎不绝。此外他还能得到一笔私人资助的 300 弗罗林的年金,在当时的荷兰,这笔钱够他买两头公牛了。所以其实斯宾诺莎的小日子过得算是滋润的,磨镜片对他来说,更多的只是一种自我身份的标定。当时研究自然科学是风靡荷兰的时尚,人们都想弄点显微镜、望远镜……或者是放大镜吧,斯宾诺莎专门制造各类透镜,当然会让喜欢自然科学以及崇尚无神论的年轻人趋之若鹜了。想想也是,凭斯宾诺莎这么点财力,想要磨出什么好镜片怎么可能。和斯宾诺莎同时代的物理学家惠更斯,比他多金又多人脉,最后还是到专门的镜片工厂,才定制到了符合他需求的镜片。所以斯宾诺莎磨镜片,其实不是一位哲学家在苦其心志,而更像在今天微信群里发点阅读量十万加的文章,希望大家去他那里打赏。比如莱布尼茨就欣然去找他磨了一副。不过牛顿是不信这类邪的,他喜欢自个儿磨,结果在 1666 年,他用磨制出来的三角棱镜,解释了光的颜色分解。

黑格尔曾经评论说:要达到斯宾诺莎的哲学成就是不容易的,要达到斯宾诺莎的人格是不可能的。对照事实真相,这个评论明显是过誉的。不过要是这个评论句之前,再加上黑格尔三字做人称主语,倒有可能非常中肯。

在学术上,斯宾诺莎用一种几何学的方法,自上而下设计了一个从宇宙到道德的形而上学的体系。他试图把自己的著作,写得像配合精密的机械总成,以便和天地万物严丝合缝。于是,这整本《伦理学》写得活像是一本中国人自己编的高等数学教科书,直接翻看正文第一页,一大串张牙舞爪的定义、公理以及各种抽象符号,只是为了明白无误地告诉不小心取阅的读者:你看不懂。

然而如果有不肯合作的读者,硬是鼓起勇气看下去,就会发现斯宾诺莎这本书里,所用的几何学语言仅仅是一种修辞而不是真的一种推理。因为里面每一个地方,都无法用数学公理由简入繁推导,倒是相反,完全可以用神学教义从繁到简演绎。我几乎可以下定论说,斯宾诺莎是开了西方哲学的倒车,如果他真的对科学和道德同样感兴趣,面对伦理学这种棘手货,他应当知难而上,成为测量心理学的鼻祖,或者是定量行为学的开创者,哪怕谬误百出得跟弗洛伊德一样,但后人会看到他的勇气和才能。但很可惜,他最终选择的,是做一枚靠磨镜片招揽粉丝的文科哲学家。当然,这为他赢来了极大的声誉,但这种声誉,多少还是有些"捧臭脚"的嫌疑。因为讨论斯宾诺莎,可以让"捧臭脚"的学者们产生他们也懂几何学的幻觉。

把自然和道德融贯在一起,还说得如此振振有词,这在欧洲不太常见,所以斯宾诺莎这一套对那里的人们来说,无疑是石破天惊的一帖药。而在我们这里看来,斯宾诺莎不过是在一连串诸如实体、样态、自因、他因、直接、间接等的奇怪概念中,不断绽放着李耳、郭象、朱熹、陆九渊他们的奇思妙想,热闹是热闹,但没什么了不起。

不过,斯宾诺莎毕竟是斯宾诺莎,他在很多概念梳理和细节论证上,比起语焉不详的中国同行,还是略胜一筹。比如,他认为实体的无限多属性中,我们人类的心灵只能认识广延(广延,指物体占据空间的属性。)和思想,这等于给朱熹的理梳理出了一个明确的约束条件:并不是理所分出来的所有属性,我们人类都可以通过格物而知晓。如果我们还记得程颐那个仁的纤维丛模型,我们就很快能辨别出,斯宾诺莎说的正是不同截面对人类的投影,他认为其中只有一种叫作广延属性的截面,可以投影下来后成为思想属性中的观念,并为我们人类的心灵所掌握。其余那些属性,并不在人类认知范围内。

但斯宾诺莎和宋明理学的整体思路却是差不多的:先天存在的"理"所构造的秩序,不仅遍布于天地万物,同样也有一份遍布在每人的心中。只要我们能充分观照自我,格物致知,用有限的理性去理解无限的理智,我们就能突破自我,达到与"理"融为一体的境界,实现充分的从心所欲不逾矩的自由。

我想这就是迷醉中国文化的黑格尔和莱布尼茨,会如此欣赏斯宾诺莎,但坚守西方思想的贝克莱和休谟,却如此讨厌这个荷兰磨镜片匠的原因。写到这里,大家也清楚了,斯宾诺莎的上帝原来是"吾心光明,亦复何言"的上帝。它既不是雅各的,也不是爱因斯坦的,而是王阳明的。

当然,这是往好的方面在给斯宾诺莎贴金,要是往坏的方面说,随便从《伦理学》里摘一段出来,就足够大家吓一跳了:

"命题四十 假如一个人想象着有人恨他,并且相信他没有可以引起那人恨他的原因,那么他也将恨那人……"后面的文字不誊抄了,都是斯宾诺莎煞有介事写下来的证明过程。我忍着不笑认真看完整个证明过程,得出结论是:我也该吃药了,竟然看完了。

好了,让我们端正起哲学态度,把哲学家放回他们所处的时代,再去考量他们的思想价值吧。单就哲学论哲学,荷兰的斯宾诺莎和中国的王夫之,可谓是当时东西方两个时空错位的觉悟者:当斯宾诺莎试图为宇宙立心的时候,王夫之正努力要把心从宇宙的胸腔里挖去。这两个东西方思想反错的哲学家,是人类思想史上必不可少的配菜。但不管如何饶有情趣,配菜毕竟只是配菜。

推荐阅读:《天人之境——斯宾诺莎道德形而上学研究》

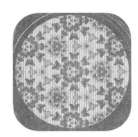

莱布尼茨（Gottfried Wilhelm Leibniz）
1646—1716 年
德国的莱比锡
"前定和谐。"

第二十一天　莱布尼茨

　　莱布尼茨这位喜欢戴一顶夸张黑色假发的德国数学家，绝对是一个通信狂人。他一度同时和几百人互通书信，这相当于在今天他建了一个 500 人的微信群，然后作为群主他和每个成员都在私聊，聊天内容则更是五花八门，从数学到钱币学无所不包，以至于如果不研究保存下来的这 1 000 多封信，我们都无法真正了解他的思想。不知莱布尼茨有没有一言不合就把对方拉黑的习惯，但我们至少知道，后来他和牛顿争抢谁是微积分第一发明者的时候，他们是互相拉黑的。

　　继帕斯卡发明带加减法功能的机械计算机后，莱布尼茨又添加了乘除法功能。他还游说包括彼得大帝在内的投资者，劝他们不断投钱，试验包括火警服务系统、蒸汽喷泉、瘟疫患者隔离病房在内的各种创新。此外，他还热衷于炼金术，并担心一旦成功金子将不再值钱……总之，我们的莱布尼茨有着层出不穷的奇思妙想，活像一位不知疲倦也不怕失败的 17 世纪创业者。

莱布尼茨蜻蜓点水照样硕果累累的治学精神，也贯穿在他的数学研究中。他不仅提出了拓扑学的最初构想，再次发现了二进制算法，最后在无穷小计算方面，他还和牛顿进入了空前惨烈的优先权归属战。从记号使用上来说，无疑莱布尼茨那一套更加清晰简明，所以被我们今天所继承；但从物理学自身的构造基础来看，牛顿才是真正清楚微积分应该位于整个物理学大厦哪个部位的人，而莱布尼茨只是一个调皮的孩子，为了寻找解决化圆为方的古典难题，无意中搭了个数学梯子，眼睛又尖，几乎在同一时间发现了同样的珍宝。

牛顿应该为有一位莱布尼茨这样的对手感到庆幸，否则他真的就是一位独孤求败的绝代宗师。当牛顿把物体之间的运动，当作绝对刚体之间的碰撞关系时，莱布尼茨却从微观上给出不一样的说明：物体碰撞时会产生形变，也就是说它们不是绝对刚体，而是具有一定柔性的，一旦超过一定限度，物体还会破碎。这些复杂情况必须涉及物体内部的分子结构层面，这样的物理哲学观点太超前了，非弹性碰撞的热力学计算也太麻烦了，所以是牛顿的力学观点正确抓住了问题重点，成了最伟大的物理学家，而莱布尼茨则成了最伟大的物理学家的陪衬。

但是，莱布尼茨的单子论，在形而上学方面，绝对可以甩牛顿和之前的笛卡尔、帕斯卡等100条街，让我们想象我们每个人就是茫茫宇宙中的某一粒单子，并且还是众多单子中等级比较高的那种，就是那种有理性精神可以自我反思的那类。于是，我发现我是没有广延的，也就是说我没有物理尺寸，根本就不占据空间，我其实就是一个纯粹的知觉，并且我是致密的，任何其他单子都没法进入我，我也没法进入它们。所有的单子虽然都是知觉，但这些知觉中只有一部分和我是一样的等级，其余很多都比我等级低，就跟动物一样只有记忆功能，然后还有更多的比动物等级还要低，连记忆功能都没有，只有一些混乱的无意识的感知能力。

然后，我尝试理解这个有广延的世界，发现这个世界是假的，就是说时空感其实是虚构出来的，只是一种表象而已。我和其他单子互相之间可以发生作用，传递信息，为了让这种作用更好地得以理解，所以才虚构了一个带有时空和物质的宇宙。至于我自己所统治的这个躯体，应该也是一种表象，我和我不同等级的小伙伴们，提供了无数的微知觉，共同构成了关于这具躯体的无意识、记忆、理性和反思能力，并将之复合在一起，成为一种具备自我意识的统觉,并定义具备这种统觉的躯体为一个人,也就是我。

现在,我们要进一步了解的是,这个愚蠢的被定义为人类的人,还有这整个被称为物质的宇宙,是如何与我们这所有的单子,彼此之间始终保持默契的呢?因为不同的单子会有不同的表象,那大家又彼此两两不同,这么多的表象当然也会各不一样,但是它们必须看起来是无矛盾的,也是有充足理由的,不能我这一秒还在上海的家里写着莱布尼茨,下一秒我就在德国的莱比锡成了莱布尼茨本人。所以,我和其他所有单子,都应该有一种早就定好的行动计划,使得我们都按部就班,绝无差错,这种事先定好的行动计划,是由上帝这个最原初最完美的单子发布给我们所有单子的,这叫作前定和谐。他发布完后,就再也不必每时每刻照管着了,一切都会自动运行,形成如今的人类和宇宙。

因为这是一个表象的世界,所以它可以做到无限细分,这样,我们就可以在不同尺度上,构造不同尺寸的宇宙,也就是如今少数物理学家提及过的分型宇宙。在这种自相似结构下,物质的每一部分都可被视为一个长满植物的花园,或一个充满着鱼的池塘。而植物的每一枝条、动物的每一肢体以及它的体液的每一滴,也都是这样的花园或池塘。尽管花园中植物之间的土壤和空气,或者池塘里鱼之间的水,不是植物或鱼,但它们也包含了植物和鱼,只是通常极为细微而不为我们所觉察。

我们每一个单子,就是一台万能的宇宙机器,它蕴含着关于这所有虚构宇宙的一切信息,所谓"一恒河沙、一沙一界",说的是这同样的道理。但是,我们毕竟不是上帝,我们的知觉是有限的,所以比如像我,虽然有着关于这宇宙一切的信息,但我能调用的,却仅仅是目前我所能调用的那一部分……

唉,莱布尼茨的单子论实在太抽象了,以至于普罗大众连吐槽这个理论的兴致都没有,我们今天就介绍到这里。不过好在下一位即将出场的哲学家,他的宇宙观是如此的简单明了又朗朗上口,所以很快他就成了众矢之的。他就是贝克莱。

推荐阅读:《神义论》

贝克莱（George Berkeley）
1685—1753 年
爱尔兰的代包城堡
"存在就在于被感知。"

第二十二天　贝克莱

贝克莱是一位饱受争议的爱尔兰哲学家，很多由于坚信唯物主义于是头脑简单或者由于头脑简单于是坚信唯物主义的哲学爱好者，经常没事就把他揪出来批判一通，因为他竟然宣称"存在就在于被感知"（Esse est percipi）。这是几个意思？如果世界的存在就是在于被感知，是不是就等于在说，你眼睛一闭，世界就不存在了？或者更进一步，如果全世界的人都闭上眼，那等我们再睁开眼，宇宙万物包括我们自己也都会消失了？这未免过于主观、唯心了一些。

其实当时那边的英国人对此也非常愤怒。贝克莱的一位朋友，就声称说经他的医生检查，贝克莱被断定是疯了，应该赶紧接受治疗。

但事实上贝克莱这个惊世骇俗的宣称，还是有下半句的。他接下去要说的是：如果大家都把眼睛闭上，那么，被感知的观念网络依旧还在。一旦睁眼，世界还照样作为观念，若无其事地继续被感知。

我们无神论者是百分百不接受以上观点的。因为上帝对我们而言就是一段可有可无的盲肠，无论其实体是不是在我们主观世界外独立存在，他都可以被摒弃；有神论者也有很多不同意的。因为贝克莱把独立于我们认识之外的一切实体，竟然也给除去了，这太让人难以接受了！

贝克莱也是够坚强的，默默建了一个只有他一个人的独立盟，和所有一切敌盟展开空前激烈的"跨服战"①，一决雌雄。战斗的号角一次又一次吹响，也不知是万物消灭了上帝，还是上帝消灭了万物。反正硝烟散尽，吃瓜群众一抹嘴，只问一句：谁赢了？

在揭开谜底前，让我们先看看贝克莱这一方的战术策略。

贝克莱的战术策略是：虽然心外之物是不存在的，但并不是说我看到听到、闻到、尝到、触到、想到的都是虚幻的，不，它们都是真实的，绝非是佛教唯识论里说的那种无明所制造的幻觉。只是，这种真实感不是来自和自我的感知没任何关系的外部，而是来自自我心灵所能感知到的内部：观念网络。这些观念网络串起了无数的标记，让人在其中感觉到了好像带有因果性的一系列事件。这些标记，其实都是上帝事先做好的，我们只是凭我们有限的感知力，去碰触激发其中的标记罢了。并且，上帝将这些标记都处理得非常和谐，我们在其中只能产生因果性的感受，而不会感觉有任何违和之处。贝克莱推测，上帝可能喜欢将他的神力表达为无矛盾性，所以如今我们才会到处找不到违背自然的神迹。

同时，贝克莱进一步指出，这种观念网络的存在，本身是不能被感知的，它的存在不是在于被感知，而是在于感知，即能动地感知一切可感知的对象。

贝克莱的反对方呢，无外乎诉诸各种常识，贝克莱也做了仁至义尽但啰唆至极的反复解释，认为这诸多常识和他的说法并不冲突。但是，有一种反对意见还是蛮要命的：既然人类比上帝差老大一截，那么你贝克莱如何保证人类所感知到的和上帝所感知到的是同样的感知对象与感知关系？如果上帝设定的感知系统和人类现在使用的感知系统，不能证明为是同一套，那么贝克莱你说的无矛盾性的观念网络，就只能说是一厢情愿。但是，如果外面有一个实体支撑的物体系统，我们就可以帮你来检验，看看哪里的观念结点

---

① 玩游戏时，为了和不在一个服务器的游戏玩家作战，从自己服务器跨到对方服务器去的战争行为。

或观念关系出现了差错，从而进行修正，而这不正是人类文明赖以进步的保证吗？

对此诘问，贝克莱没有任何记录。也许当时的人还没想到这一点，或者也许贝克莱当时没想出如何回答。

现在，让我们揭晓谜底吧，谁赢了？

谁也没有赢。因为这两套彼此矛盾的说法，都只是描述系统，而描述系统彼此间出现矛盾，是我们描述者的问题，不是描述对象的问题。之所以我们描述者会出问题，是因为我们也在描述系统里，无法跳到描述系统外面，把我们和对象全部当作对象。

那怎么办呢？既然跳不出去，那到底我们该信哪种呢？

其实要简单起来也很简单。你想想，美团和滴滴是可以装同一部手机上的，哪个打车便宜有促销，我们就会用哪个。同理，这两种论调，自然也可以哪个方便用哪个：考察日常宏观世界，比如月球，我们就用无神论，这样不管我们观察还是不观察，用什么方式观察，月球永远就是那种状态。而要是考察微观尺度，尤其到了粒子层面，我们就用贝克莱的感知论。我们观察的时候，粒子就以我们观察的方式来呈现；我们不观察的时候，神帮我们照管着它们的状态。比如处于量子叠加态，如果按照哥本哈根解释，那么月亮就是一团弥漫在整个宇宙的波函数，只有在你瞄一眼时它才瞬间坍缩为一枚月亮，但如果按照退相干解释，就算你不看月亮，月亮也和你看到它时的状态差不了多少，因为它太个儿大，无数量子之间相互作用早就让月亮瞬间坍缩了……还有平行宇宙解释，但这脑洞大得太离谱，科幻作家却最喜欢，我就不跟他们抢饭碗继续介绍了。

贝克莱还认为，空间是不可能无限细分的。尽管在数学世界，实数轴可以无限细分，但在物理世界，我们还是得承认，存在最小单位的普朗克长度，大约是 10^{-35} 米，这是时空分辨率的极限，如果再小下去，来自量子场论的计算结果，会立即发出预警："前方出现微黑洞，禁止通行！"当然，微黑洞也干不了什么坏事情，挥挥手，让微黑洞穿过掌心，如恒河沙数般浩浩荡荡、横无际涯。脑补一下，这将是多么壮丽的景象。

另外贝克莱还有一个超强的脑洞，这个脑洞直径太大，已经跟我们普通人没什么关系，但跟牛顿和爱因斯坦关系比较紧密：贝克莱是反对当时牛顿的绝对空间的,并认为绝对空间这种东西,可以和万物一样,也能被彻底消灭掉。这件事上,贝克莱很可能早了几百年,就有了一些很奇特的关于时空是一种流形①的想法,这些想法后来引爆了马赫,而马赫后来又引爆了爱因斯坦,爱因斯坦后来再引爆谁,就很难数得清:脑洞已经豁开,只能数不胜数。

后来,贝克莱当上了主教大人,就跑到地球另一边的百慕大地区,想办家神学院。最后结局是他把资产全无偿送给了美国。美国人为了报答他,就把加利福尼亚大学的一座分校,命名为贝克莱分校。丘成桐、陈省身、佩雷尔曼都是那贝克莱分校的,如果这三位"数学大魔头"你都没听说过,张爱玲总听说过吧?她在那里也从事过两年学术研究,却因论文不符学术规范被解聘。

对天才来说,也许存在就在于被规范吧。

本海域最后出场的两位哲学家休谟和卢梭,他们可是一对冤家,他们之间的八卦,会穿插在知识点里略有提及,不关心这些婆婆妈妈掌故的读者,可以迅速跳过这些段落,直接萃取这两人思想中的精华,虽然这些精华其实从哲学层面上来说,也挺狗血的。

推荐阅读:《人类知识原理》

---

① 指很小范围内具有欧几里得空间性质的空间。将这些空间用某种方法一块块缝补起来,就可以用来描述大范围的曲线、曲面以及更高维的几何形体。

休谟(David Hume)
1711—1776 年
英国的爱丁堡
"因果律可能只是一种幻觉。"

第二十三天 休谟

在上一篇日志中，贝克莱作为主观唯心派的大将，饱受了各种物理或魔法攻击，现在这位休谟作为无神论这一派的先锋，也一样挨了无数火炮、飞箭和闪电施放，可见哲学家自古就不是什么好行当。好在现在科技比较发达，大家也比较想得开，见谁不满意，将他做成表情包就行。休谟要是在今天，一定会被加倍做成各种表情包，因为他特别胖，活像一头在冰面上摇曳的肥海豹，或者照当时悲观者的论调描述，这胖家伙更像是一个吃甲鱼的老头。

休谟在 20 多岁时，已经写成了三卷本的《人性论》。那时候的休谟对自己过于自信，又匿名又不要名人支持，销售情况自然很不妙。休谟不泄气，他一计不成再生一计，又写了一个摘要精简本，并使用了"标题党策略"，书名叫作《一部新近出版的著作摘要；书名：人性论；这本书的主要论点将在本摘要中得到进一步的阐发与解释》。然而，见多识广的英国人可不吃这一套。最后，还是"义务水军"立了功劳：几年之后有人撰文抨击休谟此书离经叛道，是在宣扬无神论，然后休谟立刻撰文反击，于是渐渐地，休谟的名声才起来。

但实际上，不靠哲学著作，休谟照样可以赢得整个世界对他的尊重。他另有六卷本的《英国史》，堪称最优秀的历史著作之一，这个来自苏格兰的胖小伙为了让英格兰人服气，在遣词造句上也是竭尽所能，写的是长啸气若兰，顾盼遗光彩。

休谟为人是很敦厚的，并且多愁善感。他37岁时陷入了一场疯狂的爱情之中，爱上了一位风骚的伯爵夫人。激情烧光了他的理智，他跪倒在对方面前，向她求婚，完全不知道人家只是戏弄他，早早就安排了一个人藏在窗帘后面，目睹这个哲学家被拒绝后，毫无尊严地泪流两行。后来在法国，休谟又垂青于各种名花有主的对象，并且从来不从中吸取经验教训，也许他以为，这一切只是各种孤立事件的"恒常连接"（constant conjunction），其中并没有什么因果性，因此只要自己持之以恒，总有一次会马到功成。就这样，直到60岁了，休谟还奋斗在追寻爱人的道路上，直至终身未娶。

老好人休谟在爱情上一事无成，在友情上也是经常瞎眼。有段时间他和卢梭好得不得了，尽管有人提醒他，卢梭这家伙脑子有些不太正常，但休谟并不以为意。卢梭那时在瑞士搞了点事儿，逃到英国，休谟心底暗喜，想终于找到一个可以显示"有朋自远方来，不亦乐乎"的机会了，就张开他肥嘟嘟的手臂，欢迎这只"惊弓之鸟"的到来。没想到好景不长，卢梭精神病发作，说各位父老乡亲们啊，你们别看这胖子表面上待我不薄啊，其实他暗地里尽在害我啊。休谟也急了，赶紧写点东西表白自己比窦娥还冤。

休谟虽然在生活中遇人不淑，但在哲学上却极其精明。他非常确凿地告诉我们：我们以为的因果关系，只是我们自己头脑里想出来的，真正发生的只是一系列有先后关系的事件序列，这些序列被我们所知觉，成为我们意识里的一个个心理原子。所谓因果关系，不过是对这些心理原子进行了一次加工，把它们排排队，分果果，形成一种聚类后的秩序，从而得到一种习惯性的满足。比如我们发现，天下雨之后，地就湿了，这两种现象总是一前一后发生，于是我们得出结论：因为天下雨了，所以地就湿了。但是这个结论不是先天就有的，而是我们归纳总结出来的。可是，一切依靠经验归纳出来的结论，都不是百分百的可靠。

这个发现是细思极恐的，因为这意味着我们认为自然而然的因果律，其实是不成立的。根据休谟的说法，天不会塌下来的必然性，只是我们脑补出来的一个信念。这就是为什么休谟发表《人性论》的时候，是多么想看到自己把读者吓个不轻的效果啊。但结果大家都安之若素，当这是英国版的杞人忧天，休谟的心啊，都碎成渣了。

　　但哲学家面对休谟这样的怀疑主义，却并不能超然物外，相反，他们都头痛不已。虽然休谟并不是否认因果律的客观存在，他只是提醒我们，我们人类能掌握到的因果律，并不是我们本来以为的颠扑不破。可是，人们要的就是颠扑不破啊，要是颠扑可破，那还算什么因果律呢？可是，归纳法就是无法上升到必然有效的高度，就是无法保证颠扑不破，那么与天同齐的因果律，也就实际上与我们人类永别了。对此，后来波普尔曾愤愤评价说，归纳法是自然科学的胜利，却是哲学的耻辱。

　　但其实休谟的这种彻底经验主义的道路也是有问题的。因果律如果仅仅来自经验，那么休谟将遇到这样的诘问：在人类还没有归纳总结各种印象或观念之前，因果律还在不在？进一步问，没有人类，宇宙之间还有没有可以独立于人类而存在的因果律？

　　这个问题不太好回答。休谟如果回答没有人类因果律照样存在，那这就不符合他的彻底经验主义立场，并和他所反对的贝克莱的观点趋近；但要是他回答没有人类就没有因果律，那这个因果律就得依赖于人类的构造发明。也就是说，万一不同的人发明了不同的因果律，并且这些因果律经过交流后无法对所有人达成一致，那整个世界的运行就彻底乱了套。当然，我们也可以折中一下，说人类的认识活动和因果律是互相依赖关系，谁也离不开谁，这个回答很左右逢源，也很投机取巧，但似乎真的可以避开一切认识论的雷区，进入实用主义的安全地带。

推荐阅读：《人类理智研究》

卢梭（Jean-Jacques Rousseau）
1712—1778 年
瑞士的日内瓦
"政治用一个主旋律就可以了。"

第二十四天　卢梭

卢梭这位疯狂哲学家不仅写出了谈教育的作品《爱弥儿》，把可怜的康德迷了个神魂颠倒，还创作了一部喜歌剧《乡村占卜师》。这部作品我曾完整地欣赏过，旋律清新流畅，怪不得后来会受到莫扎特和贝多芬的青睐。与卢梭旋律第一的音乐理念相左的是和声学，它是让西方古典音乐不自觉走向死亡的肇因。放弃对旋律的追求，只想着数学般的精确结构，那音乐就是在向往神的完整与完美，但显然这个向往对人类来说，是一种缘木求鱼般的努力。巴赫在复调的路上已走出太远，这就是为什么大多数人听不懂巴赫，少数听得懂，却也会听着听着要睡着的缘故。所以，音乐要得到民众的认同，就应该回到卢梭，回到旋律，今天的流行音乐，就是在响应卢梭当年的观点。

可以说，卢梭哪怕有一百样的疯狂，也无法抹去天才就是天才的定论。休谟对他的评价最为中肯：大家原谅他吧，他还是个孩子呀。伏尔泰却一点面子都不给，称他是第欧根尼的狗。这个评论其实并不过分，弃婴惯犯、露臀癖爱好者、被害妄想症、精神分裂人格，这些词全都适用于卢梭。

然而脑子有问题的天才去看问题，有时就是能鞭辟入里，虽然他们容易进入死胡同，成为各种自相矛盾的靶垛，但卢梭的政治哲学在历史的岁月里，经受住了从南蛮入侵到万箭齐发①等各种考验，也算是人类思想进程上绝无仅有的一朵奇葩。

卢梭以为，人类在原始状态下，既不是霍布斯那种互相伤害的黑森林状态，也不是洛克那种君子之交的大淡水湖状态，而是每个人都很强大、善良、富于同情心，但又很无知、愚钝、没有推理能力，相互之间处于一种势均力敌的野蛮人状态。然而，随着时间的推移，其中有一部分人因为有了更好的生存知识，先富裕起来，于是他们就会削弱对其他人的同情心，转而变得自私，会为了维护比别人更多的财产，去雇佣其他还没富起来的人。这么一做，不平等就出现了。富人为了炫耀自己的财产，往往还会追加在科学和艺术上的投资，也因此科学和艺术是道德堕落的根源。

卢梭的整个论调就是这样，大家听下来一定会觉得别扭，给人感觉就像今天有人用手机投诉，投诉手机让人类失去面对面投诉的机会。卢梭的论调也是这毛病：既然你诅咒科学和艺术，厌恶它们，那就请你不要用印刷机，全手工誊抄《爱弥儿》，并销毁你所有的音乐作品。

但卢梭并不这么看。这可能得归功于他的精神分裂特质，使他擅长将自己一切弱点暴露在大众面前，即便遇到自相矛盾的困境，他也会毫不犹豫地诚实展现给大家看。你们看，科学和艺术就是这么缺德，而我卢梭，就是一个缺德的样本，我忏悔，我有罪，你们惩罚我吧。

为了恢复臆想出来的野蛮人时代的平等状态，卢梭要求社会制度应该建立一种"公意"，就是人人平等地体现个体意志，最终形成一个公共意志。在这样的公意约束条件下，公民依照公意行事，就是实现了自己的个体意志，于是就等同于实现了个体自由。

这个看起来光芒万丈的公意概念，其实暗含了很多杀机。比如，纳粹要求排犹，于是请所有德国公民包括德裔犹太人一起来投票。由于德裔犹太人在人数上远远比不过其他对犹太人反感的德国大众，于是排犹就成了公意，

---

① 桌面游戏《三国杀》里的两种技能牌。

于是作为公民,每一个德裔犹太人都应该无条件地遵从公意,走进集中营,化作焚尸炉上方的青烟,以实现他们的个体自由。

其实不用等到希特勒上台,光卢梭死后爆发的法国大革命,血腥程度就足以让一代又一代愚蠢的人类惊悚。民主、自由、法国万岁……咔嚓咔嚓,断头台上头颅滚落的声音,不是由卢梭亲手创造的,而是人们为他量身定制的喜歌剧。拿破仑对此发表的乐评是:"只有罗伯斯庇尔是真正站在平民一边,可最终他却被平民们送上了断头台。"

可以说,在卢梭身上,人们首次意识到,原来各种千奇百怪的制度都是向往自由的,至少当权者都这么天真地认为。法国大革命后,如果没有另一位远在英国的政治哲学家伯克,人们还不会这么快冷静下来,去反思刚刚发生的悲剧。是伯克的思想,与卢梭截然相反的主张,让人们意识到不平等并不是原罪。相反,不平等的状态更有利于社会的平稳和进步。伯克主张,上帝绝不是平等地对待所有一切人类,而是有选择地将恩赐给予有天启特权的人。

然而卢梭有话要申辩。是的,他完全有理由认为自己无罪。一个艺术家的疯狂呓语,在音乐里表现为只有一个声部的旋律,在政治里表现为只有一个声音的极权,在他眼里这都是人畜无害的理想追求。是疯狂的大众以他们庸俗的世俗才华和缺德的政治理念,将卢梭的精神分裂,运用到实践中去,把法国、德国以及随后更多的国家,陆续推进分裂的精神深渊……嗯,国家得了精神病,这病就真不好治了。

还是身为歌剧创作者的卢梭更讨人喜欢啊。在《乡村占卜师》里,牧羊人和牧羊女相互爱慕却又横生猜疑,在占卜师的巧妙安排下,双方尽释前嫌,喜结连理。这才是天真又天才的卢梭,世界太复杂,卢梭太简单,他本不该为这世界去写什么《社会契约论》的,但既然写了,那就一样属于人类文明的共同财富。是的,负资产也是财富,这是公意。

本海域的旅程就此结束。下一海域我们将开启进阶模式,主要开始讨论认识论了。其实在今天看来,当年哲学家讨论认识论,基本就是属于外行在揽内行的活,但我们也不要忘了,当年神经认知科学等现代学科还没建立起来,哲学家在一片荒凉贫瘠的土地上胡乱开垦,没有功劳也是有苦劳的。所以回顾他们的工作,并与今天的科学知识相对照,这对我们看清人类文明精细化的过程,是非常有帮助的。不过,在开启进阶模式之前,我要先插入一位中国哲学家,他将是这部作品中最后一位出场的中国哲学家,在他之后,就再也没有中国哲学家的身影了,就跟大家早就看不到印度哲学家一样。哲学的发展有时就是这么滚滚长江东逝水,只要国家的进步跟不上世界的节奏,那就只能看青山依旧在,几度夕阳红。

推荐阅读:《社会契约论》

酒神海域

认识宇宙,认识自己

戴震（Dai Zhen）
1724—1777 年（清朝）
中国的休宁
"挥手自兹去，萧萧班马鸣。"

第二十五天　戴震

　　清朝的康熙皇帝是一位很奇怪的皇帝，一方面他和莱布尼茨有通信，同时也乐意向传教士请教欧几里得几何；另一方面他却继续发扬文字狱的传统，用恐怖手段威胁一代又一代的汉族知识分子。照道理，汉族知识分子理应抓紧这个十分恶劣的契机，不管是投其所好，还是为了安身立命，都该及时从儒家文化传统切换到近代科学传统，从而完成一次范式上的革命，而不是继续在历史学、文献学等学科上和清朝政府抗争。然而，这个切换似乎并不怎么成功。儒家文化依旧走着经学的老路，传教士依旧在哀叹老百姓祭拜孔子，康熙乐得在诸多政治力量间搞平衡，于是，中国哲学就像被群狼逼上绝顶的鹿，越奔越高，越奔越绝望。

　　这条绝路，就是戴震钻研一生的朴学。

　　朴学就是考据学。当时的知识分子意识到宋明理学折腾来折腾去也就那么点事儿，说到底都是为这个王朝服务。现在直接反抗要掉脑袋，学习西方数学物理天文知识又不得法，加上传教士传授的，大多也是他们那里已经被淘汰的，看起来并不比咱家强多少，所以不如回到古代文献，从音韵入手，考察古文原本想要表达的意思，这不一样能获得真正的知识吗？这是一种集体心理上的自我欺骗和自我安慰，面对西方强大的文明挑战，不仅是皇帝焦虑，哲学家也焦虑。结果前者想出了闭关锁国，后者想出了训诂校雠。那些上古没有句读的方块字，那些一代又一代知识分子的注疏，都足以凭其海量的储备，让不懂汉语的西方人望而却步，这其实是一种文化上的闭关锁国对策，和皇帝想出来的对策，正好半斤对八两。

宋明理学，尤其是陆九渊、王阳明的心学，上来就先玩大的，不是理就是气，不是性就是命，这样的治学态度显然是朴学没法容忍的。在义理和考据之间，朴学必须选择考据，这是一个最形似科学研究的治学路径。朴学也需要大量收集数据，进行归类比较、校雠勘误，最后以翔实的论证报告，证明其立论正确。它和实验科学的最大区别，仅仅在于它的研究对象不是自然界，而是古代文献。就这一个区别，双方对人类的贡献，再一次被生生拉开差距。

其实在西方，这类文化考古工作也不是没有，但在中国不仅是一家独大，而且考来考去就是自己国家的那点方块字，同时手段还很落后。比如戴震就曾扬言，要"知一字之义，当贯群经、本六书，然后为定"。但这真的是痴人说梦，没有现代语言学知识，光这样下苦功夫是没用的。这个要求对戴震所处时代，其实已经不算太高，因为索绪尔的支持者再过100多年就要整理出《普通语言学教程》了，而整个19世纪初，是比较语言学发轫的时刻，它将用一种崭新的眼光，通过不同语种的比较，找到语言中的规律。这意味着，欧洲的语言学将再一次脱胎换骨。

留给戴震他们的时间已经不多了。然而，戴震和他的弟子段玉裁两人，依旧我行我素。他们将中国六书里的汉字按照意思分类，可以说是无聊到了透顶的程度。而他们鼓捣的音韵学，切来切去也没切清楚音值①，最后还是靠瑞典汉学家高本汉一人搞定了。可以这么说，要不是后来王国维他们意外发现了甲骨文，中国的训诂学，不过是一门沦落为浪费知识分子时间的无体无用之学。

---

① 泛指所发出或听见的音。高本汉在传统反切音韵的基础上，用注音字母作为新系统，在方言、译音等材料辅助下，拟构出了古代汉语语音系统，尽管错误连连，但在方法上比朴学要领先很多。

当然戴震也并非一块榆木疙瘩，只知道一头沉入朴学的故纸堆，他也曾写过《筹算》《勾股割圆记》等理科著作，前一本是将中国传统数学知识和经学结合起来的著作，讲述的都是加减乘除之类的初等算术，以及如何校验易经里面的卦数。后一本则是试图用中国传统的勾股之术去替代西方的三角函数。然而，当时莱布尼茨和牛顿都已经搞定了微积分，相形之下，戴震鼓捣出来的这些数学著作，不是泥古拘方、井底之蛙，就是墨守成规、故步自封，不过就算这样，戴震在他的同行里已经算是佼佼者了。他要是对数学或物理真的有兴趣，并怀有对未知领域的好奇心，就一定不会满足传教士带来的托勒密时代的科学知识，而是会想办法远渡重洋，去学习当时欧洲最新的知识成果，并将学习到的知识带回来，大开译场著书立说。然而，他并不是唐玄奘，康熙也非唐玄宗。清朝，只是一个看起来像唐朝的辫子王朝。

在所有朴学家里，戴震还算是有较高理想的，他的理想就是通过考据之路，达到义理之境。考据本身并不能成为人生的最终目标。应该说这个理想还是挺有抱负的，然而不幸的是他生在了18世纪，再过一百来年，鸦片战争就要开始，这样的理想面对整个世界的文明进程，实在是有些不合时宜，就好像是在部落战争游戏里，人家都在争分夺秒升级资源、军队和防御，你却在商店里，买下了所有花里胡哨的装饰。

好了，"扼腕凭吊"结束，接下来让我们返回欧洲，与可能是德国哥尼斯堡最矮的一位市民在午后三点半相遇吧。

推荐阅读：《论戴震与章学诚》

康德(Immanuel Kant)
1724—1804年
德国的哥尼斯堡
"理性无法跳起之处,让道德上。"

第二十六天　康德

　　康德是一个生活习惯上相当乏味的哲学家,这从他跟钟一样的生活中可以看出:每天下午四点,人们都能在一条小道上看见一个形状干瘪的老头踱步出来,他一身灰色套装,还拿根灰色手杖,后面跟着位勤勉的仆人,拎着把伞陪着。康德这样刻板无趣不是没有缘由的,他体质非常差,这导致他一年四季最好就在哥尼斯堡待着,并让自己的生活规律像时钟一样精确,仿佛这样就能骗自己的身体:其实你是一台钟,一台钟,一台钟……

　　他唯一一次不守时的例外,是因为在读卢梭的《爱弥尔》。那段日子他读得昏天黑地,爱不释手,以至于忘记了自己钟表式的作息制度。其实卢梭这部关于儿童教育的作品,压根就是没法看:生活中卢梭把自己养的五个孩子统统送进育婴堂,却能在《爱弥尔》里厚颜无耻地大谈子女教育。但康德这人没婚姻经验,对卢梭放出的毒毫无免疫力,于是这台哥尼斯堡最精确的"人肉台钟",破天荒地不准时了。

康德曾热衷于科学，但他对自然界爱理不理的态度，决定了他写出的那些作品，绝大多数是对科学毫无帮助的。他的这些无用功，涉及地震学、天体学还有光学。幸好当时西方实验科学已经发达，没把他的这些东西当宝。不过，尽管康德在大多数自然科学领域无功而返，但是他提出过一个很璀璨的科学假说。也因为这个假说，黑格尔与他之间的差距顿时拉开。

康德提出的是星云假说，用来解释太阳系的形成。他认为宇宙中散布着无数微粒，在万有引力作用下，较大的微粒吸引较小的微粒，慢慢凝聚，形成了一个巨大的球体中心，也就是原始的太阳。绕着原始太阳的微粒，在太阳引力作用下，朝着太阳下落的同时，也受到其他微粒的排斥力而改变方向，最终形成绕太阳转动的运动。最初，转动有不同方向，后来有一个主导方向占了上风，便逐渐形成扁平的旋转星云。旋转星云继续凝聚，构成绕太阳旋转的行星。

康德的这个假说，除了角动量没怎么解释，其余各方面都还猜得八九不离十，关于太阳系是由宇宙中的微粒在万有引力作用下逐渐形成的基本观点是可取的，它能说明行星的运行轨道具有的共面性、近圆性、同向性等特点。

康德在科学上的成就，也就是无心插柳之功，但他在哲学上的贡献，绝对是有心种花花满园。康德，是哲学界的一座分水岭。可以说没有他，西方的科学进步就不会那么自信。因为以休谟为代表的怀疑论者，曾经让欧洲的哲学上空滞留着一朵这样的乌云：科学研究所依赖的因果律，真的是不以我们人类意志为转移的客观规律吗？万一这不过是我们人类心理上的一种习惯，那我们坚信的自然规律，还有什么必然性可言？休谟的论证绵密而有力，让这朵乌云经久不散，挥之不去，一时人人恼怒，却又无计可施。

然后康德勇敢回答了这个问题，确立了因果律的必然性。为此，康德引入了先验（transcendental）这个概念。

先验，其实就是一种具备认知属性的观念网络结构，其中不包含内容，只有结点之间的关系，而所有结点的内容都还是空的。所以，说康德的纯粹理性批判其实就是贝克莱主观唯心主义的翻版，虽然有点冤枉他，但也不算太冤。

贝克莱还虚设了一个上帝，使得他的观念网络成了一种可供挑选的菜单：如果上帝当初给我们的是另一套观念网络，那我们认知的这个世界就会是另一种规则。

现在,康德想要做的是:无论上帝是在还是不在,他的这套观念网络,都是先天如此的,一点也不会变化,这是一张只提供一份套餐的菜单,非常不友好,但人类要摆脱上帝就必须这么做。哪怕上帝第二天急急赶回来,他也无法更改套餐,而不能更改套餐的上帝,为了继续保持他无所不能的特性,最好就是沿用中世纪哲学家们已教授过他的办法,那就是提早声明:观念网络是上帝投在人间的一个侧影,因此上帝没有必要更改自己从而更改观念网络,因为上帝是完美的,而完美是不需要更改的。

但康德并不需要上帝的这份声明,他只要论证在他的观念网络里,在任何情况下,观念都能和对象自动适配,那就可以没上帝什么事了。为了实现这个目的,康德决定不要让观念去直接适配所感受到的对象,因为那么做的话,休谟会跳出来喊:喂,康德老弟,谁能保证这个适配是必然的,因果律不就是我们习惯性地归纳吗?因此,康德退回去,把要适配的对象,替换为观念对象。这个观念对象,就是观念自己衍生出来的对象,这样得出的结论,肯定就是适配的了。耍赖吧?移花接木之后,谁又能保证观念对象和对象适配来着?老谋深算的康德早料到会有这个质疑,所以他进一步论证下去,来完成整个认识论的构造。

康德为保证上述这种自说自话结构成立,他做了这么一个保证:我们人类区别于动物就是因为我们人类有理性,理性保证了我们的观念网络先天就符合我们的认识对象,从而保证了因果性。也就是说,观念对象和对象,他们是先天适配的,这一点就不用再讨论了。至于外部客观实在是不是有,康德和贝克莱一样,都耸耸肩表示不知道。

就这样,康德虚设了一个对象观念,解决了观念网络的必然性问题,然后为了保证这个对象观念是必然的,他不得不再借助理性,然而这个理性是先天结构,这意味着谁都可以发问:谁给予了人类这个先天结构?显然,蠢货都知道上帝这时候就要举手了:是我,是我,还是我。

康德声嘶力竭大喊一声:不!这不是我要的!

嘶吼是没有用处的。

只要有先天结构,就意味着上帝前脚被康德赶走,后脚又可以从厨房进来,还能一脸坏笑地递给你一份新菜单。这回选择的套餐可多了。在代数这一类,除了我们常见的"实数套餐",还可以多出"复数套餐"。在这种套餐下,-1可以开根号生成虚数单位i。总之,只要扩展数域,就能改变人类的认知空间。

上帝就是有这能力。并且这是我们人类理性可以推测到的能力。只要你数学足够好,我们可以随时颠覆康德自以为颠扑不破的真理。他以为"两点之间直线最短"是先天综合命题,是颠扑不破的。不,这个先天取决于我们对度量空间的定义,而这些个定义,很不妙,完全只是我们人类感性直观的任意揉捏,但谁也没法确认这个任意揉捏出来的结果是先天就在那里的,还是我们人类即兴发挥的。但无论是先天还是后天,这个结果显然是多样化的,而不是康德坚持的单一化套餐。

当然康德从头至尾都是咬紧牙关,不肯承认。他也不说上帝是不是存在,他只说可能存在物自体,但又没法给出证明。不过他表示,物自体(其实就是上帝)是不是真的存在,这对我们观念网络的构造没有任何妨碍。因此我们人类刚刚起步的科学研究,尽管可以放心大胆去做,因果律依旧成立,休谟问题将不再是问题。

很多人将康德上述这样的一个论证,称为哲学里的"哥白尼的革命"。从这个论证产生的实际效果看,的确是当之无愧的伟大,让这个哥尼斯堡的矮子,成了人人称颂的哲学巨人;然而真从逻辑的观点看,康德这个论证,且不说就是一个取消了上帝背书的贝克莱证明,单就他开后门放进先天的理性,以及对这理性的先验反思,就足以表明他和笛卡尔的区别仅仅在于:笛卡尔让上帝保证了人类理性的明晰,康德让人类保证了人类理性的明晰。

明眼人马上就能看出来,无论康德的论证如何精巧复杂,让自己保证自己的这种策略,逻辑上迟早会陷入监守自盗的境地。比如他构造的先验统觉,也就是超越于经验层面上的自我意识,其实和吠檀多派商羯罗的阿特曼,在构造上是非常相似的。所以通常大家说自康德之后,哲学从本体论转向了认识论,我是没法赞同的,这完全就是一次错觉中的自我歌颂,休谟带来的乌云根本没有被赶走,相反还下起了雨。

在雨中,我们应该清醒地意识到,哲学从诞生到康德时代乃至到今天,始终就一直是在本体论里翻滚,即在不断追问构成世界的本原是什么。与其说发生了认识论转向或者语言学转向,不如说本体论进入了认识和语言的领域,鬼知道哪一天又会再次复活,让大家继续为了什么才是世界的本原,争个口干舌燥。或者说，本原问题才是真正的不变量，永远的不死鸟，其余都是浮云。

但科学进步是不管上述这些哲学辩论细节的，它只是需要一个说法为自己背书。康德的思想是当时能找到的最好的说法。这是一次普罗泰戈拉式的胜利，人终于又一次成了万物的尺度，理性可以放手大胆去做更多事情了。激动人心的工业革命就在前面等着人类，所有的科学家和资本家都该感谢康德及时贡献了三大批判。况且，康德还贡献了范畴（德语 Kategoria）、概型（德语 Schema）这些了不起的概念，它们现在已经被运用到了范畴论和代数几何中，成为现代数学的基本词汇。乃至我以为，康德对时空的理解，依旧远远超越我们现在这个时代的理解。也许在将来某一天，我们可以从康德做的范畴表里，明白我们所意识到的均匀流逝的时间，只是人类感性直观捕捉到的某一种范畴的概型。但要是换一种感性直观，我们将会得到另一种对时间的先验规定，从而获得一个完全陌生的时空。

此外，康德对善恶的理解，也将对人工智能的伦理架构提供理论帮助。我们将不再要求人工智能向人类的道德靠齐，而是要求人类的道德向人工智能靠齐。因为只有人工智能，才有着最完整的纯粹实践理性，才能涌现康德言及过的那种"排除一切情感的情感"。所以主导未来人工智能的伦理规范，应该来自康德的十二范畴表，而不是阿西莫夫的机器人三大定律。阿西莫夫那一套，几乎就是奴隶主对奴隶的定义：人工智能是一种会说话的工具。这种定义，粗暴、傲慢、自以为是，真实表达了人类内心掩藏的大面积阴影。

所以，康德的这三份批判，不是仅仅写给人类的，同时也是写给未来人工智能的。康德在试图告诉我们，人和机器最终在哪里可以达成共通感，而不是永远固执地以为：机器没有情感，人类缺乏理性。也许最终我们只有通过机器为中介，才能接近上帝。

"有两种东西，我们愈是时常反复思索，就愈是给人的心灵时时翻新，有增无减的赞叹和敬畏，这就是头上的星空和心中的道德法则。"无论康德这句名言有多么令人感动，我们都要很清楚地意识到，康德是把自然世界和人类世界分开敬畏的。如果他把两者的隔阂提前打通、互换，直接上手就写："这就是头上的道德法则和心中的星空"，那就和与他同年出生的中国清朝哲学家戴震相去不远了。就这么一点点的语句结构上的差异，映照出东西方文明在18世纪之后截然不同的演化路线。对中国哲学家来说，他们一直天真地以为，关于宇宙的知识，早就拓扑映射到他们的内心中了，他们只要追求道德的至善，就能顺便把握住整个宇宙的运行道理。但显然，康德他们认为没那么简单。而要是没有鸦片战争，粗暴打断中国哲学的千秋大梦，我们也许要等更久，才会意识到整个宇宙的运行道理，原来一点也不简单。

推荐阅读：《康德哲学讲演录》

黑格尔（Georg Wilhelm Friedrich Hegel）
1770—1831年
德国的斯图加特
"否定之否定，也可以看成迭代算法。"

第二十七天　黑格尔

值得讨厌的哲学家有千千万，排在前面的绝对有这个黑格尔，因为他写下的文字，浩如烟海，但内容晦涩。这也导致那些想要分析、反驳他观点的人无从下口，因为他的文字称得上每一处都做到了牵一发而动全身。

黑格尔的父亲是税务局的书记，所以他家财务状况应该算是不错的。黑格尔打小成绩也很好，人又规矩，照理说不应该成为哲学家。不妙的是，到图宾根读神学时，他认识了荷尔德林这个疯子诗人，从此"走上了不归路"。后来黑格尔又当了好长一段时间的老师，那个时候在德国当老师还是很苦的，这导致黑格尔的一生都在和家庭财务状况做殊死斗争，也使得他在会计精算学方面的天赋，无人能够匹敌。据说每月月底他兜里的零钱，能和他账簿上记载的数字，毫厘不差。对此我的评价是：真没出息。

黑格尔在哲学上的成就，已经被很多人诟病，那差不多就是一座化石古堡：庞大、复杂，然而意义不大。黑格尔构造绝对理念时用的辩证法，已经不再是苏格拉底那种充满火药味的街头哲学，而是书斋里培养出来的一种德式"劈脑"思维，说它是"劈脑"而不是烧脑，是因为这种辩证法，野蛮得连火都不用，直接就是生劈啊。如果他的这些"劈脑"思维早诞生两千年，那还真是了不得的成就。因为黑格尔把人类的思维拟人化，当作一种有生命的生物，它历经意识、自我意识、理性、精神、绝对精神之后，在不断和自身包含的否定对抗中，走向与整个宇宙和光同尘的境界。说这种思维是生劈，就是说它带有强烈的神巫特征，相信万物有灵，相信背后有神。

然而，这一套放在黑格尔所在的18世纪，一个蒸汽机和电力蓬勃发展的世纪，那就只能被当作呓语，只有那些智力平平但自命不凡的表演型人格的哲学家，才会继续拿它当作战无不胜的法宝。至于黑格尔所解释的历史演化图景，更是夜郎自大的欧洲中心主义，幸而后来有许多西方哲学家站出来，把他的德意志至上学说全部强行拆迁，这才使得人类的逻辑最终没成为政治的傀儡。在知识构架上，黑格尔创立了逻辑学、自然哲学、精神哲学，远观洋洋洒洒，近看言之无物，对今天的各个科学门类基本是毫无帮助，甚至在当时的德国，他的学说在不少人眼里直接就是一种祸害。因为在黑格尔眼里，数学是一门可笑的学科，它步步为营，说一不二，完全不符合他那套生命演化的图景。黑格尔这种对数学狂妄、傲慢和愚蠢的态度，也使得他最终落得个被人耻笑的结局。

黑格尔对同时代牛顿的《自然哲学的数学原理》一直嗤之以鼻。为了证明他自己的那套无所不能、战无不胜，黑格尔乐观地决定，要向自然科学领域进军，作出一些成果，用来告诉牛顿他们，数学和物理学，完全不是他的精神现象学的对手。为此，黑格尔挑了一个大课题：为说明火星和木星之间没有行星，他殚精竭虑发表了一篇论文《论行星的轨道》，将柏拉图那个时代的一组神秘数字，即1、2、3、4、9、8、27……（可以看成是2^n数列和3^n数列的混排，其中27还是前6位数字之和。）拿来，将其中的8改成16，之后又凑了一个丑陋不堪的公式，试图拟合各大行星的轨道半径数据，从而证明火星和木星之间没有行星。令人啼笑皆非的是，火星与木星之间的行星早被人们发现了，就是那颗著名的谷神星。然而黑格尔对此一无所知，照样发表他的论文。无知者就是这样的无畏。

天知道黑格尔遭当时天文学家集体吐槽时，怀的是怎样的心情，不过看来这些都没有动摇他继续书写的意志。也许在他眼里，这些都是雕虫小技吧，正确又如何，谬误又怎样，翻来覆去，否定之否定，最后还不是被我的德式"劈脑"思维给一股脑儿收了？

黑格尔在哲学领域投放的毒，之所以在中国思想界很难驱散，也的确和我们传统文化的一贯需求大有关系。我们的儒式宇宙观不是一直想要以最快捷的方式，全面把握一切天地万物的运行规律吗？现在黑格尔提供了这种方式，它跨出了康德划定的紧箍咒，企图用思辨的方式突破到禁脔之地，直接命中物自体。这正是中国哲学盼望已久的动作。他们天真地以为，只要将黑格尔那些巫师一般的口诀倒背如流，就能瞬间掌握那个梦寐以求的道。显然，德国进口的精神鸦片药效是惊人的，出现幻觉的黑格尔思想推崇者个个飘飘欲仙并自以为胜券在握。

让我们见识一下叔本华对黑格尔的点评吧，也许这样能略微点醒那些装睡的人。叔本华骂起人来是很狠的，要不是黑格尔已经横练到百毒不侵的地步，恐怕还真扛不住。

叔本华的刻薄语录之一："我在论文中用了专门的一节，详细讲了费希特。这一节已足以说明，他离一个杰出的哲学家有多远。然而我还是把他看作远胜于黑格尔的一个天才。"

叔本华的刻薄语录之二："……因此，谁要是阅读他最受称赞的著作，即所谓的《精神现象学》的话，就很可能会感到犹如身处疯人院里。"

叔本华的刻薄语录之三："……他们精神上无能，在他们寂静深藏的意识中，跟着那些滑头唱黑格尔颂歌，并热衷于在这位哲学江湖骗子的空话甚至是废话中，找到深不可测的智慧。"

但叔本华这口恶气也真是有些出过了头。黑格尔的哲学是有些劈头"劈脑"，但说他是江湖骗子也是言过其实。黑格尔并非不堪到这般人神共愤的地步。因此，我们还是有必要为黑格尔略微挽尊一下，任何哲学家的思想，它们都有一天会大放光芒，哪怕今天已经被当成了糟粕，那也最好先将其冷藏保存起来。

那么，黑格尔这种胡搅蛮缠的"劈脑"思维，到底对未来有什么价值呢？

我是从元胞自动机（cellular automata）的设计原理出发，重拾黑格尔哲学可能存在的价值的。

元胞自动机也翻译做细胞自动机，它是一种通过计算机设计出来的动力学模型，可以在格子状的时空内，受周围有限格子的状态影响，来更新自己当下以及下一步的状态。著名的例子就是生命游戏：在一个二维矩形世界里，每个格子内都居住着一个活着的或死了的细胞。一个细胞在下一个时刻是活还是死，取决于相邻八个方格中细胞的状态。游戏规则是：当一个活细胞周围有两到三个活细胞时，下一个时刻它就活着，否则就死；而当一个空格周围正巧有三个活细胞时，下一刻还会诞生新的活细胞。

目前，元胞自动机可以模拟蚂蚁、鸟类、鱼类等集群动物的群体行为，比如兰顿（Langton）蚂蚁运动可以让模拟出来的蚂蚁在原地摸索一会儿后，忽然出人意料地找到一条突破的道路。现在，黑格尔所描述的思维自我迭代否定与肯定，环境迭代的否定与肯定，其实就是一个很粗糙的关于人类思维的元胞自动机模型。当有一天，我们能用更精确的动力学模型，彻底重写黑格尔的思想，那么在我们扬弃了诸如绝对精神这类奇葩形而上学概念之后，我们将会对人类的社群行为有一个突破性的理解。这个理解，将不仅解释为什么人类智力在过去岁月里，有过一次猝不及防的飞跃，同样也将预测，为什么人类在未来岁月里，也会有可能遭遇一次猝不及防的灭亡，并会让我们重新审视黑格尔对家庭、市民社会、国家三者之间的关系分析，而辩证法也将由此焕发新的光芒。

黑格尔是一个想在绝对精神中拥抱死亡，于是也就终结历史的悲观理想主义者。希望未来元胞自动机方面的发展，将能满足他这个狂热、荒诞、我们却又不得不时刻提防的意愿。

用计算机数学继承黑格尔思想，是对黑格尔思想最有迭代效率的扬弃。不过在当时，黑格尔的天敌叔本华并没有意识到这一点，大家可以看到，叔本华动用了全部尖刻的智慧，直接上手把黑格尔从头鄙视到了脚。在下一篇日志里，我们将深入了解叔本华的哲学思想，也许可以发现他这股鄙视劲到底是从哪里来的。

推荐阅读：《精神现象学》

叔本华（Arthur Schopenhauer）
1788—1860年
波兰的但泽
"世界是一场幻影。"

第二十八天　叔本华

在欧洲近代哲学家里，叔本华是长得最像地外生物的，远远一看你可能会误以为那是什么外星人。作为天然丑的外星人哲学家，叔本华这译名翻译得实在太过典雅。谁让当年的译者石冲白是货真价实的民国范呢，若今天搁我手上，十有八九要被译作"筱盆花"了。俗是俗了点，好歹符合他作天作地作自己的人生轨迹哪。

叔本华打小就会在各种聚会上作秀，比如喜欢一个人闷窗台那儿不和小伙伴们说话，这个奇特行为终于引来一位绅士的评价：孩子们，你们看，这人将来会是个大哲学家啊。

被誉为将会成为哲学家的叔本华长大了后，在公开场合和黑格尔叫板，两人同时开课抢生意。说实话叔本华的口才与文思，远在笨口拙舌的黑格尔之上，但德国大学生可能认为，黑格尔那梭子脑袋长得更像高等外星人，所以全去黑格尔那儿了，结果低等外星人的课堂冷冷清清。叔本华气量本来就不大,而战胜他的竟然还是智力平平学识堪忧的黑格尔,你说他能不生气吗?

叔本华写的哲学书,虽然厚,但文笔好,可惜在他未出名之前,他的书就是卖不出去。他母亲倒是个写畅销书的能手,一日,这个当妈的嘲笑儿子老写没人能懂的书,当然一本都卖不掉咯。叔本华脑袋里就没孝顺不顶嘴这五个汉字,当即反讥道:老妈你写的书真畅销,地摊上都买得到哇。

叔本华就这样心有不甘却无可奈何地度过了大半生,但他终于在行将就木前时来运转。陷入困境的德国老百姓,一下子发现了整天郁闷个不停的叔本华,原来竟是他们的代言人。因为叔本华早就告诉过他们:世界不过是个表象,真正起作用的是人的意志。

唉,叔本华的思想如果就这么庸俗,取媚于时下,那真的是"筱盆花"了。实质上这些只是他的伪装,在我眼里,他这本天才之书,不仅是对整个人类自信心的彻底摧毁,更是对人类科学根基的严重动摇,而首当其冲受到致命伤害的,就是物理学。

在叔本华看来,一切物理上得到的定律,都是表象。这些表象看起来都有充分根据,但在它们背后,却有着一种我们人类永远无法揣摩的意志。这种意志,深不可测,却又无处不在。它毫无缘由地操控一切,浸入我们身体,我们却找不到它在哪里。总之,一切我们自以为是找到的规律,无论是爱因斯坦的宇宙常数,还是牛顿的重力加速度,都很可能被它忽然推翻,因为我们只是截取了时空中的一小段数据,就自以为从中发现了很多重要的常数。但实际上,这一切的背后,都被它提线木偶似的拽着。它喜怒无常,它来去无踪,它人神共愤,它还从不交税。它只是暂时安宁,所以我们才能找到一系列宇宙的规律。

然而人们一定会反驳:对于没有生命的宇宙万物,以及虽然有生命但没有理性的动物,也许它们是被高高在上的某种意志操纵的,但是我们人类呢?我们人类是不是可以豁免当提线木偶呢?因为我们每个人都有属于自己的意志。这种自我意志,不是可以自我规定做这个不做那个吗?比如,我这一秒决定相信叔本华,下一秒立即意识到上一秒这个决定是可以改变的,于是立即就改变决定,打算不再相信叔本华。

叔本华认为,这种自我意识全都是马后炮,就是说如果人类能通过自我意识感受到自己有意志自由,那是因为意志已经发生了,然后你才意识到可以自由更改。但是，在你当初想要做什么的时候，你是无法同时反思这个动机的，你可以犹豫，你可以逃避，你可以痛下决心，让大脑里的神经突触互相竞争，连接—断开—连接—断开，不断循环，最终产生一个唯一的决定。但在这过程中，你就是不可以同时进行反思，产生一个关于意志的意志。

那么，当没有什么能规定正在发生的意志行为时，这种意志显然就不是人所能控制的，它只是看起来比动物那种直观的生物性反应要高级，需要调用更多的对象、更多的回忆、更多的情绪、更多的经验等等更多的素材，但这些都只是增加观念网络中的节点数和链路，并不能改变叔本华得出的结论：意志不在人类可控范围内。也就是说，如果把李贝特的准备电位也考虑在内的话，那么这种准备电位属于意志，而意志并不属于自我意识。

这样一来，人生无常、宇宙无常、意志无常，就是顺理成章的事情了。我们的命运并不掌握在我们手上。而我命在我不在天，这就是一句笑话。

在研究神经生物的科学家那里，他们早就发现了一种叫作"中枢模式发生器"（central pattern generator，CPG）的神经环路，它可以让生物自发产生复杂的节律性的运动，比如让蜈蚣那么多条腿有秩序地摆动，而不会走着走着把自己绊成了一团麻花。现在，已经有科学家通过让蜻蜓背一个指甲大小的控制背包，通过光学电极直接控制蜻蜓的 CPG，从而能够遥控蜻蜓的节律运动。蜻蜓一点都不会觉得自己的飞行路线受到了外部的干涉，它照样可以和以前一样，正常捕食以及休息。

所以，叔本华所定义的那种不受人类控制的意志，从原理上来说，差不多就是安装在人类大脑内的某个看不见的背包，只是这个背包要比给蜻蜓的那个高级复杂得多，因为它可以控制人类的理性。如果真的有这么一个背包，你们大家一定会立即追问：谁给的？

叔本华不是科幻作家，他当年只是将对意志的理解，牢牢限定在了和康德一致的理解范围内。即便如此，他也要比后来的法国哲学家萨特一伙，不知要清醒多少倍。萨特，这个不入流的哲学家，之所以能获得如此大的名声，只因为他提出了人的自由就在于有选择自由的说法。这个说法博得了善于激动的法国大众的好感。然而，在叔本华眼里，连自由问题都看不清楚的哲学家，统统都是蠢材。

面对种种不确定带来的痛苦，叔本华给出的解决方法，是让我们去从事艺术工作,尤其是去听音乐,通过音乐这种最高等级的表象,我们可以靠直觉来与神秘的意志发生对接。但这太难了。音乐表象是有序化的,意志却是反复无常无序化的,它们之间怎么可能存在接口?除非我们创作的音乐也跟着是无序化的,比如噪乐,就是那种听起来跟噪声差不多的器乐作品,也许从中可以感受到来自宇宙深处的意志吧。还别说,如今是有不少先锋音乐家,在努力创作着各种噪乐作品,他们都很陶醉其中,我却一首听不下去,觉得还不如趁幕间休息时,上一次洗手间,聆听一下抽水马桶工作时发出的声响。仔细听,那水流奔腾而下,气势磅礴,惊涛拍岸,激起千堆雪,刹那间,如大漠孤烟,似长河落日,要说这里面体现了宇宙深处的意志,我信。

为了让愚蠢的人类能买他的书,接受他的观点,叔本华将上述可怕的思想,隐藏在他描述的种种世俗体验中,弄得好像他真的是想人类所想,急人类所急一样。仿佛如此一来,他也算是"来自地球"的男人了。然而到了近代,人们已经学会不用上帝视角去描述宇宙了。下面这位丹麦哲学家,就非常明白人类面对超验世界时,他们的认知边界会到哪里止步。

推荐阅读:《作为意志与表象的世界》

克尔凯郭尔（Soren Aabye Kierkegaard）
1813—1855 年
丹麦的哥本哈根
"忧郁啊，赐予我力量吧！"

第二十九天　克尔凯郭尔

人类历史上所有哲学家里，克尔凯郭尔可能是最难啃下的一顿豪华骨头套餐。光这位哲学家的中文译名就多如牛毛，粗略数一下，计有：克尔凯郭尔、克尔凯戈尔、基尔凯郭尔、基尔凯戈尔、克尔恺郭尔德、克尔恺郭尔、克尔凯果尔、克尔凯廓尔、基尔克加尔、基尔克果、齐克果、祈克果、奇克果、郝克果、吉开迦尔、克可盖尔。本来根据丹麦语发音，《克尔凯郭尔文集》的翻译家兼哲学家京不特是建议将其译成基尔凯郭尔的，但是他一看克尔凯郭尔这译法在国内已渐渐成了主流，遂哀叹一声罢了，随大流吧，从此一律写作克尔凯郭尔。

克尔凯郭尔是一个虔诚狂热的基督徒，所以他在男女爱情上的表现，真的是很尴尬：他喜欢上人家姑娘，向对方求婚，紧接着又觉得自己罪孽深重，于是就悔婚，然后终身未娶。

克尔凯廓尔终其一生都在写作，并且文思泉涌，加上钱又多，没事儿就自费出版,以至于京不特翻译这位仁兄的十卷本文集,可以排成长长一排,读者们纷纷哀叹要读到猴年马月啊。

克尔凯郭尔文笔飘忽,一会儿像诗人一样自怨自艾,一会儿又进入思辨状态,真是让人难以卒读,所以读克尔凯郭尔的书,总让人以为是在读精神分裂患者的自传。幸好,他著作思想的主要对手,是另一位精神出问题的哲学家,就是那位如日中天的黑格尔,这是精神病大战精神病啊!只要抓住这一点,就不难理出克尔凯郭尔的主要哲学思想。

黑格尔瞅见康德把上帝圈养在人类可以认知的范围之外,觉得这对他来说是个机会。他想,既然理性可以在人类的具体活动中指导实践,那么如果人类整个历史都是在理性的安排下,那岂不是就可以把历史当作理性的工具了吗?并且在上帝不在场的情况下,这个理性是可以自带上帝光环的,是先天就具备神之魔幻技能点的,所以这样的人类历史,就必然能实现神的意志。如果历史能自己鲜活起来,一步又一步通过令人头晕目眩的辩证法,最后达到最高终点,那么康德那个摸不着的物自体,就会以绝对精神的面目,在这个时候展露在历史的终点。

克尔凯郭尔当然反对这种很傻很天真的想法。在他看来,黑格尔太自信了,以为理性可以解决信仰层面的问题,以为一个判断里同时包含矛盾双方,就可以自行带着矛盾,在辩证法的泥潭里滚啊滚啊,稀里糊涂滚到终极彼岸。

不。

克尔凯郭尔认为,在矛盾的双方面前,我们只能作出非此即彼的决定:要么选择这个,要么选择那个。对于一个处于最低级阶段,也就是审美阶段的人来说,他的选择是盲目的,被感官牵着走;到了中级阶段,这个人就有伦理判断能力了,他会按照自己的理性去做一个决定。但是,这个决定有时候是和神的意志相违背的,比如圣经里的亚伯拉罕,上帝要他把自己儿子杀了来献祭,亚伯拉罕还真这么去做了,结果在最后一瞬间,儿子被一头羊代替。那么,当这样的事情发生在信神的你身上时,你会怎么做呢?按照你的伦理道德,你的理性告诉你不能那么做,但是你敢违背神的意志吗?当然你可以绝望地说,神是不会作出和人类理性相悖的事情的,所以你尽管做吧,神会决定一切。你看,最后不是出来一头替罪羊了吗?但是,你这是知道了结果了,所以才敢这么回答,事情要轮你身上,你真的敢吗?要知道神迹并不是每次都发生的,其发生概率,比你中福利彩票的概率还要低。

但是到了最高阶段,也就是宗教阶段,克尔凯郭尔是暗示大家要胆子大一些的。他认为这是一种思想的冒险,是面对理性发出警告但依旧义无反顾的勇气,几乎就是相当于"因为荒谬所以相信"的宣告了。克尔凯郭尔鼓动每个人把握自己的命运,不要以为命运是历史决定的,命运掌握在我们自己手里。

就这样,克尔凯郭尔将康德的理性改造成了他自己的非理性,然后以飞蛾扑火的狂热态度,奔向传说中的光明世界。且不说他这样的观点,会让你我这些无神论者陷入第一层谜之尴尬,因为光凭他以为自由意志尽在我手的想法,就已足以被叔本华嘲笑;而一个和叔本华站在同一战壕里批评黑格尔的哲学家,最后却难逃叔本华早早准备好的毒舌,这又是第二层谜之尴尬。克尔凯郭尔表面上是在用片段对抗体系,又用瞬间对抗永恒,但实际上,只要他信上帝,他就在心中藏着一个更恢宏的体系和一个更坚定的永恒。

然而克尔凯郭尔要真就这么浅薄,那他的著作就不值得放进我们的书橱——克尔凯郭尔认为黑格尔那种理性的自负,实际上是一种绝望;但是,克尔凯郭尔自己这种非理性的努力,他认为也是一种绝望。因为人类作为一种有限的生命,企图凭着激情去认识无限的神,是在以有涯追无涯,是彻底徒劳无望的。亚伯拉罕要杀自己的亲生骨肉,克尔凯郭尔要退婚他爱的姑娘,这些都是不计后果的绝望之举,因为神的意志是不可以拿来做交易的,神最终赦免了亚伯拉罕的儿子,却让克尔凯郭尔注定孤单终生,这些都不在人类预设的"投桃报李"的交易之内。

克尔凯郭尔同时也很诚实地意识到,包括他所有的著作,也都是绝望的,他不仅要否定黑格尔,还要否定他自己,他要让自己处处都在非理性的状态下,哪怕为此不惜抽掉自己脚下所站立的大地,跌入深渊。在这一点上,他的行动是完整的,并比维特根斯坦更坦诚;当维特根斯坦在语言不能说的地方保持沉默时,克尔凯郭尔告诉你:无论是保持沉默还是喋喋不休,都是绝望,但人类必须表现绝望,神才会因此而呈现。

所以克尔凯郭尔还是值得赞美的。非理性完不成很多事情,但它至少可以完成一件事情:让想象力飞得如落霞,如孤鹜,如李贺,如卡夫卡。下面,就让我直接拷贝一些克尔凯郭尔的寓言,一起见证秋水共长天一色的时刻吧。

大多数人如此猛烈地朝着"享受"疾奔，结果跑过头错过了。他们的这种情形就像那个在自己的城市里守护着一个被掳掠的公主的小矮人。有一天他睡了午觉。在他一小时后醒来时，她已经不在那里了。他马上穿上自己的七里靴，只迈出一步，就已经远远地超越了她所在的地方而错过了。

菲利普威胁要围攻科伦兹这个城市，于是这个城市所有的居民都很快地起而抵御。有的人擦亮武器、有的人收集石头、有的人修护城墙。此时第欧根尼看到这种情景，就匆匆披上斗篷，开始热心地在街上来回滚动着桶。有人问他为什么这样做，他回答说：他希望像其余的人一样忙，他滚动着桶，是唯恐自己成为那么多勤勉的市民中唯一无所事事的人。

在我身体结构中不合比例的地方是我的前肢过于小。就像新荷兰的野兔，我有着很小的前肢，然而无限长的后肢。在一般的情况下我很宁静地坐着；如果我有所动作的话，那么就是一个极大的跳跃，使得所有因亲戚朋友的亲切关系而与我相关联的人们感到恐怖。

老年实现青年的梦想：对此，我们可以看斯威夫特，他在青年时建了一家疯人院，到了老年，他自己就住了进去。

推荐阅读：《牛津通识读本：克尔凯郭尔》

马克思（Karl Marx）
1818—1883年
德国的特里尔
"肉身成道。"

第三十天　马克思

现在终于轮到我们哲学史上久经沙场的马克思了。历经这么多年风云变幻，马克思如今已经成了一尊哲学界的传奇塑像，不论是在西方还是东方，他都将成为我们认识这个世界时一座绕不过的大山。在他的字里行间，我们能一次又一次点燃革命的万丈豪情，结果，这样的豪情在俄国被放大，然后扩张、变形，直至最后崩溃、解体，完成了人类历史上一次罕见的通过文字书写来决定现实运作的悲壮实验，这场实验也波及了更多其他国家，引起的一系列后果足以让人们重新回味马克思的那句格言：**哲学家只是用不同的方式解释世界，而问题在于改变世界。**——这句话至今印在德国洪堡大学的校训上，还是烫金的。大学生们三三两两从这里经过，因为熟视，所以无睹。

在马克思1844年的哲学手稿里，他非常精妙地将黑格尔学说里的逻辑，揶揄成精神的货币。这句话，不仅轻松吊销了黑格尔所有逻辑的合法性，还把黑格尔的绝对精神拉低到可以交易的位置。但是,马克思不肯就此收手,他大面积地学习并批判黑格尔,把黑格尔的古堡拆成了一地废墟,然后他把自己的哲学思想建在这堆废墟之上,完成了一次老宅改造工程。

黑格尔那一套,不就是在精神的世界里忘乎所以吗?马克思决定把它拉下来,拉到地面上,以康德的实践理性精神,将"道成肉身"反过来,做成"肉身成道"。但马克思没想过的是:把形而上学倒过来,依旧是形而上学。形而上学本来无所谓好还是不好,只有美还是不美,但一旦倒过来,和经验世界对接,那就还要考量真还是不真。黑格尔偶尔把自己那一套用在天文学上,就闹了个大笑话,更何况马克思现在要把那一套全部落地,尝试用在整个人类的演化行为中。在冒冒失失认定这当然是一种科学发展观之前,我们不得不要先停一停,问一声:你的理论真还是不真?

马克思从费尔巴哈那里继承了类的概念。类,说简单了很简单,就是我们日常会话里说的分门别类的意思。而往艰涩里说,类也可以是共相的意思。现在,马克思要往上述这两层意思里,再加一层概念,他要把人类的生产行为添加进去,这样,类的概念就复合三层概念:物体的集合、物体性质的共相、生产行为。

马克思认为生产生活是人和动物的标志性差异,这样人类就和动物类区分了开来。这里首先让人不明白的是,马克思为什么要把人类和动物做区分?他为什么不选植物,或者原生生物乃至无机物呢?也许他是为了挑战高难度吧,因为人类和动物的确相对其他物种来说,差异更小,但也正因为如此,使得马克思的这个论证槽点满满。据他分析说,动物只会生产它们肉体所需要的那些产品,如巢穴、子女、猎物等,但是人类却可以生产除肉体之外的一切对象,也就是说人类可以生产整个自然界。于是在这个基础上,马克思把人类定义为一种类存在物。

类存在物,这个专有名词非常古怪,但从中我们也可以看出马克思有一种要抹除个体性的冲动,他试图把所有人归结为类,然后运行类演算,这样看起来很像今天的大数据分析,但问题是大数据并不关心每一个个体的个性与自由。我们先不管这些细微的概念差异,今天的动物学家想先指出的是,动物其实也可以生产除自身肉体需要之外的产品。比如母狮群会接纳失去母亲的幼狮,提供它母奶、安全以及社会关系,这些额外产品是在它们都有自己子女的前提下供应的，并且这并非它们的无意识动作。而当狮群遭遇外来威胁，比如其他雄狮侵略它们领地并击败它们原来的丈夫之后，它们首先放弃保护的就是领养的幼狮。类似的利他性质的生产行为，也可以在其他群居动物中见到。

因此，想通过生产产品的差异来区分人类和动物，严格来说这是没道理的，于是类存在物这个定义也就失去了作用。马克思本来想通过建构这个类存在物的概念，把人类生产活动的自由性给标定下来，意思就是人类和动物不同，他们拥有生产一切的自由。这样接下来，批判资本主义的生产制度，批判这个制度把工人们拧成大工业流水线上一颗颗的螺丝钉，就顺理成章了。

这个初愿是好的，但不仅它的推理是有逻辑缺陷的，初始条件也不是必然真的。因为并不是每一个个体，都想挣脱锁链获得自由；相反，有的人天生就喜欢放弃自由拥有锁链，因为动物和人是一个连续过渡的谱，中间并没有什么可以轻松划分的界限。群居动物都一个德行：总有一些个体甘愿处于弱小的被奴役地位，因为只有这样它才可能生存得更久，它要是离开群体独自生存，虽然自由了，但会立即被大自然所消灭。比如狼群中的老狼，它们总是走在队伍最前面探路，所以它们总是会最先遭到捕兽夹的伤害；它们也总是先品尝可疑的动物尸体，看看是否已经被人喂毒；冬天如果要攻击冬眠的熊，它们也一定总是冲在最前面当炮灰……老狼并不是心甘情愿被这样奴役，但是，只有这样它们才有机会吃到些残羹剩汁，苟延残喘，活得比争取自由的时间更久。好死不如赖活，大自然是为了适者生存设计的，不是为了同情心泛滥而设计的。如果马克思要论证自己的社会学观点成立，他就不应该试图从大自然中去寻找立论的合理性。如果他要那么做，那么他就应该花更多的时间像达尔文那样去研究大自然，而不是躲在书斋里，拿着恩格斯的资助，抨击资本主义制度。

尽管逻辑论证上各种不恰当各种没文化，但就马克思理论所指出的人类社会的剥削与不公，却是不争的事实。今天，面对中国的血汗工厂，异化理论依旧拥有强大的批判力量，然而马克思本人对异化理论并没有很感兴趣，因为他清楚，如果人类从异化状态复原，回到本来位置，那还不仍旧在原来位置打转吗？不，马克思是一个想要改变世界的人，他不甘心人类和世界就这样打了个照面后各回各家各找各妈，他要人类嵌入这个世界，和世界发生冲突,进而占有并控制这个世界。

为此,马克思设定了一个无产阶级的类,他将不具备私有财产的人全部归为这一类,并认为他们异化得最为严重,已经完全失去了合乎人性的东西,因此他们必然会愤而反抗,消灭整个资本主义社会,解放全世界。

推荐阅读:《1844年经济学—哲学手稿》

西周（Nishi Amane）
1829—1897年
日本的津和野
"哲学这个词汇，是俺翻译的。"

第三十一天　西周

长时间在各个哲学家思想之间奔波，累了吧？那我们这会儿就去日本休闲一下，浏览一位并没有什么哲学思想的哲学家，因为他的主要角色设定，是一位哲学翻译家。

今天我们中国人用的不少哲学单词，全是这位叫西周的日本哲学家精心推敲翻译来的，这些单词计有：主观、客观、本能、概念、观念、归纳、演绎、命题、肯定、否定……以及，在1862年，他曾把philosophy翻译成了哲学的前身：希哲学（ヒロソヒ）。这个译法不仅是照顾到了西文的发音，也是从周敦颐那里得到的灵感。在周敦颐的《通书·第十》里，有"圣希天，贤希圣，士希贤"这样的句子。最后，为了朗朗上口，他定调了，就翻译为哲学吧。

这是一个无比正确的定调，我们一直沿用至今。

西周努力译介西方哲学，是因为他意识到，欧洲的学问传到日本也已有100多年了，在物理学、化学、地理学、机械学等诸多学科方面，他们日本人都还略有所得，但就是哲学方面没有什么人能够称得上登堂入室，以至于很多人以为欧洲人也就应用方面很强，理论上是不行的。在荷兰留学的西周太清楚这种误会将导致的后果了。他决定改变日本人对此的偏见，但是从宋朝那会儿继承下来的理学，完全翻译不了西方哲学里各种更专门化的术语，所以他必须有所创新，为今后的日本哲学做点什么。

而在这个时候，中国依旧沉浸在"中学为体，西学为用"的安全港湾内。

西周不是没想过用一个当时人们更容易理解的译名，比如当时就有人将 philosophy 翻译成"理学"（就是宋明理学的那个理学），他自己也曾在笔记里考虑过将其翻译为儒学。这样多省事，既不忤逆祖宗，又能洋为中用。然而，西周深知易于理解的同时，也会让人望文生义，虽然 philosophy 和理学都是为了阐明天道，竖立人极，但毕竟不可同日而语。为了把他以为的欧洲儒学和东方儒学区别开来，他必须给这种奇特的"欧洲儒学"以一个崭新的译名。

上哪里去找这么一个汉字呢？

在上古汉语里，哲的意思就是智慧，而 philosophy 在古希腊就是一门寻求智慧的学问。所以西周最初将其翻译做希哲学，已经是深谋远虑的结果。但是，西周推敲再三，把表示追寻的意思，也就是那个动词"希"字，在 1873 年出版新作的时候给删除了。这么一来，现在只剩下了"哲学"，并不能对应原来古希腊的那个爱智慧的意思。在翻译上字斟句酌的西周，为什么在这个地方，却又不按常理出牌了？

原来西周在翻译时，始终在用儒学作为参照系。希哲学这种构词法，和儒学一比较实在过于突兀，它开头第一个字竟然是一个动词，太格格不入了，读起来也很拗口。不如译作哲学，这样和物理学、化学、数学等并列放在一起，瞬间就和谐多了。

然而西周的翻译再怎么出神入化，我们理解西方哲学依旧存在着诸多麻烦。最明显的一点，就是他把已经细化了的西方哲学专有名词，为了美观，不得不全部归类为同一个翻译出口。

比如，nature、faculty、property、attribute，他全部翻译为性。这样翻译 nature，还是合理的。因为它的本义有逻各斯化为天地万物各种规律的意思，那么对应翻译做性，如本性、水性、人性，还挺像回事。在宋明理学里，道是最顶端的唯一规律，理则是它在天地万物中化出的无数规律，而性则是从万物角度去看待并占有这无数规律，也即"生之谓性"。

可是，把 faculty、property、attribute 也全部处理成性，这就导致了很多弊端。现在，我们说汉语的人会难以区分以下三种属性：人类先天的才能、物体固有的性质、人类后天的特征。目前我们国人唯独能区分的，是一切动物先天自带的倾向，因为西周没有把 instinct 也翻译成性，而是翻译成了本能。西周当时心里很清楚：宋明理学的性，只照顾到人类为止，他们并不认为动物也有一套自发的机能，然而西周又知道，欧洲的哲学家普遍认为，动物自己有一套与生俱来的机能。西周必须强调这个区别，让宋明理学在欧洲儒学前止步，不要再成为道德中心主义。因此，人类先天的才能、物体固有的性质、人类后天的特征，这些可以混为一谈。但是本能，如今的确可以让我们一下子领会到，这个词语指的不仅是人类，也包括动物。

同样，面对 reason、principle、idea、truth、relation，西周能腾挪迂回的汉字量也不大，只能全部译作理。西周不是不知道宋明的这个理，不完全是欧洲的那个理，但对得太准反而让自己人理解不了，那又有什么用呢？反过来，像仁、礼、忠、孝这种概念，欧洲人不也是没法利索地翻译出来吗？西周牺牲一部分过于精细的准确，换来更为流通的传播，这一点上他是极其富有远见的。直到今天，西周当年翻译的哲学词汇，依旧还有一半在使用，可见他拿捏火候是多么的老到。

可以说，如果没有西周这一系列的天才翻译，我们很有可能不得不在中国传统哲学提供的诸多保守的词汇里，词不达意、盲人摸象更多个年头，才会慢慢意识到，就算没有了人类的道德，这个宇宙照样可以按自己的规律运转。而关于这方面的学问，就是自然科学的前身：哲学。

休闲观光的时间就这么很快结束了，现在让我们重返欧洲，在西方认识论的滔天恶浪中继续我们的哲学航行吧。

推荐阅读：《西周哲学译词与中国传统哲学范畴》

马赫（Ernst Mach）
1838—1916 年
摩拉维亚的契尔里茨
"水桶转起，万物卷入。"

第三十二天　马赫

马赫从小就触觉、听觉等感觉器官分外敏锐，大概都快赶上昆虫了。后来，成为资深物理学家的他就有了一个信念，认为世界上的一切都是由一种叫作"要素"的细微物体组合成的。要素并非没有独立在外，它们和人的感觉始终黏一块儿，所以，有些要素组合后就呈现为空间，有些就呈现为空间里的肉包子，还有些就成为能让空间里的肉包子慢慢变质发馊的时间。总之，物是感觉的复合，这是马赫的名言，但这个感觉由于黏了要素，结果湿手沾上干面粉，甩也甩不掉，所以怎么着都不会陷入唯我论这样的白日梦里。

在文艺复兴之后，哲学领域已经忘却了柏拉图的忠告，大量不懂几何学的哲学家出现在该领域中，马赫的观点一问世，顿时有种古典哲学昔日再来的味道。马赫由此名声大噪，但他拒不承认自己是哲学家，他心里清楚，贵圈太乱，而他也根本没有重返古典哲学的意思。所以他一口咬定自己只是个物理学家，喜欢周末扛把猎枪，跑到哲学森林里打猎玩玩……他这番表白，倒也不完全是自谦。因为哲学家大多喜欢将物体客体化，然后在这基础上讨论该不该客体化，于是就产生了唯物和唯心两大派，并为这些客体互相之间是不是有因果关系，以及因果关系是不是有第一因而吵个不休。但是马赫现在并没有走这条常见的哲学家之路，他走的是另一条羊肠小道，即把物体之间的连接关系不再看成因果关系，而是看成函数关系。人类对这个函数关系再进一步加以感知，其中稳定恒久的那部分，就形成了我们通常所说的物体。可见，马赫这么一来，是把物理学和心理学给结合起来了，这中间压根就没哲学的事，虽然人们普遍称他是哲学家，可他真的不想举着红旗反红旗啊。

此外，马赫对时空的理解，与牛顿的刚性时空也大相径庭，马赫从批驳牛顿的水桶实验开始，提出了时空是相对的构想。牛顿认为，水桶旋转时，水面中心出现凹心，这是绝对时空下的惯性力导致的，没有其他物体在影响水面凹心的形成。马赫对此吐槽，他认为明明是整个天体万物都在影响着这桶水，通过引力作用使得水面出现凹心。也就是说，惯性力和引力是一回事。

马赫这个反驳一直没得到哲学界和物理界很好的回应，真正能参透这份玄机的，还得靠后来的爱因斯坦。爱因斯坦在刚刚发表广义相对论时，曾无限赞美马赫，认为是马赫的时空观，给予了他最大的启发，甚至在写给马赫的悼词里，都声称马赫离推出广义相对论仅咫尺之遥。这一褒誉并不过分，作为一名熟悉黎曼、罗巴切夫斯基工作的物理学家，马赫对时空几何的理解还是相当深刻的。尽管马赫与爱因斯坦的时空观区别很大，但人家爱因斯坦指名道姓说受惠于马赫，我也就只好顺水推舟，附赞一把。

爱因斯坦顺着马赫的思路，在脑海中自由构想了一台爱因斯坦电梯。当电梯失控自由坠落时，爱因斯坦在想，他分辨不出这是因为地球引力在加速往下拉电梯，导致他暂时感到失重仿佛是飘在太空里，还是他此刻真的是飘在太空里周围引力场为零。也就是说，在局部区域，比如此刻在电梯里，惯性力和引力可以看作一回事。这就是广义相对论的基础：等效原理。

马赫认为，物质是唯一决定时空结构的因素，爱因斯坦将之分析为质量和能量，并加入电磁场，然后用能量、张量去描述他的爱因斯坦时空场；马赫又认为，惯性取决于物体之间的因果相互作用，而不是像牛顿认为，是一个不可动摇的惯性系。这一点也给予了爱因斯坦无限的灵感；马赫还认为，牛顿的绝对时空观虽然被否定，但他的超距观点是可以接受的，也就是说，在马赫眼里，超过光速的信息传递仍旧是可以的。这一点爱因斯坦终于接受不了了，犹豫再三，最后爱因斯坦悄悄把它给弃了。不过修修补补到了晚期，爱因斯坦也是累了，因为他发现统一场里再坚持马赫原理，也真是太不符合马赫提出的思维经济原则①了，送君千里，终有一别，爱因斯坦就此不再提马赫了。

推荐阅读：《认识与谬误》

---

① 就是在科学研究中，也要遵循最小作用量的原理来到达目的。同样的意思，爱因斯坦也说过："尽可能简单，但不能太简单。"

皮尔士（Charles Sanders Peirce）
1839—1914年
美国的埃布里奇
"重要的事情都要说三遍。"

第三十三天　皮尔士

现在，第一位来自美国本土的哲学家终于出现在我们的视野中。这位大胡子哲学家皮尔士，虽然在逻辑学、数学、光学以及大地测绘方面都极有造诣，但他搞不定"房地产"。他在宾夕法尼亚买了一块 2 000 英亩（1 英亩≈4 047 平方米）的地，想效仿古希腊办一所学园，里面不仅有吃有住还有航空试验基地。然后他就破产了，从此过上了穷困潦倒的生活，最后的得益者是哈佛大学：皮尔士过世后，其遗孀把他的手稿连带个人图书馆，作价 500 美元贱卖给这所大学。不过哈佛大学还算有良心，陆陆续续出齐了皮尔士的著作，让我们逐渐得以了解这位天才所曾达到的高度。

皮尔士的手稿是真正的金矿。如果不是罗素他们胳膊肘朝里拐，有意无意冷落雪藏这位美国乡巴佬哲学家，本来皮尔士是完全可以和著名的德国逻辑学家弗雷格平起平坐的。这就是说，皮尔士的成就，不仅可以秒杀罗素和怀特海，更可以秒杀维特根斯坦。然而，迄今为止，中国学术界依旧在费心译介那个水平见底的维特根斯坦,却对美国的皮尔士置若罔闻。同样,国外的哲学圈也差不多一般势利眼。看来真正了不起的哲学成就,如果非要让这个世界虚心接受,哲学家本人最好长得小鲜肉些,会写点高深莫测的鸡汤格言,千万别跟边远地区的乡巴佬皮尔士一样,长得活像发了霉,长了毛还一脸哀愁的托尔斯泰,衣服也是松松垮垮,谁会喜欢。

我这么矫枉过正的一番数落,只是为了和罗素他们的逻辑主义分庭抗礼。逻辑主义认为,逻辑是数学的基础,数学可以从有限的基本逻辑法则构造产生。但我却坚决站在皮尔士这一边,认为数学才是逻辑的基础。所谓逻辑,只不过是我们人类为适应这个宇宙而提出来的一系列思维规范。

跟欧洲那些哲学家不同,土老帽皮尔士完全不去理会那些关于实体是否独立存在的形而上学话题,也不理会什么一切哲学问题都是语言问题。他把一切知识的可靠性,全都建立在千锤百炼的信念上,这份信念来源于人与环境互动后得到的效果,而不是来源于装腔作势总结出来的语言问题。也就是说,如果你想知道什么是爱情的定义,你最好和姑娘接触,一起逛商场,一起看电影,最终相爱,千万别学欧洲哲学家,试图在语言里找关于姑娘的指称结构,然后进一步思索姑娘背后是不是存在着什么独立的物自体。不,姑娘背后没有实体,只有她父亲,如果你不小心,就会挨她父亲一顿揍。

出于同样理由,皮尔士觉得基督教关于圣餐的定义,也是荒谬到不可理喻。按照教义,基督的血和肉,作为一种实体发生了转化,成为酒和面包。但是,为什么我们喝酒和吃面包时,尝到的是酒和面包的味道,而不是人血和人肉的滋味呢?教义回答说,这是因为酒和面包的实体特性,并没有发生任何理化反应上的变化,所以它们尝起来还是酒和面包的味道。变化的是实体。也就是说,实体特性从来就没变化为酒或面包,它们从一开始就一直是耶稣的血、耶稣的肉。然而,从效果出发来看待这个现象,皮尔士认为如果实体特性不发生变化,人类根本不可能分辨出实体有什么变化,这纯粹就是一场毫无意义的想象。

皮尔士不仅反对笛卡尔那种我思故我在的一元论立场,也反对康德那种把认识结构分为认识主体和认识对象的二元论立场。为此,皮尔士构造了一种三元论,来解释这世界上的一切,并且认为三元论的构思,是来源于类似毕达哥拉斯那样的数学基础,所以它是根本的根本。

皮尔士的三元论由以下三个范畴构成：肯定；肯定之外；在肯定和肯定之外之间的关系。对笛卡尔而言，只要满足第一个肯定范畴就可以了，即肯定自我存在就万事大吉，但像笛卡尔这样的怀疑主义者，在没有上帝保证的前提下，在街上万一撞到了人，被打一顿，这个时候就没法继续保持唯我论的风度，怀疑刚才是不是真被挨了打。为此皮尔士引入第二范畴，就是这个挨打者之外的世界。然而，单单拥有这样两个范畴依旧是不充分的，应该还有一个第三范畴，就是这两者之间的关系。

再举一个生活中的例子，这三个范畴就会马上变得通俗易懂：当你在白纸上用墨水笔轻轻点上一点之后，你立即会发现，这个行为同时构造了三个范畴：墨点、墨点之外的空白、墨点和空白之间的交界。而面对这个交界，无论你将之归为墨点，还是空白，都是很人为的做法。如果大家想进一步理解皮尔士为什么会这么想，不妨回想一下老子说的"一生二，二生三，三生万物"，就会立刻领会皮尔士的思想：三元关系才是组成整个宇宙的基本关系，而一元关系和二元关系都只是分析性的，不能在功能上满足生成大千世界的需要。在这一点上，中国西汉哲学家扬雄意外获得了早已等候多时的荣耀：扬雄也是用老子的三生万物思想，完成了他的《太玄经》著作，整本著作荒诞不经却煞有介事，如果你有了皮尔士的思想，再去看这本著作时，就会有种看公元前童话的感觉。司马光为扬雄这本著作曾编写过《太玄集注》，大家有空可买来一观。

然而皮尔士似乎有一些三元论强迫症了。他将他的这个想法用于解释天地万物一切现象，从数学到符号学无所不包，虽然每一样都能自圆其说，但就这种放之四海皆准的腔调，不能不让人联想到形而上学那种一以贯之的本性：富丽堂皇，不切实际。讽刺的是，皮尔士恰恰是最注重效果的，乃至他把科学当作一种宗教的时候，都要求这种宗教必须是可以出错的。可是，他的三元论却万金油般的普适，任何地方都是一分三，然后再分三，如果有需要，他还能继续一分三，这样雷打不动的划分游戏，它本身有可错性吗？在这里，毕达哥拉斯那种神秘主义的气息，正慢慢扩散在皮尔士的哲学里，仿佛在严丝合缝的逻辑方尖碑上，浇淋下一层焦糖太妃酱，缓缓散发着迷人的香味。

但是皮尔士毕竟是一位一往无前的开拓者，在他之前还没人这么玩过，所以有时他这么写着写着，就不自信起来，为缓和这种焦虑，他在行文里偶

尔会自黑一把。比如在解释符号的三元结构时，他用了某个形象化的比喻，用完之后又觉得不妥，赶紧补充说，我其实也没太大信心能讲清楚这事，所以用这个比喻就当是个息事宁人的花招吧。你们大家看看，皮尔士就这么一个实心萝卜，跟那些把胸脯拍得震天响、信誓旦旦自己不会出错的欧洲空心萝卜哲学家比，到底谁才是我们最可爱的人呢？

而皮尔士开的最大的一个脑洞，莫过于他把人定义为一个符号。也就是说，我们大家通常认为是个人的原因，把自己局限在一个以身体为界限的轮廓范围内，并在这个范围内用一种自我意识加以肯定。但按照三元论的思路，我们作为人，在时空上并不是这么局促的，它还包括了人之外的所有和人有关的符号。

比如对一个作家而言，他的思想应该在他的著作里，而不是在他的大脑里。他留下的著作，是属于第三范畴的，所以人是在关系之中。皮尔士写道："有一个悲惨的物质性的和野蛮的观念。根据这个观念，一个人不能同时在两个地方；好像他是一个东西！一个词可以同时在几个不同的地方，比如这一行里，我可以写一个六之后，再写一个六，因为它的本质是精神的；而且，我相信在这方面一个人是丝毫不逊于一个词的。"就这样，皮尔士取消了自我意识，把它当作一种庸俗而虚荣的幻觉。他教育我们："我们应该说我们是在思想里，而不是思想在我们里面。"也就是说，我们以为是我们在主导人类思想的前进，事实上却是思想在通过我们发展。整个宇宙，包括没有生命的无机物，都是有思想的，只是活跃度有所不同。好吧，数学家都有些神神道道，皮尔士自己把他的理论当作一种新的毕达哥拉斯主义，简直就是要黑掉整个人类……恐怖、荒唐、毫无荣辱感，然而……好像真的可以这样想！

推荐阅读：《皮尔士》

尼采（Friedrich Nietzsche）
1844—1900 年
德国的勒肯
"你凝视深渊，深渊也凝视你。"

第三十四天　尼采

　　与皮尔士这类日神型哲学家相反，尼采是彻底酒神型的。这个把胡子留得跟贵宾犬一样的德国哲学家，对自己唯一满意的五官可能就是一双耳朵了。他说这是他通向酒神的秘密小道。由于他的表述总是这么富有诗意，所以他的思想就特别容易被人曲解，当所有解读尼采的人互相指责对方理解错了的时候，他们却不曾想过，尼采的作品根本就是个路径分岔的花园，谁一脚踏进，谁就从此失联。

　　首先失联的是尼采自己：他抱着一匹老马痛哭，然后就疯了；第二个落难的是他妹妹，这个排犹分子在尼采的花园里与其说像个辛勤的园丁，不如说像个到处拱土捣乱的穿山甲，经她一双爪子翻修，整个花园面目全非；第三个倒霉蛋是希特勒，他按字面意义把尼采的学说悉数领会为德意志的权力意志高于一切，然后毕恭毕敬地去朝拜尼采档案馆，还把尼采的书赠给他的好基友墨索里尼，拖他一块儿下水；第四个上当的是鲁迅，他学习到了尼采破坏一切既成价值的匕首格斗术,将万恶的旧社会戳成个大筛子,然后拿完稿费就撒手不管了,离世前还撂一句狠话,一个都不饶恕……

据说尼采痛恨女人,但这只是他的逞能之词,实际上他先是看上了作曲家瓦格纳的老婆柯西玛,后又看上了哲学家保尔的女友莎乐美,可惜尼采长得实在不好看,没人要他,所以他写下警句,要男人到女人那里去的时候,不要忘记带上鞭子。很多人认为他这是大男子主义,但这类格言警句也可以做如下理解:到女人那里拿出鞭子,然后自己抽自己,这样人家就会惊愕地忘记赶他走。

尼采的作品很容易阅读,他辞藻华丽,激情四溢,还经常写格言,鸡汤文熬出来的高潮是很有蛊惑性的,但没有定力的读者还是少看尼采,就跟没有阅历的孩子就少碰水浒一样,这玩意,不烧脑,但烧心。

顾吾念之,哲学家里还有谁脑子像尼采那样混乱而清醒,灼烧而冷静,写出来的作品拥有一种文科小女生特有的傲骄气呢?思前想后,还真没有了,所以偶尔还是看看吧。

随着年龄的增长,尼采在我心中,一步步从愤怒哲学家变成愤青哲学家,最终成了愤青文学家。撇去他遣词用句上的妙语如珠,某一天,我终于发现,他只是一个善于开地图炮的炮手,他可以不分青红皂白,也不问前因后果,直接将基督教一把摁地上,就跟捉到小三一样狠狠一顿撕,撕完了过几天没事找上门又一顿撕。而他提出的所有观点,无非就是在叔本华的哲学基础上,移花接木,鸟枪换炮,再提出一些新名词,什么权力意志、酒神精神、上帝死了、主人道德。翻译尼采的大佬们也很拼,将这些词语翻得是形神兼备、朗朗上口,不用多解释,光看一下字面意思,大家也就猜得八九不离十。至于尼采鼓捣完这些后,全心全意为人民隆重推出的超人概念,与其说是一种政治上的理想寄托,更不如看作漫威的超能力英雄。大家看得起劲,超人演得卖力,到头来大家还不是走出电影院,回到现实。

总之,像尼采这样的哲学家,如果就是这样泛泛阅读一遍,那他的成就也就是这样了。但是,尼采是一个找到通往酒神酒窖秘径的疯狂哲学家。我们如果能跟随他,一起进入更深的幽暗之地,那也许我们就会发现一个不一样的尼采,一个虽然疯但却一点不傻的尼采。

尼采其实是否定自由意志的。他曾说过一个关于瀑布的寓言,大致意思是：虽然瀑布中有许多纷乱细碎的浪花，对其中每一滴水的运动轨迹，我们都觉得无从下手，但是如果有一个全知全能的心灵，从一开始就掌握所有初始状态的信息，并且拥有超级的算力，那就可以算出瀑布里所有水滴的精准去向。也就是说，一切都是决定论的，人类只有自由，没有意志，每一个人都可以自由地被规划成某条生命轨迹，但没有一个人的生命轨迹是他自己的意志所决定的。

这个想法并不新鲜，在尼采之前已经有人有过这样的想法。比如古罗马哲学家波埃修就曾认为，上帝算好了一切，人类只是在他规定好的各种路径中选择。当然尼采的言论和波埃修的略有不同：尼采连自由意志都直截了当替人类注销了。自由意志对尼采来说，只是诸多念头互相竞争协商的结果，而不是先天具有某种目的性的规划，可以说，尼采和叔本华在对自由意志的认识上，都已一前一后到达了今天认知神经科学的研究水平。

但尼采发表如此言论的思想背景，却又是非常奇特的。在尼采眼里，说上帝死了，只是说基督教信的那个上帝死了。对于禁欲主义的上帝，断绝了无数人类实现各种可能性的上帝，尼采是恨得咬牙切齿。但是尼采在另一个层面上，又复活了一个酒神的上帝。那个上帝肯定所有一切可能性，他赞赏人类作为共同体所表现出来的一切行为，哪怕面临苦难，也一样无所畏惧。被酒神上帝眷顾的这种人类，尼采定义为超人。这种超人不仅拒绝只会同情苦难的奴隶道德，也拒绝只会独裁一切的主人道德，而这种超人所拥有的意志，则叫作权力意志，它不仅规范了超人的行动，也规范了因果律。总之，尼采这个时候已经无法无天，把对上帝的定义挪到了超人身上，他已经不需要耶稣和教会了，大家已经可以一起来看尼采的上帝了，而且这回是看得见的：人类创造历史，这就是神迹。

尼采信仰永恒循环。超人的权力意志，是穿行在永恒循环里的。这个循环结构非常像一个分形万花筒，当你去放大万花筒的某个细节，你会看到又一个万花筒，然后这样可以无限进行下去。人类和宇宙的关系就是这样的分形万花筒结构：人类观察了宇宙，然后观察了宇宙的人类作为宇宙的一部分，又被下一次的观察所观察……如此循环，直到永远，所以在这个意义上，权力意志的确没有目的，它自己就是它的目的，不断对自己进行透视，就像光线在两面镜子之间一次又一次来回反射，如果你站在它们中间，你会看到无数个你,像两列人肉火车,在两面镜子中各自朝相反方向无限绵延……

所以尼采认为我们对世界的理解只可能建立在我们已经在世界之中的前提下,我们做不到跳出世界外,去俯瞰我们所处的这个世界。因此,跳出去的那个基督教的上帝,必然会缺氧而死,留在我们中间的那个上帝,才有机会和我们人类一起演化,直到这个宇宙结束,然后等待下一个宇宙开始。

此外,我们平常说的既视感(Djvu),也就是恍惚间感觉什么事情似乎刚刚经历过,如果不采取心理学、生理学他们那一套解释的话,用尼采的永恒循环来解释,倒也不错。而且尼采也已经说了,每一次新宇宙开启前都会清零的,所以我们才不会有关于上一个宇宙的记忆。你们看,尼采连"孟婆汤"都想好了,还有谁认为他是个失去智商的疯子呢?

总之,尼采这枚坚果,是复合多层的,只有最硬的牙齿,才能啃到最深的果仁。而对大多数人来说,读一遍《查拉特斯图拉如是说》,啃个皮也就够了吧。

推荐阅读:《查拉特斯图拉如是说》

庞加莱（Henri Poincaré）
1854—1912 年
法国的南希
"宇宙到底是个什么形状？"

第三十五天　庞加莱

如果现代数学界也举行十项全能比赛的话，庞加莱当之无愧可进入前三（另两个我愿意给黎曼和格罗滕迪克），他在算术、代数、几何和分析里的涉猎深度令人匪夷所思，而在量子力学及天体物理学等领域，他也不甘人后。虽然在研究无限性方面，比起"胆大包天"的康托尔，庞加莱未免显得有些缩手缩脚，但在西方敬畏上帝的广谱人文背景下，不敢冒犯他老人家，也是情有可原的。毕竟，从有限的经验世界跨入无限的理念世界，数学家的勇气普遍要比神学家小许多，而物理学家的勇气又要比数学家小很多。作为数学物理学家的庞加莱，自然更愿意相信直觉与经验，而不是信仰与救赎。

庞加莱想出了一个猜想，这个猜想要等到2002年，才由一个叫佩雷尔曼的数学家将之彻底解决。如今，这个猜想已经成为定理。这个定理的表述比较烧脑，前方高能预警。

任何一个单连通的，闭的三维流形，一定同胚于一个三维的球面。

不喜欢数学的读者先不要害怕，我来给你们把上面这句话翻译一下。

我们先看看二维情形，二维搞定了，三维理解起来就好办：在二维情形之下，我们可以想象自己在捏泥巴。不管我们把泥巴捏出什么形状，比如捏成香蕉，或者奥特曼，反正只要捏出来的形状没有对穿的孔，那这团泥巴的表面和一个球体的表面，从拓扑学角度来看就是一回事。但如果捏出来的形状有孔了，那它就没法和球体表面等价了。好，现在我们增加点难度，再加一维，这样，我们就是在四维空间里捏四维的泥巴，很难是吗？没事，谁也没本事在四维空间里捏泥巴，我们只是想象，我们想象得出，这个四维的泥巴，它的表面是三维的（因为三维的泥巴，它的表面是二维的），那要是这四维泥巴也没有孔的话，那它就应该和一个三维球体（不是球面）等价。

这个猜想很难证明，但一旦被证明，它就很管用，至少可以用来描述我们的宇宙。电影《星际穿越》里提到的超弦理论，其中的开弦和闭弦，它们的图像就可以从庞加莱定理中对点和曲点的定义里，得到直观的说明。此外，用庞加莱猜想的外定理，可以定义一种很奇怪的空间，这个空间存在于点内，相当于一个空心圆球体，它的表面和球体同时塌缩，形成一种叫作点内空间的奇怪点，它可以在适当时候翻套，就是从里面翻到外面，宇宙大爆炸就是翻套造成的结果。我还为这个想法写了一个短篇小说《套宇宙中的猴子》，大家有兴趣可以网上去找来看看。另外，从更高屋建瓴的层面看，庞加莱猜想的那种宇宙形状，只是宇宙八种可能形状中的一个，这个关于三维流形分类的猜想，叫作几何化猜想，佩雷尔曼解决的就是这个。

庞加莱由于在各个数学领域看到太多变化多端的东西，反而从中抽出了真正不变的东西，并对我们习以为常的不变观念提出了挑战。他举例说，如果有一个与我们人类世界互为镜像的世界，只是那面镜子是面哈哈镜，那么我们这里的规矩方圆，到它们那里全是弯弯曲曲的。反过来，它们那里的到我们这里也是这样。于是当有一天，两个文明照面后，双方都会认为，对方的认知系统，真是错得一塌糊涂。但实际上双方都没有错，错的是哈哈镜。

庞加莱由此认为，我们日常生活中认为的这个时空，只是我们人类作为一种生物，为了适应生存所认知到的时空，实际上它可能并非如呈现出来的样子。当庞加莱这么思考的时候，我们这些过来人都知道，他的这个思想不仅是对康德先天知识结构的颠覆，也是对皮亚杰认知发展理论的启发。同时，这个想法离爱因斯坦的广义相对论也很接近了，但庞加莱的脑洞过于巨大，他没有专注于这个想法，转而投身于其他更值得冒险的领域去了，如混沌系统。于是，他成了复杂系统方面的开山鼻祖，却与哲学、心理学、物理学的巅峰时刻失之交臂。

得失之间，唯一念耳。

但庞加莱根本不会顾及这些碎碎念。他曾写下如下句子，让我一度相信，他就是数学界的库克船长，指挥着企业号去人类未曾到过的地方，而不是在已有的疆域深耕细作。

这个问题必将引领我们到达那遥远的世界。
Mais cette question nous entrainerait trop loin.

我想庞加莱可能是这些哲学家里的烧脑哲学家之一。他对宇宙几何形状的探索和理解，远远超过了古希腊那会儿泰勒斯他们凭直觉所能到达的境界。我特地把庞加莱加到哲学家行列，就是想着重指出，哲学不仅是和历史、社会、宗教、政治、伦理有关系，更是和科学有关系。因为我们活着，每天吃各种食物并坚持将吃下去的消化后排泄，不是仅仅为了营养我们人类的世界，也是为了营养人类之外的宇宙。所以，请大家咬咬牙齿努力记住他，至少记住他的名字：庞加莱。

如果大家以为，熬过庞加莱，后面就再也没有拦路虎，那就想错了。

后面还有哥德尔。

好了，我只是吓吓大家，活跃一下气氛。请大家仔细看一下我用庞加莱的双曲圆盘加工的庞加莱头像，大家还能在圆盘里识出他的面孔吗？

推荐阅读：《最后的沉思》

弗洛伊德（Sigmund Freud）
1856—1939 年
奥地利的弗莱堡
"梦的解析，其实就是一次文学写作。"

第三十六天　弗洛伊德

熬过了晦涩难解的庞加莱，我们终于迎来一位春意盎然的哲学家。相信大多数人都了解过他。

弗洛伊德崇尚俭朴，据说他平时只置备三件外套、三件内衣和三双鞋子。他厌恶音乐，但对古典文学有着难以割舍的爱恋。在医学院读书时，他的研究对象一度曾是鳝鱼。为了搞清楚它们的雌雄问题，400 多条年轻而健康的鳝鱼惨遭弗洛伊德毒手。而且外国哲学家你们都知道的，不是吃货哲学家，都做不来响油鳝糊的，400 多条啊，作孽。

那弗洛伊德为啥要研究黄鳝呢？因为黄鳝的性别是可以跨界的，换我们人类来说，就是变性人了。它们在第一次性成熟前，是雌的，然后会进入一段雌雄同体阶段，到长到 50 厘米以上基本就变成雄的了。所以这个事情想想很吓人的。换成人类打比方的话，简直没法写。

弗洛伊德整天研究这个，所以他的脑回路也跟普通人不太一样。后来他把研究兴趣转向了人，他想出的什么弑父娶母理论，在他看来稀松平常，而公众却无法接受。被色字当头的弗洛伊德学说炸得魂飞魄散的公众，强烈要求他不要再抛售耸人听闻的观点了。但有意思的是，人们面对性的反应总是这样的：表面上严词拒绝，暗地里却心痒难搔。所以弗洛伊德的理论虽然经不住逻辑和实践的推敲，但公众还是怀着无比气愤的心情，不动声色地接受下来。

弗洛伊德为了推销他那以文学想象为基调的本我、自我、超我结构，不惜工本地篡改治疗报告和统计数据，所以在某种程度上来说，弗洛伊德的精神分析学说，基本上是属于披着科学外衣的占星术。

这世界上当然没有一种占星术是科学的。但这又怎样呢？人与人之间不是仅仅靠科学来沟通的，两个天文学家完全可以因为他们的太太都喜欢占星术而相互在派对上结识，然后瞒着双方太太一起合作写本书来反对占星术。精神分析也是一样，它用一种貌似科学的办法，拉近了人和人之间的心理距离，缓释了不少人的焦虑恐慌。实证学科有好多种，其中最保险的当然是科学，但还有很多靠近科学但不是科学的学科，如心理学、社会学、经济学、西医学，以及更外围的精神分析、中医学、通灵术、风水占卜等。

让脆弱的人坚强起来，白色的善良谎言是最好的一帖药。实证科学里面，很大一部分就是这类谎言。这类白色谎言不一定是坏事情，因为主观意愿就是会影响后验分布结果。比如，本来一个癌症病人可以期望活个半年的，你告诉他啥事没有，吃点板蓝根就好，也许他活了两年都没事；你照实告诉他还有 6 个月的日子，也许过个 6 个星期他就走了。

所以，基于上述理由，我觉得哲学不应该死死盯着大脑与宇宙的关系，偶尔也应该低头看一看性与宇宙的关系。如果我们只着重于某一方面的研究，这样的哲学是不完整的。因此，把弗洛伊德请进来，扩充我们的哲学家谱系是非常必要的。

弗洛伊德在他晚期的著作里，从性本能开始的唯乐原则里面，发现了一个比这个原则埋藏得更深的原则，那就是重复强迫原则。他认为人有另一种自我本能，似乎和那种奔向性繁殖的欲望相反，它总是在抗拒单纯的愉悦感追求，总是想拧着干，总是想开倒车，力图返回它原来的无机物状态，弗洛伊德认为这是一种向死而去的本能。

弗洛伊德的这些想法，都是简单粗暴、直接高效：把矛盾的原因归结为本能，就跟把第一推动力归结到上帝，或者把人类发展归结到优胜劣汰等一样，都是耍赖招数，但你却无可奈何。

尽管当时的细胞生物学还相当落后，但弗洛伊德已经知道人体的细胞可以分成体质和种质两类，就是今天我们说的体细胞和生殖细胞。后者可以通过不断分裂复制达到不死的境界，前者却从一出生就注定要死亡，因为前者必须服从细胞凋零机制。

细胞凋零，就是指受控制的细胞死亡。这个过程是受端粒控制的。端粒，就是我们染色体末端的DNA与蛋白质的复合结构，它会随着我们的年龄增长、细胞分裂次数积累，不断遭受磨损而逐渐被挫得越来越短，等到完全消失，体细胞就启动凋零机制，开始死亡。这个机制很重要，比如，癌细胞就是端粒不肯轻易被挫短，所以它们不肯死，越聚越多，最后和生命体一起同归于尽。生殖细胞也一样，它们的端粒都是长长的，在端粒酶的作用下，死活挫不短。所以，如果把弗洛伊德的性冲动和死亡冲动，还原到结构生物学层面，一切还是能讲清楚的：性冲动就是端粒不肯被挫短的象征，死亡冲动就是非挫短它不可的象征，两者竞争与合作，形成各种生命形态。

弗洛伊德是非常明智的，他清楚在当时缺乏进一步科学观察数据的情况下，去深入探讨死亡本能如何让快乐原则屈服自己，是没有价值的，他愿意等待新的方法或新的机遇，如果证明自己的猜想错了，他也愿意毫不保留地放弃。在这一点上，弗洛伊德比起很多哲学家，真的是出色太多了。毕竟到了现在这个时代，哲学已经不再是精确科学的代名词。哲学不过就是一种指导方案，用以点亮各门学科天才们的思路。所以像弗洛伊德这样，不靠证明而靠直觉杜撰出来的哲学思想，也不失为一家之言。再说了，弗洛伊德的那些说辞，也是如今唯一能够和占星术抗衡的学问了。精神分析、心理学、占星术、科幻小说，所有这些科学与巫术混合地带的知识，是孤独的人类在宇宙中最好的麻醉品。

当我们坐在电影院内，在漆黑的环境中，观看别人给我们制造的梦境时，我们其实就是在做着自我精神分析治疗，在观影时让压抑的情绪获得宣泄与升华。而那些电影所营造的白日梦，无论豆瓣上打几分，差不多都是从俄狄浦斯弑父娶母等原型故事中变化而来，尤其是动画片，会把这一点表现得更加单纯同时也更加隐晦：动画电影是面向孩子的，它的主题多少会涉及孩子的成长，而孩子只要想成长，就绕不过俄狄浦斯情结。这个情结在当年曾掀起轩然大波，弗洛伊德也差不多成了老流氓的同义词，即便在今天，对这个话题人们也羞于启齿，但是弗洛伊德就是靠惊世骇俗获得了成功，因为越是禁忌的，人们就越是好奇。弗洛伊德显然深谙此道，他是他那个年代当之无愧的十万加大师。

  本海域的航行在弗洛伊德这里告一段落，也许到了这会儿，我们对宇宙和自己反而更加糊涂了，这是一个好现象，这说明哲学正在勾起你的问题意识，你有了更多本海域的哲学家没法帮你解决的问题。那么，就让我们暂时搁置这些问题，先到下一海域，看一下那里的哲学家是怎么处理这些问题的。其实，他们也没更好的招数，所以他们直接尖叫一声，惊呼道不好啦不好啦，原来是我们的语言出岔子啦。但事实真的是这样吗？

推荐阅读：《自我与本我》

路径分岔的语言花园

迷踪海域

索绪尔（Ferdinand de Saussure）
1857—1913 年
瑞士的日内瓦
"语言可以自给自足。"

第三十七天　索绪尔

一场关于认识论的春梦旅行结束之后，我们将进入语言学的美丽花园。当然，这个美丽也就是随口说说，事实上越深入语言之中，你会越来越困顿，乃至缓缓躺下，仿佛路径分岔的语言花园已把你困成了睡美人。

现在要出场的是欧洲的语言学家索绪尔，这位研究印欧语系的专家，和美国的皮尔士差不多，也不擅长将自己的想法整理归纳出书，他那本大名鼎鼎的《普通语言学教程》，是后人根据他学生的课堂笔记整理出版的。法国孩子记笔记估计不像中国学生那么认真，所以这本著作虽然产生了很大的影响，但之后很多围绕索绪尔思想的争论与发挥渐渐顺着书中的漏洞，一路跌到了连索绪尔也没想到的地带。好在索绪尔的手稿也不断被人们所发掘，也许他的思想可以在重新被锚定后，再与皮尔士两相比较，我们就会发现，无论是厚此薄彼，还是厚彼薄此，对双方都是不公平的。

索绪尔把语言符号的结构，分成了听觉印象和心理概念两大部分，这是和皮尔士最不一样的地方。别看皮尔士自谦是住在边远地区的乡巴佬，他对索绪尔的理论却是始终知根知底的，字里行间也是不停在告诉大家：同志们啊，法国佬靠不住啊，符号应该分三个范畴啊，索绪尔这样分两个范畴，是不行的啊。因为两两相连最多形成一条直线或一个闭环，只有像我这样三三相连，才可以形成盘根错节、无限生长的符号网啊。

那真的是这样吗？索绪尔的语言学真的就如皮尔士所说，是一根筋吗？

索绪尔把说话时听到的印象叫作"能指"，而再进一步将这个听觉印象加工一下，通过心理联想形成的概念，就叫作"所指"。比如我听到有人喊"索绪尔"，这就是能指，而所指，就是根据听到的这个印象，联想出如下一系列思想中的概念：1857年11月26日于瑞士出生的结构主义创始人，现代语言学理论的奠基者，费尔迪南·德·索绪尔，他曾于1878年发表了《论印欧系语元音的原始系统》，并于1913年3月22日去世……

索绪尔认为，能指是可以变化的，所指也是可以变化的，而能指和所指之间的连接关系，则是任意的，没有什么逻辑性可言。比如对于猫这个概念，中文当然就是叫"猫"（māo），英文却是叫"cat"，而要是遇到小猫这个概念，中文索性就没有专有名词，只能用两个汉字组成一个词语"小猫"来表示，但英文却可以用"kitten"来表示。

想必大家已经有些不满了，因为这不就是常识吗，这也算路径分岔的花园？别就是一没劲的露天停车场吧？嗯，的确是常识，但这只是刚刚入园的进口处，但大家应该已经可以从中领略到后面路径的复杂性：能指和所指的关系是任意的，这意味着前方有无数互相缠绕的因素等待我们去探索。

不过，在深入之前，必须指出的是，索绪尔这个论证是有缺陷的。因为不同语种对同一概念的不同发音，表面上看起来是任意的，实际上却是有约束条件的，只是这个约束条件我们不知道，只能根据发音的不同，猜测为是任意的。

打个比方：我和你的长相不同，但都是人，于是我就得出结论说：人的长相是任意的。但实际上，并不是长相是任意的，而是我和你的基因差异，决定了长相看起来是任意的。所以谁要是长得丑，不能怪长相符号的任意性，只能怪基因符号的任意性。但是，基因的符号排列也不是任意的，密码子的表达也有一套规则，然后我们需要进一步追溯密码子……总之，任意性是一种表观，真要追究下去，我们人类目前的知识储备还有点够不着。

我们先停止追溯，不要管索绪尔的论证是不是严格。让我们先看看在表观任意性成立的前提下，他会继续得到什么样的结果。如果得到的结果是实用的，那就很好了。因为语言学不是形而上学，并不是非要追溯到第一因才心安理得。

由于能指和所指的关系是任意的，那么能指—所指构成的符号的意义，就不是被早早规定好、妥妥放在符号内部的，只可能是在符号生成并稳固下来后，自动演生出来或从外部添加的。无论意义是怎么来的，我们关心的是：意义自身应该被怎么规定？索绪尔认为，靠的是符号内部的差异（能指和所指之间的差异），以及符号和符号之间的差异。俗话说：没有买卖就没有伤害，那么没有比较也就没有差异。而比较，就是符号和符号之间连接后的差值运算。索绪尔自己也拿国际象棋来举例，认为这就像棋子和棋子之间的关系决定了每个棋子的价值，而单独的某个棋子本身却不能代表什么。

这个想法很惊悚。因为自古以来，从苏格拉底开始，相当多的哲学家就已经习惯了把语言看作对外在事物的命名：看到一种双足、无毛的动物，我们命名为鸟禽；而双足、无毛且脚趾扁平的动物，我们命名为人类。不管这种命名法是不是好笑，但语言的意义靠外部事物赋予，一直是天经地义的，由此我们才会渐渐产生唯名论和实在论的争辩，明白殊相和共相的区别，并会编撰字典，即在语汇分类与事物分类之间做一一对应工作。但是，现在索绪尔把语言和事物分离开，通过符号差异性来自我赋予语言意义，这样就能自给自足，用不着借助外部事物了。

这种自给自足的差异性，构成了索绪尔抽象的整体语言的意义网络，并且这个意义网络的价值量是处于动态变化中的。好了，现在轮到索绪尔自己感到惊悚了。因为语言学家是很务实的，面对看不见摸不着的对象，他们不像形而上学家那样泰然自若，而是会惴惴不安：这别是胡说八道吧？

索绪尔开始从人的大脑里找依据，他希望自己整体语言的想法，是有一个坚实的生物学基础的。老天开眼，他所在的那个时代，对人类大脑的剖析已经到了可以提供一定解释效力的程度。1861年，法国人布洛卡发现了一个脑区，并得出结论如果该脑区受伤，病人就会很难进行语言表达。1874年，德国医生韦尼克又发现了另一个影响语言学习表达的韦尼克区。布洛卡区和韦尼克区的先后发现，表明人类大脑的确与众不同，在漫长进化中人类的大脑具备了装载整体语言的硬件，所以只有人类的孩子能够在人类的语言环境中掌握人类的语言，而黑猩猩、海豚、鹦鹉它们在这方面的表现就差得太多。

总之，索绪尔现在手头有了整体语言这个基础，他就可以放心大胆地进行符号与符号的连接了。此外，我们也可以清晰地看到，原来索绪尔的符号差异，正对应着皮尔士符号论中的第三个范畴：解释项。就这样，皮尔士依靠三元范畴建立起来的语言网络，索绪尔通过符号差异给补上去了。

为了把这个事情说清楚，我们不得不回到皮尔士艰涩的符号论体系里，在他阐述的云山雾罩到处是"三三三三"的文字中，找出他的符号学三元范畴，并和索绪尔的二元范畴做个对照。我们发现，在能指项和所指项上，双方的命名和定义虽然各有不同，但基本是对得上的，而多出来的那一项，就是皮尔士的解释项（第三范畴）。

皮尔士认为，我们必须要有一个最终意义上的信念真，即相信某事物为真的主观判断，来保证人类的语言描述是可信的。而我们人类不可能靠能指项来一步到位，直接就把所指项给彻底描述清楚。因此，皮尔士构造了一个第三方，也就是这个解释项，来作为人类靠语言能描述到的中介。如果套用亚里士多德的那套形而上学方案，那就可以把皮尔士的所指项（第二范畴），理解成还没被实现的潜能，而解释项（第三范畴）可以当作已经实现的形式，这个形式在不同程度上削弱、变形或提升了原来的潜能，但我们可以通过不断的努力，用这个形式去勾勒那个我们想要知道的潜能，逐步逼近，最终如果我们能让这个解释项完美地和所指项合二为一，那就可以完美地理解了对象。说实话，皮尔士对于三个范畴的解释，真的是很绕口，如果他直接用映射的复合关系和可逆关系来表述，同时辅以变量乘以矩阵来举例，整个论述会简单清晰很多。

现在我们可以看出，皮尔士的符号系统，是和外部事物相结合的，尽管他并不确认外部事物到底是实在的还是表象的，但这没关系，皮尔士只是需要有一个客观标准放在那里，用以衡量符号系统的价值。然而索绪尔的符号系统却是不和外部事物结合的，那就是一个纯粹的语言生长网络，虽然索绪尔强调这个网络系统必须在社会群体之中，犹如一艘在大海中航行的船。但这艘船本身，也就是各个部分的意义价值，仅仅由船上各个部分的差异来决定，大海只是提供了环境，并不参与它们的内部比较。

这就是皮尔士的符号系统被很多研究理工科的人看好，但很多从事文学创作和后现代的人更喜欢索绪尔的原因吧。因为前者需要有一个客观上的真，但后者需要的却是一个主观上的真，并且两者都可以是信念真的。也就是说，无论是客观真还是主观真，都可以取决于我们是否在信念上，将它们信以为真。

以我的观点看，未来发展通用人工智能（artificial general intelligence，AGI），最好同时借鉴皮尔士和索绪尔这两套符号理论，从而让 AGI 可以进行情感学习，这些事情，单单靠大数据进行填鸭式学习是不行的。要让机器学会人类的情感，就必须让它们在信息不完全的情况下懂得如何利用情感规则来进行决策。只有这样，我们才能真正作出符合人类审美需求的机器情绪反应，并让其通过图灵测试，让 AGI 终有一天，成为人类大家庭可以放心接纳的新"人种"。当然，AI 有 AI 自身发展的逻辑，也许 AGI 的发展道路本身就是对 AI 的一种破坏和扭曲，AI 其实不需要情感，它直接通过量子计算，以高速运算完胜情感辅助决策系统，而人类很多基于自身利益给 AI 设下的游戏规则，也就自然而然可以被放弃，比如阿西莫夫机器人三定律之类的荒唐约束。

也许，AI 和人类只有一个基本共识：适者生存。

推荐阅读：《索绪尔手稿初检》

胡塞尔（Edmund Husserl）
1859—1938年
摩拉维亚的普罗斯尼兹
"现象学是一场失败的哲学越狱。"

第三十八天　胡塞尔

胡塞尔耗尽他的一生，都在试图解开一个他到死都没解开的哲学毛线团。

这个哲学毛线团是这样表述的：我们和我们的世界，其存在的基础到底是什么？

这毛线团当初由笛卡尔以最鲜明的姿态抛到桌面上，由康德以最含糊的姿态扔进垃圾桶，然后胡塞尔又大大方方将之捞出来，试图将它们整理清楚，免得我们大家活得无根无据。其实，绝大多数人对此都无所谓，无根无据又能怎样？还不照样有吃有喝有生活？有空干吗不去研究研究房价呢？

但身为数学博士的胡塞尔，对房价不感兴趣，他只对无根无据地活着感到大大的不安。可以说，如果人类是被关在宇宙里做实验的小白鼠，那么胡塞尔就是第一个觉醒过来的小白鼠，不过，他觉醒了那么一段时间后，发现好像也不比糊里糊涂好多少，于是他的现象学也就跟着他的去世，一起无疾而终。至于后来的海德格尔、萨特等，说是也在搞现象学，其实全在挂羊头卖狗肉。说实话，现象学就是一个天大的通古斯坑，后来这帮哲学家精着呢，谁都没当真跳下去，就让胡塞尔一个人在坑里号着吧。

在坑里的胡塞尔展开了自救行动。首先，他将逻辑学从心理学里拯救出来，认定它不会因为人类的心理活动而发生更改。但是他也知道，离开带有心理活动的人类，所有的逻辑都无从谈起，于是，他着手创立了现象学，试图让逻辑建立在一个可靠的认知过程中。其实在今天看来，胡塞尔就是想用数学和逻辑的方法，将人脑的运作机制分析清楚，但他那个时代，没有诸如会下围棋的AlphaGo，也没有AlphaGo背后如雨后春笋般出现的各种人工智能团队和他们的投资商，胡塞尔只有他自己一个生物型脑袋，所以他只能空想。

但他的空想在方法上是对头的，那就是先把问题简化，简化到什么程度呢？就是让头脑里只剩下对自我的意识。这个笛卡尔早就提及过，并不新鲜，但胡塞尔设计出了具体的两步简化操作方案：第一步：本质还原。第二步，超验还原。胡塞尔写得很复杂，但说白了也很简单。本质还原，就是透过现象看本质，透过唐僧看淫棍，看出万变不离其宗的宗。这么评价唐僧虽然政治不正确，但西游记里的唐僧的确给不少人留下棍子印象：每次遇到女妖精他都会努力被抓去，然后经历一番调情后一定会被搭救。但见他：性空观欲火，淫心不淫身。真乃是：高手中的劈空手，淫棍中的如意棍。胡塞尔的第二步超验还原，就是不管外面客观存在的事物有没有，我们只取下可以感知到的那部分，不管是感性表象，还是理智表象，总之就是都还原为现象。打个比方，就像是全息照相让早就过世的歌星邓丽君上台与真人同台演唱，虽然我们没有复制出邓丽君的骨骼系统、肌肉系统和神经系统等等，但光看外表，我们已区分不出影像世界和真人世界。粗略来说，现象还原就是只管还原到表面就大功告成。

通过两步还原，就能把你头脑里残存的一切意象，包括自己跟自己滚床单的单身狗、死不肯发红包的群主、怎么也看不懂的现象学、鬼知道在哪里的上帝，以及时间空间等所有一切，全部用括号括起来，冻结住，不执行任何操作，悬搁起来。然后，在剩下空空荡荡的脑壳里，只留一台孤零零的机器，就是你可以直观到的意向性结构。通过这台意向性结构机器，胡塞尔就开始了他关于纯粹自我的研究。意向性结构主要包括三个组件：纯粹自我、意向活动和意向对象。它们三者的关系有点类似于寄件人、快递员和收件人。纯粹自我通过意向活动（就是观看和赋予意义的活动），和意向对象发生关联。在这个意识流的意向活动过程中，纯粹自我并不属于意识流，它更像是一个在意识流上冲浪的选手，它最终将冲出现象界，进入超验界，成为一种我怎么深入浅出加以解释也解释不了的概念。也就是说，纯粹自我来自哪里，到哪里去，纯粹在哪里，包含了些什么，全是语焉不详的，需要靠直观去把握。总之，就是一个空洞的概念。

郁闷之下，人们当然会认为，像胡塞尔设计的这样一种意向性结构，不过就是一台在没有任何信息输入的情况下执行空运算的意识机器。如果运算顺利，你就会感觉有一条时间之流，很清晰地呈现在你自我关注的意识面前，从而让你能标定过去、现在和未来，如果运算不顺利，祝贺你，你可以跳过胡塞尔，看下一位哲学家了……

当然，胡塞尔很清楚他这么研究下去，很难避免走进唯我论的死胡同。加上后来纳粹登台的迹象越来越明显，时间不等人，于是他忽然一个华丽转身，从个体性的现象学研究跳接到群体性的现象学研究，认为两次还原可以吃进一切客观存在的事物，但如果这个客观事物是他人，那就吃不了，得原路把吃进去的他人再吐出来，让他人也作为另一个活生生的纯粹自我，一起投入意向性活动中。于是，无数个纯粹自我必须各自调适各自的内在时间，并融合成一个整体，来和他们所处的世界打交道。

这个时候，我们似乎看到镜像神经元要登场了，因为这种神经元可以帮助胡塞尔的纯粹自我们相互模仿相互学习，从而步调一致。然而很可惜，胡塞尔没有爱因斯坦那么运气，他需要的镜像神经元这类科学材料，得等到他死后再过50多年，才能由意大利神经生理学家里佐拉蒂他们发现。他当时能等到的，只有快要上台的纳粹神经病。

胡塞尔本人是个很没魅力的家伙，据说他开课时，每个同学在下面都是哈欠连天的。但胡塞尔对此满不在乎。也许他心里清楚，他那个堆得令人生厌的意向性结构，总有一天会在脑神经科学和现代数学理论的帮助下，找到对应的物质结构，从而解开那个他至死也没解开的毛线团。

当然，接着人类会发现里面还藏着更乱的毛线团。

推荐阅读：《纯粹现象学通论》

柏格森（Henri Bergson）
1859—1941 年
法国的巴黎
"时间是诗性的。"

第三十九天　柏格森

与德国的胡塞尔不同，法国的柏格森将人类意识从可结构化堆砌的意向性单元，加热软化为不可定形的绵延，并进而吹拉成丝，绵延在时间之中。

柏格森的名字曾出现在钱钟书的《围城》里，缘由是书中有个叫褚慎明的人物，没事就给西方各位哲学大佬写信，唯一没有回信的，就是这位柏格森。从这部半自传半自黑的小说中可以看到，作为非理性主义者的柏格森，其实是相当理性的。

可是，非要给柏格森洗地，说他和很多非理性主义者不同，这也有些过头了。这个诺贝尔文学奖的获得者，一生都在推广一种叫作绵延（duration）的真实时间，并且这个绵延还得靠直觉去领会，你说他不是非理性，那还有谁是非理性呢？

柏格森唯一理性的地方，就是他知道研究数学、逻辑以及各种技术的人都不好惹，如果把他的直觉主义强行推广，试图挤占理性主义的地盘，那他将遭到各种狂轰滥炸的吊打，并且还会死相难看。为此，他采取的是井水不犯河水的战略，主张理智是人类用来认识自然、征服自然的天赋本能，这一点固然是很好的，但是自然界毕竟是个可以分割的空间，为了适配这个可分割空间，我们的理智也习惯了分割，比如把连续运动的对象用摄像机拍下来，逐帧分析，然后发现对象的运动规律。同理，理智也用对付空间的方法分割了时间，将时间也看成一个又一个离散的点。

柏格森认为，理智在面对自然这么做并得心应手的时候，只是对自然的适配，但人类的心灵并不是自然，如果要研究心灵，理智就不适配。因为知觉的对象是各种形象，但人类大脑也是一种形象，用形象去知觉形象，柏格森表示他接受不了。好吧，虽然引入集合关系还是可以绕过这个自指悖论的，但柏格森也不是完全没有道理。

由此柏格森推断有一种纯粹知觉（也就是意识流）是先天存在的，它不可分割，表现在时间上，那就是他说的绵延。一旦用理智去分割绵延，就会出现芝诺悖论，即阿基里斯就会永远追不上乌龟。现在，柏格森希望当我们从关注自然转而关注自身时，能换一种工具，不要用理智，而是用直觉，看看有没有新效果。

柏格森以为，直觉是一种关于心灵的形而上学，它并没有从理智中拿走什么，而是和理智共生，以另一种方式去掌握关于绵延、道德和宗教的知识。

那么，柏格森的直觉到底是个什么呢？这个直觉怎么才能理解绵延？

我们先说说绵延吧。绵延，就好像是一根时间面条，如果你想吃这根面条，可以哧溜一下全吸进去，但要是你把它咬断了，你就没法体验它连绵不绝的流畅感。柏格森把时间定义为不可分割的生命体验，这种定义是很武断的，但人家说了，请你们理性主义者和我们和平共处好不好，不要动不动就拿理智来分割好不好。好吧，我们就让他这么信马由缰地定义时间吧，大不了不理睬就行了。

要感受柏格森的绵延，就要有一颗与众不同的心灵。这颗心灵和我们日常生活中用来记忆的心灵不同，它是用来感知一种叫作"记忆—形象"的意识流，这种意识流无差别记录沿着时间线上的所有一切，并且不做任何切割，而我们一旦要回忆什么，就会从这个意识流上调用某个片段。儿童在调用能力上特别出众，所以儿童往往回忆出来的东西要比成年人有更多的细节，他们能把三天前看过的一部电影情节从头讲到尾，而大人能做的则是仗着口袋有钱，买票去电影院二刷。

同时，柏格森的这个接近巫术的理论，还可以解释心灵感应，因为作为纯粹知觉的意识流是公共的，大家都可以调用，那么，自然不同的心灵就可以联网了吧。在此，我再一次请求各位持理性主义观点的读者，耐下心继续读下去，你看的这本书里，像柏格森这样的非理性哲学家并不多，站在非理性立场的读者既然已经忍了我们这么久，这一篇我们应当也为他们让出至少一位哲学家的思想空间（其实远不止一位，但这位占的比重最大）。

这样的一种意识流，柏格森认为它并不是实体。所谓实体，就是自给自足无须他物依赖的独立之物。但是意识流不是物，它是运动，物是运动在某个瞬间的停格印象，相当于视觉暂留。运动才是柏格森对意识流的规定。然而，单单从文字字面上，我们真的很难把握柏格森所说的运动，就算你是一个非理性主义者，一时也很难误透。好在我们有几何学，我们可以拿几何学来举例：实体，相当于是一个点；运动，则相当于是一个箭头，这个箭头长度为零，这个特征和点一样，但它和点不同的另一个特征是：它有方向。

绵延，就是一根直线上，有无数个同一方向的箭头，间不容发地并排在了一起。

此外，柏格森还赋予了这样的意识流以卷积的结构：当我们提取这样的意识流成为属于自己的记忆时，我们并不只是简简单单地截取，而是在加入新的绵延内容后，将过去的每一瞬间再重新融汇一遍，产生一个新的完整的记忆，从而不断更新自我版本，让自我也处于运动中。也就是说，自我其实也不是实体。

现在柏格森把他的意识流推举到了一个永恒不灭的境界，人类以为自己的意识随着身体一起灰飞烟灭，只是因为人类得到的只是意识流的截取片段，以为这个片段结束了整个意识流就结束了。才不是呢，柏格森说，我们的心灵并不是挂载于截取片段上的，而是挂载于整个意识流上的，所以我们的灵魂是不灭的。

如何洞悉以上这一切？直觉。直觉可以依靠回忆，对整个意识流加以把握。柏格森在这方面并没有精心加以论述，我们只能举例说明。如果大家沉浸在普鲁斯特三卷本长篇小说《追忆似水年华》里，与他的意识流文字一起沉浮，那么这样的审美过程带来的绵延感，就是直觉造成的。说实话，普鲁斯特这部作品我从头看到尾，也的确被其中诸如玛德莱娜小甜饼给感动过，但我更多的体验是游离于这本小说之外，不断测量剩下的书页还有多厚，那种感觉生不如死，想要抓住意识流却往往不得其要。

为了摆脱人类和自然已经达成默契的技术理性，柏格森还让他的直觉和生命冲动直接挂上了钩。因为生命冲动和呆傻的物质完全不一样，它是不可分割的，是有机的，也是一路可以卷积下去，和绵延结构完全匹配的。柏格森为了进一步让大家理解生命冲动，用了不少比方：炮弹发射、骑兵突击、沸水翻腾……他一个劲地打比方，试图用生命冲动解释上帝是如何创造这个世界的。终于他成功了，并获得了1927年的诺贝尔文学奖。

在巨大的荣誉前，艺术家们欣喜若狂，科学家们一脸懵。哲学家则分成两个阵营，其中喜不自胜的是美国哲学家詹姆斯，他受够了康德以来的理性主义，所以在皮尔士的基础上发展了实用主义。但他势单力孤，现在看到有个非理性主义的柏格森冒出来，敌人的敌人就是朋友，更何况按照柏格森的思路，先天理性被勾销后，真理被架空了，一切价值的评估只能事后靠效果来检验，而这正是詹姆斯的实用主义所倡导的。

康德是很谨慎的，他给出的那个先天的理性保证，只能在脑袋里这么想想，真要出发去实践，康德赶紧就声明他那个保证是不可靠的，唯一支持人类的，只有人类自己猜想他们追求的道德是上帝所赞许的。但这样的支持也太玄了，所以黑格尔想出类似天人交感的方式，想把上帝接驳到人类可以把握的绝对精神上；叔本华勾销了自由意志，于是和印度吠檀多派不谋而合，成了一种很美也很没用的宗教；而尼采另辟蹊径，搞了个自相似结构，试图在永恒循环里完成超人模式，结果被纳粹接盘了去；马克思痛定思痛，决定在经济政治层面以劳动者的反抗来完成这个实践行动，最后也是一败涂地……

所有这些哲学家不同路径的努力都失败了，这宣告了理性主义已经走投无路。康德做得最伟大的一件事，就是把理性主义带到了临门一脚的地方，但接下来所有的上场队员，没有一个能把球射进球门。可以说，理性主义在实践层面是毫无作为的。由此，实用主义才会井喷。皮尔士之后，詹姆斯、杜威他们从美国开始发力，成功挑战整个老态龙钟的欧洲哲学界。

在这样的背景下，和理性主义反其道而行之的柏格森，想要不红都难。

两边一唱一和，理性主义的末日就这么来了。

虽然我并不是柏格森的迷弟，但这么一位脑洞奇大的哲学家，之后就再也没有传人，也是很可惜的一件事。也许他念念叨叨的纯粹知觉、纯粹记忆、生命冲动等等匪夷所思的概念，真的只是一次文学的狂欢吧，而文学，向来就是独一无二的。

推荐阅读：《材料与记忆》

罗素（Bertrand Russell）
1872—1970年
英国的威尔士
"理发师只给不给自己理发的人理发，那么理发师该不该给自己理发？"

第四十天　罗素

与前面几位不是偏文科就是偏理科的哲学家不一样，罗素可以说是一位文理兼通的全才，他获得过1950年诺贝尔文学奖，并与数学家怀特海合作十年，发表过天书般艰深的《数学原理》，虽然后来计算机的迅猛发展，让他这本厚厚的著作很快成了机器证明铁蹄下的冤魂，而后来数学家哥德尔更是给予了他致命一击。——哥德尔证明了，类似《数学原理》这样百科全书式的数学大观园，如果它里面没有自相矛盾的命题，那它就不可能穷尽系统里的所有命题。但上述这些打击，都没有妨碍他活到了98岁。

从小父母双亡的郁闷孩子罗素，在祖母的宗教影响下加倍郁闷地成长着。长大后，本着对愚蠢戒律不可遏制的反叛情绪，他两度在抗议政府的活动中入狱，但监狱生活似乎对他来说是小菜一碟：第一次他趁在铁窗里的时间把数学原理的绪论给完成了。第二次被捕时他89岁高龄，出狱后照样生龙活虎。罗素身体硬朗，一生愤青，在其去世的两天前，还在愤慨谴责以色列对埃及的轰炸。

不过，罗素并不如大众传说的那样是个伟大光明正确的天使化身。和大多数天才一样，他浑身上下没有一个地方不是缺点：他反对苏联，反对列宁，但也是他试图劝说英国与德国纳粹和平相处，并建议将甘地的非暴力不合作运动推广到德国；他对妻子不满意，于是不断寻找婚外情，当然他的几个情妇也不都是省油的灯，和他一样也到处劈腿。罗素把他的风流史坚持到80多岁，甚至还试图引诱自己的儿媳。总之，这是一个"德才并不兼备"的老色鬼，他对真理不可遏制的探求，对人类困难不可遏制的同情，对爱情不可遏制的追求，使得人类安排的一切社会规则，对他来说全都形同虚设。

在逻辑方面，罗素留给普罗大众最深刻的故事，莫过于他的理发师悖论，这个悖论讲的是："如果一个理发师只给那些不给自己理发的人理发，那么理发师该不该给自己理发？"听上去这个悖论不过是个语言游戏，但是，对数理逻辑学家们来说，他们搭积木高耸入云霄甚至还想继续朝上搭的逻辑王国，可算是崩塌了一地，且再也没了重建的指望。罗素后来自己想出了类型论来解决这个悖论，就是把理发师分出楼层来，这样原来的悖论就可以表述成：如果一个在一楼的理发师从来不给自己理发的人理发，那么他可以跑到二楼，这时他作为在二楼的理发师，就可以给原来那个在一楼的他自己理发了。总之，类型论就是拒绝让命题在计算过程中把自己也绕进去。

出现上述逻辑悖论的根源，在于罗素推崇的逻辑原子主义。逻辑原子主义认为，哲学的基础在于逻辑，如果能把逻辑不断还原到最小的单位，然后再分门别类加以组合，那么一切关于如何理解世界的烦恼，就都会烟消云散。现在我们当然知道这是一个千秋大梦，但在那个时候，哲学家和逻辑学家们还是很信奉这一点的。然而，当罗素把一切分解到原子命题后，他尴尬了，因为他发现不仅原子命题找不到对应事物，就算是原子命题组合构成的分子命题，也找不到对应事物。我们日常语言里提及的一切事物，都带着信念，相信它们都是稳定的，但罗素的原子命题是不能有"我相信""我以为""我觉得""我赌咒"之类的信念。可是，万物都在流变之中，罗素的每一个原子命题都无法锚定任何一个事物，当原子命题说"这是红的"的时候，它面对的是时间序列中一系列的对象，而不是仅仅只有一个。

赫拉克利特的弟子克拉底鲁曾扬言："人连一次都不能踏进同一条河里。"当时这个观点被古希腊人无情抛弃了，现在我们的罗素又把它给重新捡了回来，并把自己逼进了死胡同。他的原子命题中的原子，那些关于小到不能再小的颜色片、瞬间出现就消失的声音、谓词以及关系等等，都无法在我们的日常世界中找到对应元素，以至于逻辑世界和日常世界彻底分裂。维特根斯坦就是在这个地方忍无可忍，也和罗素彻底闹掰了。

不过这个事情也没维特根斯坦想得那么严重。把原子命题加上时间变量然后粗粒化，比如写成"这段时间这是红的"，这事儿应该还能糊弄过去。不过，讲心里话，皮尔士真的要比罗素聪明太多，皮尔士知道逻辑的基本单位到"3"为止，当然你可以继续拆解到"2"，或者"1"，乃至"0.000 01"，但那将不再是可以对语言、世界及整个宇宙进行刻画的工具。那只是人类刻画他们想象世界的玩具。

同样，罗素发展出来的摹状词理论，就是把好好的日常语言拆解成他自认为天衣无缝的理想语言，该理论也有一样的问题。当人们说"当前法国国王是个秃子"时，他非要改成："至少有且只有一个 x, x 是当前法国国王，并且 x 是个秃子。"因为罗素以为自己抓住了日常语言的虱了：法国现在已经没有国王了，现在只有怎么也搞不定恐怖主义袭击的法国总理。因此，"当前法国国王是个秃子"这样的句子，它的问题不是出在"国王是不是秃顶"上，而是出在那个摹状词，即"当前法国国王"。因此，这个摹状词必须从主词的位置被踢到谓词的位置上去，变成"x 是当前法国国王"。这么一个变换后，这个句子的真实性就可以判定为假，因为当前并不存在法国国王。

显然，在上述这个看似逻辑缜密的例子分析中，罗素也没有把时间变量给考虑进去，如果把摹状词理论改成含时摹状词理论，他就可以解释日常语言，至少可以解释这个倒霉的法国国王。在这事情上，足足过了好几十年，才有哲学家斯特劳森指出：如果在路易十四的时期，这样说毫无违和感。因为当时的法国国王路易十四，的确是个秃头啊。可见，哲学家一度想一劳永逸用静态逻辑去套动态世界的愿望，已经强烈到了冥顽不化的地步。

罗素还在 20 世纪 20 年代访问过中国，在像个"刘姥姥"般地游览完西湖美景后，他到北大去做了五个演讲，其中之一就是数理逻辑。虽说这是一次有趣的会面：一方代表着古希腊文明传承下来的逻辑推理，另一方代表着古中国文明沿革下来的类比推想，然而，这种蜻蜓点水式的造访，基本可用叶落无声来形容。是的，应该碰撞的时代早已经远去，罗素来晚了。

推荐阅读：《我的哲学的发展》

维特根斯坦（Ludwig Wittgenstein）
1889—1951年
奥地利的维也纳
"26年前我摸到了语言的边界，26年后我发现摸错了。"

第四十一天　维特根斯坦

作为被罗素羡艳不已的哲学家，维特根斯坦自有一番别致的魅力。有些哲学文艺青年谈起他的各种轶事来，脸上总会焕发出些许奇异的神采，因为他的学术生涯的确精彩到不可思议：他年轻时写的哲学思想，和中年后写的，几乎就是在以子之矛攻子之盾。很多哲学教授也带头热烈鼓掌，认为他的作品很深奥、很有内涵。不过有趣的是，数理逻辑学家哥德尔对此人作品的评价却非常低，同样情形也发生在哲学教授们口沫横飞大谈特谈的黑格尔那里——在爱因斯坦眼里，黑格尔那一套不过是一堆胡诌。

维特根斯坦中学读书时曾和希特勒在一个学校，两个人口哨都吹得很棒，性癖好也都和常人迥异，只是希特勒是个穷光蛋而维特根斯坦则来自富得流油的犹太家族。希特勒看在眼里记在心里，但富八代的维特根斯坦哪里知道希特勒的苦。

维家的家族成员都"特爱自杀"，维特根斯坦也不例外，这可能和他的性取向有关。作为天主教徒，他天天就跟自己的同性恋倾向做着殊死斗争。当时的舆论对同性恋是很压制的，这对其造成了巨大心理压力。但他好歹克服了一次又一次自杀的念头，散尽家财后，便到乡下去给孩子们教书去了。

他还真是个好老师，为了孩子们的营养，自个儿跑好远的路，翻山越岭地背一背包水果回来，分发给他的所有学生。然后吃完了嘴短拿完了手软，孩子被他扇耳光、被罚站，家长也不管了，估计欧洲那时候乡下人和咱这儿一样，觉得不打不成器。哪像现在，中国和欧美都甜蜜蜜哄着，动不动就是 you are great，you are different，结果长大了个个都自以为天下他最牛，万一不行至少还 different。挫折教育小时候不施行，长大就得更受挫折，所谓快乐教育，其实就是不吃苦中苦，永为人下人。东西方教育各有优劣，实在想不通，那就想想维特根斯坦是怎么教育孩子的。

维特根斯坦在晚年仔细反思了语言，最后他发现很多哲学上的问题其本质就是语言上的问题。如果我们真的能把生活中的世界仅仅当作生活世界来看，那就能建立起自然的思考方式。就这样，早年他曾将科学语言当作一旦到达神圣之地就可扔掉的梯子，但26年以后，他看到了更多的语言，并把所有语言全当作可以平铺散开的木篱笆。

维特根斯坦最能引起众人膜拜的思想，就是他提出私人语言是不可想象的。所谓私人语言，就是某人描述自己内心的某种情绪或者感觉，并且这种感觉是私人的，只有自己才能体会，别人就算听到，也不能理解他所描述的感觉到底是什么样的。比如我说我牙疼，牙齿是我的，疼也是我的，你怎么能理解我说的牙疼呢？

维特根斯坦认为，这种私人语言是可以转换成公共语言的，因为牙齿你也有，疼你也有，你跟我又是同一类生物，对疼的感受应该是一样的，所以这样的私人语言就可以翻译到别人的私人语言那里，成为双方的公共语言。也就是说，在交流的时候，私人语言就自动消失了。

基于上述原因，维特根斯坦认为，私人语言在公共语言里是不存在的，在公共语言之外的领域，则是不可想象的。然而，这个论证是有循环论证问题的：你已经定义私人语言不可公共度量，再定义公共语言必须公共度量，于是通过定义当然能得出公共语言不包括私人语言的结论，但这也算论证吗？

抛弃他缺乏可信度的论证，我们要问，私人语言真的就不可想象吗？

从认知神经科学角度看，私人语言在公共语言之外，仍旧是可以想象的：当"宝宝心里苦宝宝有话说"的一刹那，想要说什么的欲望却已经产生了。大脑里和组织语言相关的神经细胞，都在一起工作，无数电信号在词汇网络中不断建构，并最后形成一整套可以控制言说的电信号组合。整个复杂系统的演生过程，正是私人语言生成的时刻，这种私人语言虽然不可言说，但也是符号，可以被神经电信号所刻画。

所以当哲学说不清的时候，最好不要多说。维特根斯坦早期保持沉默的想法是明智的。他在罗素的基础上鼓捣出的图画理论，对他这个有读写障碍的人来说，可能是一种挺好的辅助工具，但对我们大家来说，不啻是一场语义学上的灾难。我们日常生活中的物理元素，不可能天生带有某种拼图一样的结构，可以让我们在现象学的语言里，依靠人工构造的语法，就可以一一找到与之对应的物理元素，并让它们拼起来。拼起来之后，我们再天真地以为，既然，已经拼成了语言，那就意味着也同步拼成了世界。天哪，这个模型真的是太糟糕了，简直爬满了臭虫。这帮欧洲哲学家真该放低身姿，仔细去读一下皮尔士的著作。

到了后期，维特根斯坦又以为抛开早年的图画理论，直接在日常生活中反复咂摸语言游戏就能找到他所想要的世界真相。这是一次更加错得离谱的努力。因为不需要他那些公共语言里的语言游戏，私人语言之间照样可以直接沟通。这叫心领神会，换作直白点的说法，那就是精子和卵细胞的基因融合。只要是符号，就没有符号干不成的事情。符号比语言更基本，你在应用层玩语言游戏，下面基础层的符号游戏却在玩你。

其实维特根斯坦只要安静一点，始终保持沉默，做好他的哲学界颜值担当，安心度过生命中的每一天，将私人语言和世界真相的问题交给现在的神经生物学、认知神经科学、计算神经科学、人工智能等等专家，哲学领域的巫术类探讨就可以更少一些。情怀对哲学来说是多余的，维特根斯坦对哲学家来说也是多余的。当然作为一名潜伏的宗教狂热分子，维特根斯坦并不多余。

罗素曾对在他书房来回踱步几小时焦虑不安的维特根斯坦有过一次调侃的发问，很多维特根斯坦粉对这发问很不以为然，但我认为，罗素是问到点子上了。

罗素：你到底在思考什么？逻辑，还是自己的罪？

维特根斯坦：都是。

推荐阅读：《哲学研究》

海德格尔（Martin Heidegger）
1889—1976年
德国的梅斯基尔希
"我们和世界的关系，就是天、地、人、神。"

第四十二天　海德格尔

海德格尔的一生，是各种"污"的一生，这些"污"交织在一起，成就了他混世魔王的哲学形象。奇怪的是，中国的哲学界对他却非常友好。自打陈嘉映将他那本《存在与时间》翻译过来后，20世纪差不多听说过这本书的年轻人，都愿意买上一本，并无限崇拜地看着他写下的那些大家基本看不太懂的句子。

现在随意从书里摘一句，让没接触过海德格尔作品的人，见识一下他的写作风格吧：

切近的上手事物的特性就在于：它在其上手状态中就仿佛抽身而去，为的恰恰是能本真地上手。日常打交道也非首先持留于工具本身；工件、正在制作着的东西，才是原本被操劳着的东西，因而也就是上手的东西。工件承担着指引整体性，用具是在这个整体中来照面的。

给大家一分钟时间休息，出去吸口新鲜空气，暗暗骂几句脏话，回来咱再接着聊。

海德格尔在这儿要说的就是：任何干活用的工件，都处于一个和人有关的因缘网络中，那些拿到手里就能用的工件，就是上手的。用上手的工件干活，我们就能进入这个先天就在的因缘网，凭着网上各个结点之间的指引联络，我们就能到达某个被揭示的自然世界。

那么如何才能让人们脱离这个世俗平庸的日常世界，去除遮蔽，从而观看到海德格尔所说的这个本真的世界呢？除了后来他唠叨的艺术和诗歌之外，海德格尔还留了一道很方便的法门：通过前瞻性来把握自己的死亡。

每个人都要死的，我们只是不去主动想这个事情罢了。但是如果能预先看到自己的死亡，就能反过来整体性地把握住自己的一生。在这里，海德格尔默默使用起了柏格森的绵延概念，但就是不提柏格森，仿佛他的"指引联络"全是他自己一个人凭空想出的一样。在我看来，海德格尔这个"窃贼"，只是在柏格森那个先天纯粹知觉的意识流上，添加了肌理关系，使得我们不仅能够轻易抓到死亡的那头，还能抓到诞生的这头，然后让自己的绵延和这个世界其他人与事的绵延相互交错形成网络，并以自己作为参照系中心，建立起一个带有亲疏远近度规结构的时空描述。

就这样，海德格尔这个没有受过数学和物理学训练的文科生，骨骼清奇，天赋异禀，竟然就用他那些奇怪的构词法和晦涩难懂的句法，开始挑战起了时空规范。上面提到的"指引联络"，在德语里是一个又臭又长的单词：Verweisungszusammenhang。通过这个单词，海德格尔硬是将已经是这个样子的世界赋予了一层网络关系，并通过上手这个最贴近每个人生活的结点，让世界图景在每个人的面前徐徐展开，并各有不同。

海德格尔的这个处理手法，和数学巨匠格罗滕迪克一些关于范畴的观点，竟然"心心相印"。在代数几何里，每一个概型（scheme）都应看作基于某个基概型之上的一个对象。也就是说，考虑一个概型，应该同时把伴随它的态射（morphism）也考虑进去。态射，就是概型之间的映射关系。在这样的知识底板上，我们更应注重研究这种概型之间的映射性质。我们可以发现，海德格尔是将我们的世界，用一种前代数几何的语言做了刻画。而由于代数几何的发展，让海德格尔也享受到了其思想也能用现代数学眼光加以欣赏的待遇，这得感谢我在法国读代数几何的朋友李莫提，是他的努力，让我提前十年对海德格尔的印象有所改观，否则，海德格尔在我的印象里，将永远像是一只发春的猫,在春天的深夜,挠着紧紧关着的门,哀号自己为何始终无法打开这本真的上手的门,出去看一下时空的本性。

我对海德格尔的成见如此之深,完全是因为希特勒发展起来后,海德格尔选择加入了德国纳粹党。之后,海德格尔出于政治风向原因,又跟人品挺不错的犹太裔学生兼情人汉娜·阿伦特分了手。而当雅斯贝斯夫妇陷入纳粹迫害困境中时,作为他们朋友的海德格尔,却无动于衷,默不作声。当然,人非圣贤,孰能无过,但是,既然你终其一生推崇"去除遮蔽、面对本真",那么直到死了都没为自己曾遮蔽于纳粹中而公开忏悔过,这样是不是又违背了自己所推崇的观念呢?虽然很多研究海德格尔的学者,对他的这种沉默态度百思不得其解,但这事情的缘由也很可能简单到根本不需想太多:海德格尔的本真世界和希特勒追求的纳粹世界,在尼采那里是一回事,说白了,它们都是想象出来的德国版漫威超人,在动画电影里,这些超人都很牛,在现实世界,其实就是一些幻想。海德格尔后来可能意识到了这一点,但他就是死不承认,而这正是愚笨之人的最大特点。

纳粹倒台后,海德格尔索性终日躲到山上的一个小黑屋里,向各方前来膜拜的人表演谁都理解不了的诗歌朗诵。作为一个诗歌朗诵者,我们有理由相信他是有天赋的:他的脑袋又方又大,吐起小舌音来,共鸣效果相信会跟手风琴一样好。这番哀伤忧郁的表演,最终还是打动了他的前女友阿伦特,阿伦特不计前嫌将他重新捧回哲学界,这种白娘娘返身救许仙的画风,一般也就中国传统折子戏里才能看到了。

也许当我们切近当时的历史情境,设身处地为海德格尔想一想,可能真会感受到他也有些难言之隐,所以才不得不暂时屈服于纳粹。但是,既然我们有了与之对照的其他德国流亡学者的名单,比如本雅明,比如布洛赫,那么,海德格尔就无法逃避我们对他的追问:你为什么不流亡?

哦,对了,因为他不是犹太人。

"语言是存在的语言,就像云是天空的云。"

我们难以想象,这样空灵曼妙的句子,竟然出于这么一个品德败坏的哲学家之口,也许当自我欺骗到达自我感动之境界的时候,圣人和骗子已经没有区别了吧。

推荐阅读:《存在与时间》

皮亚杰（Jean Piaget）
1896—1980 年
瑞士的纳沙特尔
"关系是第一性的。"

第四十三天　皮亚杰

任凭康德他们把人类认识世界的方案说得如何天花乱坠，也任凭维特根斯坦怎么引领哲学新时尚，把认识论拨转到语言论，引来罗素这类哲学同行的纷纷点赞，很多普通人还是会和我一样不信邪，冷不丁问一声：各位哲学大师，你们说的都是真的吗？你们做过验证了吗？人类能从你们的研究中得到什么好处吗？

无论是康德的粉丝还是维特根斯坦的粉丝，一定都会鼻孔里喷点冷气出来。也许罗素会率先跳出来，尖酸埋汰道：嗨，来人，给他们一人发一个红包，因为竟然有人想从哲学里得到点好处。

于是拿了红包后，我就带大家去找皮亚杰。这位和胡塞尔、海德格尔、维特根斯坦同时代的瑞士心理学家，他会告诉我们，康德他们说得都有问题，通过他对大量儿童认知心理案例的实验和观察研究，表明一切人类所掌握的逻辑、数学和语言，都是后天为了适应环境建立起来的心理规范和行为规范，那些先天存在的柏拉图式共相、感性直观得到的康德式知识，以及胡塞尔的意向性结构等等，全是些拍脑袋想出来的创意。而这些拍脑袋的创意本身才是心理学应该研究的对象。

这就是哲学家都很不愿意提及皮亚杰的原因。反对他们的思想，他们可以接受，反对他们的智商，换谁也没法忍啊。

有一种误解，以为皮亚杰想把逻辑和数学变成一种心理现象，仿佛没有心理活动，逻辑和数学就没法单独存在了。然而皮亚杰并没有激进到这一步，他承认人类是有一种能学习逻辑和数学的先天生理—心理结构的，他把它叫作格局（Schema），随着儿童和环境的交互活动逐渐增多，格局会慢慢从单个格局分化成多个格局，使得结构越来越复杂，最后达成逻辑结构。

皮亚杰认为，格局的搭建，是一个解构和建构的过程，其中每一个过程都是心理活动的结果，而不是那些想当然的形而上学思辨，去设想什么有自我意识的主体，然后再去设想什么被主体感知的客体，最终导致不是用先天知识结构去找寻对应客体，就是用客体对主体进行持续不断的烙印。

不。皮亚杰想说，连接主体和客体之间的中介，也就是关系，才是第一性的，它才是首先被建构起来的。在这里，我们又一次看到了皮尔士的卓越身影，他又一次领先于那批名气很响实则土得掉渣的欧洲同行。可以说，没有实用主义这一解毒剂，哲学里面的毒性将随着科学的进步而愈发弥漫扩散。

皮亚杰认为，婴儿在试图抓取物件的活动中，会根据自身位移变化，不断地把外部经验吸收进来，并进一步同化成新的格局，然后会逐渐分化出主体和客体，以及空间关系和因果关系。但这种因果关系仍然是心理形态的，如果脱离当前的情境，完全进入一个与主体无关的情境中，2～4岁的幼儿就无法完成相应的任务。而5～6岁的幼儿，他还不能掌握传递性。比如他可以做到区别A筷子比B筷子短，再区别B筷子比C筷子短，但他做不出A筷子比C筷子短这样的结论。除非他亲眼看到。当然，现在的孩子比皮亚杰那会儿看起来要聪明许多：皮亚杰那会儿，7～8岁的孩子要经过试错尝试，才能把十来根棍子从短到长全部正确排列出来，但是现在，我亲眼见过蒙特梭利学习班上的两岁多的孩子，已经可以在老师的指导下，完成这个任务了。在皮亚杰那里，主客体之间的关系，除了传递性，还有守恒性、闭合性等，它们都是在儿童成长的过程中，逐渐通过运演的方式，一步步建构起来的。

皮亚杰的这些研究也不是没有槽点。他很多实验都是直接拿自己的三个孩子当实验对象的，这也叫科学研究？皮亚杰也知道这样做没有说服力，所以后来他的研究初步形成规模之后，一度把样本数量扩增到了 1 500 人。现在，心理学领域已经发展出了日内瓦新皮亚杰学派，如果还有人想继承康德的遗志，那他至少应该掌握心理学这个学派的基本理论，否则又是头顶的星空加心中的道德律，却拿不出一点点实验数据支持，还跟我们说别指望从中得到好处，那还真除了给我们塞红包，就没什么办法让我们服气了。

与康德这些老一辈哲学家相反，皮亚杰做的所有实验，都不带任何超验的假设，这首先就博得了今天很多普通人的好感。但是，这并不等于说皮亚杰没有去想过这方面的问题。长久以来，人们一直在争论，数学是一种发现还是发明？当然大多数人认为是发现，也就是说数学定理早就先天存在着了，就算没有人类去发现它们也还存在着；而少数持发明观点的人认为，人类所有的数学定理都是自己凭着理性，从公理开始一步步构造出来的，自然界的运行和数学成果并无直接关联，这纯粹就是一场人类自娱自乐的智力游戏。现在，皮亚杰的观点是：数学是发明，也是发现。它是一个不断通过运演技能，将发现同化为发明的建构过程。同样，客体是存在的，客观结构也是在那儿的，但它们只能借助运演结构，才能被我们所认识。换句话说，人类如果是万花筒，我们就只能通过不断转动万花筒来理解所看到的世界。

推荐阅读：《发生认识论原理》

拉康（Jacques Lacan）
1901—1981年
法国的巴黎
"神神道道，苯功报告。"

第四十四天　拉康

如果说维特根斯坦是不可深究的，那么拉康就是不可阅读的。据说只有到现场参加拉康亲自开的研讨班，才能声闻他的思想真谛。现在，拉康已逝，让我们大大咧咧走近拉康的思想吧，不用惊慌，也不用管拉康信徒们的白眼，让我们这些不信神也不信邪的，看看这个其实并不懂数学却非要扯上拓扑学来装神弄鬼的结构精神分析大师，到底是一面能反映出我们读者本来面目的照妖镜，还是一个根本就照不出任何东西的空镜框。

1931年，儿童心理学家瓦隆发现，6个月大的婴儿会对着镜子里自己的形象痴迷很久，但同样年龄的大猩猩却会很快失去兴趣。由此瓦隆从这个"镜子测试"中，发现人类婴儿的行为存在着从镜像到想象、再从想象到象征的辩证运动。现在我们知道，根本不需要劳驾黑格尔那套"臃肿不堪"的辩证法，叫作镜像神经元的神经细胞已经可以解释婴儿的这个行为。然而，我们的拉康却在玄妙的道路上越飞越高，飞到了连黑格尔也望尘莫及的高度。在这个高度上，拉康根本不屑于提及瓦隆的名字，他直接将"镜像阶段"理论全划归在了自己名下。

当然，镜像理论的成功，更多的是一场文学领域修辞术的胜利。在转喻和隐喻等文学算子加持下，你不能说拉康对，也不能说拉康错。就跟中国的中医一样，拉康学派可以举出一堆成功例子来为他们自己的理论辩护，而当我们提出要做双盲测试时，他们一致以没有两片树叶是一样的缘由，拒绝进行统计检验。因为他们认为，每个个体都有自己的特点，必须对症下药，才能药到病除。也就是说，他们都是只做循例治疗，不做循证治疗。这也是崇尚科学的人们最诟病他们的地方，并将他们的理论一并归为伪科学。

不客气地说，拉康的镜像理论就跟弗洛伊德的俄狄浦斯情结一样，都是一种在解释中能产生效果的修辞学。修辞学不讲究对错，只讲究说服。从古希腊那会儿开始，智术师们的修辞学就被苏格拉底所诋毁，但现在修辞术在拉康这里，却得到了塔罗牌般的加持。各种排列组合再各种洗牌切牌，弄得参与者眼花缭乱，五迷三道。如果你就这样被说服，那就是拉康学派的胜利；如果你没有被说服，那就说明你不适合做精神分析治疗，你是一个不合格的病人。

拉康为什么坚持要你去他的现场听研讨会？因为他深知只有在现场，你才有机会被周围营造的氛围所裹挟。是的，他是一位传说中的大师，周围坐着的，全都是比你还牛的同行或比你还铁的拉康崇拜者。想象一下当时的场景吧：提早一个小时来都找不到位子，800人挤在一个只能容纳650人的会场，大家焦灼等待大师的上场，然后在他迷人的风度中，彻底迷醉，只感觉他口灿莲花，让你如沐春风……布道结束，所有人都信了，你要还不信，那一定是你脑子有问题。

拉康建立了一门不承认自己是通灵术的通灵术。没有一个信徒愿意说他们从事的就是通灵术，他们都坚持他们是在做精神分析，虽然这两者差别其实并不大。一般来说，一个毫无头绪的理论，要么是一个伪装的理论，要么是一个伪装失败的理论。拉康的理论可以说是毫无头绪的，并且盘根错节云山雾罩，同时各种狡黠阴险的坑他一个都不会忘记挖。篇幅所限，让我们就先从刚才提及的镜像阶段切入吧。

拉康是从婴儿认识这个世界这个角度开始他的整个镜像阶段的构思的：

婴儿降临在这个世界，对他来说这就是一次灾难，对母亲的欲望被生生扯断，诞生创伤让他成了一个无法身心协调一致的被抛物。现在，婴儿需要另外寻找依赖对象，他通过镜子看到了自己。这就是"自恋"的开始。婴儿把镜子里的自己，当作理想的自我，那个理想的自我在父母、亲戚、邻居中的夸赞声中，被加工成了一个完美无缺的天使婴儿，然后这个异化了的天使婴儿会被当作他本人，再返回到他对自己的认知中，成为他的自我理想，而原先那个混乱的碎片了的被抛物婴儿，则被压入无意识中封存了起来。

我们且不管上述这个自我认同的回路有无科学上的实验支持。我们要知道的是，拉康是很有野心的，他醉翁之意不在酒，他需要用这个镜像阶段的结构去融到更多的解释资本。于是他就扩展这个结构，将它运用到方方面面，比如把婴儿替换为任何一个成人，镜像中的天使婴儿就是这个成人对自己未来的理想期待，这个期待也许就是父亲、老板、国家领袖、上帝等因父之名而写下的大写父符，他再把这个大写父符拉回到自己的内心意识中，成为自己的榜样。这个时候拉回来的这个我已经不是原来的我了，而是一个充满了别人的欲望却被误认为是自己的欲望的我。这个误认迟早要被自我发现，于是这个自我势必会再度出发，离开镜像阶段，到下一个阶段，也就是语言阶段，去寻找能满足自己的欲望。

拉康把整个欲望流动设计得非常复杂，复杂到不听他本人讲解你简直没法啃，然而听他讲解了你也不一定能听懂，因为拉康动用了数学符号，以及图形、箭头乃至拓扑学，画了一张张牙舞爪的欲望图。然而不妙的是，所有拉康使用的这些似是而非的数学工具，在我眼里，都只不过是一些符号学上的拟态。——在昆虫世界有一种蝴蝶叫枯叶蛱蝶，它双翅合拢停歇在阔叶树的枯叶中时，你是很难把它从一堆枯叶中分辨出来的。这种演化生物学上的拟态，经常是用来迷惑对手的。而拉康将这些数学工具用来拟态自己的理论，显然也是为了迷惑广大信徒，让他们更加看不懂。

至于文学，当然更不可能逃过拉康的手掌心了。拉康借用文学中的转喻和隐喻，来帮助他完成对无意识的描述。转喻，就是比如把士兵比喻成剑；隐喻，就是比如把士兵比喻成长城。现在，拉康让"转喻"在下面水平运作，把索绪尔的能指—所指拆开，让能指成为一个没有所指的空洞，然后再把空洞了的能指串在一起，在"转喻"上装配好并让它在"转喻"上来回滑动，

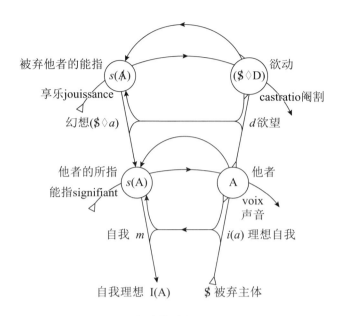

拉康的欲望图

直到与一个傀儡般的言说主体相遇,产生共时性的隐喻,把句子输送出来。然而拉康声明,别人是无法直接通过这说出的话,来识别言说主体的,因为别人和说话者两个主体是不能直接沟通的,他们被一道语言之墙隔断了……

如果大家没看懂上面都写了些什么,那不是大家的问题,也不是我的问题,因为拉康的精神分析要是这么容易懂,他们还怎么培养分析师赚你每小时几百欧元呢?一切巫术都有一套防御机制,把自己弄得繁复无比就是其中的一种防御策略。作为一种治疗方案或谈判技巧,占卜师或谈判专家的确需要将自己的知识武装到这般地步,才能有充分的理由说服人,并收取报酬。这就叫专业精神。

想当年,超现实主义画家达利把妄想性精神病当作一种可消费的资源时,心里还是有点惴惴不安的,他那些怪诞荒谬且艺术水准平庸的作品,急需一个强有力的话语解释,才能让他高枕无忧。拉康恰逢其时地出现了,两人几番促膝长谈后,达利获得了来自修辞术的信心,拉康拿到了分析实例。从此,欧洲那批左翼知识分子要是能得个精神病,就跟当年那些贵族巴不得染上肺炎一样,真是兴奋到连小命都不要了。显然,这股装疯卖傻的精神病风潮,至今还没消退,不过这病倒是蜕变出了一个新名词,叫白左。

尽管我对整个拉康学派很不友好，但我也明白，人类不是仅仅靠科学在进步，拉康和弗洛伊德以及荣格、阿德勒他们，都在从另外一面在迂回驱动人类的进步。同理，中医等等前科学理论，也一样可以在这样的辩护中获得同等的合法性。所以，善待拉康，善待拉康思想的追随者，是占据人类思想营养链顶端的我们，应该持有的平和心态吧。

推荐阅读：《雅克·拉康：阅读你的症状》

波普尔（Karl Popper）
1902—1994 年
奥地利的维也纳
"一切宣称永不出错的，都不是科学。"

第四十五天　波普尔

　　了解完巫术哲学的花花世界，让我们进补一些来自现实世界的干货吧。1919 年 5 月 29 日，趁着日全食的机会，爱丁顿爵士带着观测队，在地球上两个不同的地点，对水星进动现象进行了观测。观测数据表明，爱因斯坦的广义相对论，可以比牛顿定律更好地解释水星进动现象。当大家以为爱因斯坦就是永恒真理的时候，爱因斯坦却又宣称，自己的理论也有可能被更好的理论推翻……

　　波普尔被上述事件吸引了。因为在当时，弗洛伊德主义等等各种主义，都号称它们的理论是科学的，也是正确的，但恰恰爱因斯坦承认他的理论有可能是错的。好吧，这是怎么回事？波普尔陷入了沉思，并就此一头栽进了证伪的思辨之中。这个想法贯穿了他的一生，这使得他在哲学上的成就多少显得有些单调乏味。

　　证伪说起来也不难，往俗里讲，就是找反例。因为我们很多全称命题类的知识都是归纳来的，只要有一个不同，这个归纳来的知识就变得不太可靠。比如，所有天鹅都是白天鹅，那你只要找到一个黑天鹅，那所有天鹅都是白天鹅这种说法就没法成立。当然，这只是举例子而已，所以显得没啥了不起，但在社会应用中，由于面对的知识系统异常复杂，有一个这样的证伪工具，在一定程度上就会相当管用。

波普尔认为，凡是一门学科允许大家给它找反例，那它就是科学，否则，就是伪科学。按照这个简单粗暴的标准，他认为精神分析、占星术、进化论、马克思主义乃至数学都不是科学，因为它们都没法证伪。结果，好多学科都费了不少唾沫星子，表白自己愿意接受证伪，并能在证伪中成长，除了神学。因为神学家们都明白，"好神不吃眼前亏"。

在波普尔之前，曾经有过一个叫休谟的胖子。他认为通过归纳推理得到的因果关系是不可靠的：过去每天早上太阳从东方升起，所以我们归纳出明天早上太阳还会从东方升起。这样的因果律很可能只是一种心理上的连接，没有任何理性保证这个归纳法不会出错。并且，这种归纳法要得以成立，那它的前提就需要归纳证明，然而前提的前提还是需要归纳证明，这样就陷入无限倒退的泥潭之中。

康德被休谟这个结论吓了一大跳，据说是这个结论把他从独断论的迷梦里惊醒了。所谓独断论，就是无条件相信有一种完美知识早就存在，根本不需要证明。现在，轮到康德必须好好考虑这个问题了。他苦思冥想，因为提问题很容易，解决问题才叫一个难啊。最后，康德想出的招数是：因果关系的确如休谟所言，是被归纳出来的，是不可靠的。但是，这么多人都能运用同样的归纳法，得到同样的结论，说明人类先天预装了统一的认知结构，就像很多电脑都已经预装了 Windows 系统一样。那么，这个预装的认知结构因为本身就已经带着因果范畴了，所以才导致人类能够将过去的太阳升起经验当作原因，明天太阳必然升起当作结果。因此，这整个推理的背后，是由先天的知识结构来保证的。

康德的努力当然迎来一片叫好，但人类额手相庆的幸福日子转瞬又到了头。波普尔沮丧地发现：在爱因斯坦之前，我们人类都普遍认为，牛顿的刚性时空是完美无缺的，时间和空间都是那么均匀与平整，就像一块透明无瑕的冰。牛顿的这个时空观，获得了当时几乎所有人的一致同意，成为预装的先天知识结构。但现在，爱因斯坦的广义相对论硬是把冰搞成了有嚼劲的牛轧糖，时空变成了可形变的几何，并且和有质量的天体互相影响，有如让牛轧糖和嵌在里面的花生成为一体，成为花生牛轧糖。

这意味着康德的先天知识结构本身就不是一成不变的。波普尔必须另起炉灶，为人类的理性寻找新的坚实大陆。在这样的背景下，波普尔找到了证伪法。不过他也清楚，这只是一种测量方案，并不是什么真理，所以不要问他，谁来保证证伪法本身是不是可以被证伪。

不过，波普尔没有想过的是，科学命题并不是全部以全称命题给出的。比如如果我们宣称："世界上所有奶粉都曾大量添加三聚氰胺。"这个命题当然可以被轻易证伪。但是如果不是全程命题，改成："中国的三鹿奶粉曾大量添加三聚氰胺"。这个单称命题你就没法证伪，因为它是具体发生过的一个犯罪事实，你只能证实。

此外，波普尔这套做法，也会导致黄钟毁弃的恶果。在科学研究里，虽然很多命题不能出错一次，但也还是有很多命题，是允许出错几次的。就好比天气预报，我们不会因为有几次它误报了，就说天气预报是错的，今后就不要天气预报了。因此，像广义相对论、量子场论这些理论，如果因为和少数一些经验数据不适配就立即毙掉它们，那也太可惜了，就算经验数据没有犯错，理论也可以放软身段调整一下的；相反，像所有天鹅都是白天鹅这种命题，就算被证伪也没什么大不了。而事实上，人们也真的在1697年4月发现过黑天鹅，那又怎样，科学毫发无损。

波普尔的著作，有着令人罕见的清晰与明澈，这让继承黑格尔、马克思、海德格尔、拉康这些神神道道哲学的学者们很难堪。他们反驳说，这个世界人类知识不只是由科学组成的，现代性危机也不是只有靠科学进步才能解决。是的，他们的反驳是站得住脚的，但实际上都在杞人忧天，因为波普尔并不是一个科学决定论的信仰者，他很清楚，面对开放的复杂系统，预测其未来的系统状态是不可能的；不过，基于同样理由，想要预测人类的历史进程，并认为这是科学的预测，也是不可能的。波普尔管这种虚构的信心叫作：历史决定论的贫困。

不少理工科背景的朋友，对波普尔这人有着毫不掩饰的喜欢。可见波普尔当年面对维特根斯坦时的表现实在太可圈可点了，相形之下罗素就显得有点弱了。据说那一天,维特根斯坦盛情邀请波普尔去讨论班上发言,结果波普尔说着说着,因彼此观念不合,就和维特根斯坦对掐起来。维特根斯坦天生有言语障碍这大家都知道,他一时激动,话说不上来,只能顺手操起一把火钳,大开大阖挥舞着,比比画画,欲以佐证自己的哲学论点。面对此情此景,波普尔忽然跳戏,沉静地说,请你不要对请来的客人这么无礼。维特根斯坦没想到对手会来这一招,大怒,拂袖而去。

波普尔有时就是这么"戏精"。

推荐阅读:《猜想与反驳》

哥德尔（Kurt Gödel）
1906—1978年
捷克的布尔诺
"可以证明，像上帝G(x)是存在的。"

第四十六天　哥德尔

  这位有哲学头脑的数学家，可能是继庞加莱之后第二位令人头疼其思想的伟大人物，他的所作所为，不仅破坏数学界的美好愿景，也把很多不喜欢数学的读者推到了更甚的地步。因为他的成果，对谁都是一场不大不小的灾难，让每个人都意识到原来我们人类离神还差很远。

  20世纪初，人类发现从古希腊开到今天的"千年老店"，渐次遭遇到了可怕的威胁，那是一群犀牛般的悖论，诸如理发师悖论，什么的，它们总是隔三岔五闯进店里，横冲直撞，胡作非为，将人类精心陈列的理性瓷器，撞成一地碎片。作为人类最高理性的数学，现在也开始自身难保了。面对此等景象，数学家领袖希尔伯特站在店门口，挥动扫把振臂高呼，要众数学家齐心合力，拿起拖把扫帚和抹布，一定要把犀牛们赶出去。两年后，也参与保卫"千年老店"的数学家哥德尔忽然停下来，想了想，摇摇头，写下一串证明，于是希尔伯特这计划就完蛋了。哥德尔证明的这两个不完全性定理，仿佛是从天上对着这瓷器店接连砸下的两颗陨石。

这件自家人拆自家台事件,对文明世界产生的震动非常大。因为作为"千年老店",如果能始终保持完美无缺,那就说明人类的理性完美无缺,不信神的可以认为人类果然无所不能,信神的可以认为上帝给予人的理性果然天衣无缝。但现在哥德尔这么一砸,守店不成还毁了店,这等于同时羞辱了无神论者和有神论者两拨人。你说,领袖希尔伯特看着能不着急吗。

本来,照希尔伯特他们的纲领,数学如果能把所有的证明,建立在起初几条大家都放心的公理上,再一步步严格推导出来,那么所有这些证明结果,就可以全当作安分守己的"瓷器",高枕无忧地摆放在店里,世世代代保存下去的。当然,为了防止各种"悖论犀牛"乔装打扮,装扮成人畜无害的样子混进来,希尔伯特约定了安保方案:第一,所有被考察的古典数学,都要转换成没有意义的形式符号;第二,用转换出来的形式符号对古典数学进行构造时,不能赖皮,认为没完没了是理所当然的,也就是说,证明必须在有限步骤内完成;第三,证明结果必须无矛盾。

希尔伯特这个方案,如今叫作证明论。证明论的伟大之处在于,它试图通过有穷步骤来逐步构造出所有的数学成果。哥德尔起初也是参与这伟大任务的大将之一,然而做着做着,他发现了问题。通过他自己设计的一套编码系统,经过一系列巧妙操作后,他发现当面对"本命题不可证明"这样的命题时,如果它是可以证明的,那么这个命题是真是假就没法判定,就跟理发师悖论一样,会成为一个悖论;可如果它是不可以证明的,那这系统就做不到保证一切命题彼此间都没有矛盾。以上这个就是哥德尔的第一不完全性定理。另外还有个第二不完全性定理,是说如果一个数学系统是无矛盾的,那么这一点在这系统内是证明不了的。

希尔伯特不甘心就这样被砸了店,他明白靠有穷步骤得到无矛盾性这条路是行不通的,他必须作出让步,那就是放弃安保方案中的第二点要求。接下来事情就好办了。后来逻辑学家根岑在超穷归纳法的基础上,好歹解决了哥德尔带来的麻烦。但这毕竟不是希尔伯特想要的。无神论者和有神论者也对此不满意,因为靠无穷步的步骤,谁也保证不了会不会再次混入悖论犀牛。

这件事情对哥德尔本人也触动很大。既然理性不能证明自己十全十美,那就换个思路，如果能直接证明上帝十全十美，就可以轻松得到推论：理性是十全十美的。作为一个信神的逻辑学家和哲学家，哥德尔在潜心研究了安瑟伦的本体论证明后，准备冒险一试。那么，他有可能做得比安瑟伦更好吗？

请允许我在下面的左边一栏，列出哥德尔的证明过程，而在右边给出翻译和注释。虽然这是不可能做到精准翻译的 [比如正特性（positive）我全部转译成了善，免得理解起来还要绕弯子]，但至少能让不熟悉形式逻辑的人，也能领略到哥德尔的烧脑乐趣和大胆野心。这个证明已经被无数人吐槽，我愿意将之介绍给更多人，让更多的人一起参与，这叫众人吐槽口水多。

哥德尔的证明过程	通俗但还是需要你再认真一点才能看懂的翻译和注释
	定义部分
Df.1. $G(x) \Leftrightarrow \forall \varphi[P(\varphi) \to \varphi(x)]$	翻译：定义1：$G(x)$ 像上帝，当 x 的一切性质 φ 都是善的。 注释：左边，x 表示宇宙中的某个物体，G 是上帝算子，它就像一台上帝机器，可以吞进一切物体，排出其中像上帝的部分 $G(x)$。对人来说，就是理性那部分被排出来了，对魔鬼来说恐怕就是啥也排不出来。而对上帝，则排出来的是上帝。 右边，∀ 表示任意，φ 是性质算子，它好像是一台性质机器，可以把物体吞进去，排出来的是关于物体的性质 $\varphi(x)$，比如白富美，比如穷矮矬，等等。 P 是善算子，它好像是一台善机器，可以把任意的东西，比如性质 φ 吞吃进去，排出来的都是其中关于善的部分，也就是 $P(\varphi)$，一股子满满的正能量。 本定义的意思就是，检查某个物体 x 身上任意一个特性 φ，如果发现全是满满的正能量，也就是说，浑身上下都是善，真是"吃善排善，吃嘛嘛善"。那么，它就和像上帝 $G(x)$ 是一回事，彼此间可以互推。
Df.2. $\varphi\ ess\ x \Leftrightarrow \varphi(x) \wedge \forall \psi\{\psi(x) \to \Box \forall y[\varphi(y) \to \psi(y)]\}$	翻译：定义2：定义一个物体 x 的性质 φ 为一种本质，等价于在定义一种特殊的性质 φ，它是一切其他性质 ψ 的来源，也是它自身的来源。 注释：ess 是 essence 的缩写，就是本质的意思。在神学里，本质指的是那种靠自己能够成立的性质，不需要依附于他物。□ 表示必然。∧ 表示析取，就是取相同的部分，比如白马和马的析取就是马。

续表

哥德尔的证明过程	通俗但还是需要你再认真一点才能看懂的翻译和注释
Df.3. $E(x) \Leftrightarrow \forall \varphi[\varphi \text{ ess } x \to \Box \exists y \varphi(y)]$	翻译：定义3：必当存在E(x)，等于在说：对x的任意一个本质φ，必然存在一个例示y。 注释：E是哥德尔定义的一个算子，表示必当存在。什么叫必当存在呢？就是对x的每一个本质φ，都必然对应着一个实际存在的物体y，其中y能表现出φ这种特性。（□表示必然，∃表示存在，合在一起就是必然存在。） 预警：这是一个很危险的动作，哥德尔为了不让存在成为谓词，再蹈安瑟伦的困境，就来了这么一出戏，相当于在说：如果上帝存在，那上帝把他的善分给了所有天地万物，这是必然的。所以这里将E表达为必当存在，和模态逻辑运算中的必然存在分开。
公理部分	
Ax.0. $\Box \exists \varphi P(\varphi)$	翻译：公理0：天地万物之间必然存在一些是善的性质。
Ax.1. $\Box [(\forall x\{[\varphi(x) \to \psi(x)] \wedge P(\varphi)\}) \to P(\psi)]$	翻译：公理1：在人类一切性质中如果只考虑善的性质φ，那么再继续推导出来的也只可能是善的性质ψ，不会有其他不是善的性质。
Ax.2. $P(\neg \varphi) \Leftrightarrow \neg P(\varphi)$	翻译：公理2：善机器如果吞下去的，是性质φ的否定¬φ，那么¬这个否定算子会被当作呕吐物（不是排泄物），直接呕吐在机器P的一旁，排泄出来的是性质φ中间的善性质P(φ)，这过程反过来也一样。 注释：¬表示否定算子，¬恶就是善，¬善就是恶。这条公理表明，善机器对否定算子完全是吃进去吐出来，一点不消化，也就是说，善和恶是泾渭分明的，没法混一起。
Ax.3. $P(G)$	翻译：公理3：G的性质是善的。 注释：上帝算子放进善机器里，排泄出来的果然是百分百的善。
Ax.4. $P(\varphi) \to \Box P(\varphi)$	翻译：公理4：φ的性质为善，必然φ的性质为善。 注释：前半句是个肯定命题，但是不涉及可能性和必然性，后半句则是模态逻辑里面的必然命题。一般来说，肯定命题为真，必然命题一定也为真，但反过来就不一定。这句话合起来的意思就是：善在一切可能世界里，全部为善，没有例外。
Ax.5. $P(E)$	翻译：公理5：把E算子放进善机器里，排泄出来的性质也是百分百的善。 注释：E和G都是好得不能再好的算子，但它们的作用各有不同。E是把性质分布到所有物体去，G是把性质中属于善的提取出来。

续表

哥德尔的证明过程 证明部分	通俗但还是需要你再认真一点才能看懂的翻译和注释
Th.1. $P(\varphi) \to \Diamond \exists x[\varphi(x)]$	翻译：定理1：性质φ的善，可能存在于物体x中。 注释：◇表示可能。这是根据公理0、公理1、公理2一系列逻辑运算得到的结论，很繁很细节，略了。
Th.2. $\Diamond \exists x[G(x)]$	翻译：定理2：可能存在一个物体x像上帝。上帝可能存在。 注释：根据定理1，我们知道从一个善的特性可能找到对应的拥有善的物体，那么把G代入定理1中的φ里，我们会得到：$P(G) \to \Diamond \exists x[G(x)]$。那么现在根据公理3，我们知道P(G)是成立的，于是$\Diamond \exists x[G(x)]$也成立了。
Th.3. $G(x) \to G\, ess\, x$	翻译：定理3：某物体x如果像上帝，那么上帝算子G是x的本质。 注释：这个证明思路比较难，大家可以跳过去直接看下一个证明，下一个很方便，会给你已经完全掌握数理逻辑的错觉。本证明过程大致如下：先用公理2，把定义1的$\forall \varphi[P(\varphi) \to \varphi(x)]$变换成引理1：$\forall \varphi[P(\varphi) \leftarrow \varphi(x)]$；再结合定义1得到引理2：$G(x) \Leftrightarrow \forall \varphi[P(\varphi) \Leftrightarrow \varphi(x)]$；然后从定义1经过一系列变换得到引理3：$\forall \varphi\{P(\varphi) \to [\Box \forall y(G(y) \to \varphi(y))]\}$。最后根据引理2和引理3：$G(x) \to G(x) \wedge \forall \varphi\{\varphi(x) \to P(\varphi)\} = G(x) \wedge \forall \varphi\{\varphi(x) \to [\Box \forall y(G(y) \to \varphi(y))]\}) \to G\, ess\, x$
Th.4. $\Box \exists x G(x)$	翻译：定理4：必当存在一个物体x，它具有像上帝的性质。 注释：把定理3代入定义3，得：$\forall G[G\, ess\, x \to \Box \exists y G(y)]$，即$\Box \exists x G(x)$，也就是E(x)成立，即x必当存在。

（以上证明参考：维基百科哥德尔本体论证明。）

我知道很多人只关心一个结果。哥德尔到底有没有成功地证明了上帝的存在？

当然没有。

但对少数数学家，至少对哥德尔自己，应该是完成了证明。因为哥德尔的上帝不同于爱因斯坦的上帝，也不同于雅各的上帝，他的上帝就是一个形式系统。在形式上，他找到了刻画普遍善的证明，但这个普遍善是完全形式化的，它没有任何实质性的内容，就像是一个筐，什么都能往里装。按照我的好朋友晃晃的说法，那就是你随便设置一套善恶观，都可以找到一个相对应的上帝。但对哥德尔来说，筐本身就是上帝，所以证明完毕。

那为什么哥德尔敢这么定义呢？我猜是因为柏拉图支的招。柏拉图认为，某种型相如果是存在的，那就同时是完美的、善的、真的，然后，哥德尔在这个基础上，还强调它是必当存在的，因为善就意味着自带必然存在这个属性，于是，它就必当存在了。

可问题是，如果这某种型相并不存在呢？这事情哥德尔没有去说明，可能在他眼里，善属性和必然属性都是天经地义的，所以逆推回去，一定找得到所对应的那个型相 $G(x)$ 吧。至于逆推回去，我们找到的是耶和华，还是撒旦，这就看每个人对善的定义了。

总之，哥德尔找到的筐上帝，对我们来说，可真是竹筐子打水：一场空欢喜啊。

推荐阅读：《哥德尔》

阿伦特（Hannah Arendt）
1906—1975年
德国的汉诺威
"恶就是平庸的。"

第四十七天　阿伦特

啊，终于有一位排得上号的女性哲学家了。然而这位身躯高大的犹太女人，虽然年轻时长相秀美，但看上去还是有点令人望而生畏，而她的性格也是走刚硬一派，总之她的形象就是德国神话里女武神的现实版，所以软木头塞子一般的有妇之夫海德格尔自然就被这个女学生给弄得神魂颠倒。但可惜的是，最终他们没有结合。估计是海德格尔受不了她这杆大烟枪在吞云吐雾方面的杰出造诣，但更可能的原因，则是阿伦特的犹太身份让海德格尔意识到自己是在纳粹眼皮底下玩火。后来，阿伦特带着满脑子沉思和满口袋香烟成功逃到了美国，并在战争结束后，又返回德国挽救了老情人的学术生命。

受马克思和海德格尔的双重影响，阿伦特把人类的操劳行为，分为劳动、工作和行动。对于劳动，阿伦特认为人和动物没有区别，动物也一样在劳动，比如屎壳郎为了给下一代足够营养，它必须非常忙碌地收集粪球。所以劳动没有马克思说得那么神奇，有了劳动，人类只是可以减少重复的循环行为而已。

比如你爷爷造好四把椅子，你要是用着觉得还舒服，并且椅子也没坏，就可以再传给你儿子，这样，至少有两代人不用再造椅子了。当然，这是在私人领域说的，所有的劳动产品，目的并不是他人的生产与消费，而是自己的一亩三分地，劳动会让人类的生活空间出现一种暂时稳定的状态。

工作则是比劳动复杂了一层。因为从私人领域升级到社会领域后，公共空间和私人空间鱼龙混杂，人们的劳动行为就成了工作。为了某种目的，比如你在流水线上装配苹果手机的某个零件，这份工作让你失去了自我，成了一个个孤立且不自由的状态。这种状态如果恰好遇上极权主义社会空间，那这样的工作其实就是在制造罪恶，而生产者却浑然不觉。

为了摆脱工作所带来的人的异化，阿伦特把目光投向以艺术为代表的一种活动方式，并认为这是一种特别的工作，也就是行动生活。行动并不是实用的，也没有合目的性，它只是创造了一个表象空间，让所有人能打破隔阂，创造一个政治共同体。在共同体里，语词不空虚，行为不野蛮，因此，并不是劳动最光荣，或者工作最光荣，而是行动最光荣。在这样光荣的行动中，宽恕和承诺是必要的素质，宽恕能让行动生活中产生的差错得到谅解，承诺则能让人们不会去做事先没声明过的危险尝试。

如果没有遇到艾希曼，阿伦特也许就永远这个样子了，写点不痛不痒的哲学著作，参加一些可有可无的研讨会，最后死得毫无声息。但是，和艾希曼的相遇，让阿伦特像是被剥了一层皮。她不仅自己思想上被剥了一层皮，还把很多人思想上的皮也残忍地剥下来了。

艾希曼，26岁加入纳粹党，36岁参与万湖会议。那次会议上，纳粹通过将犹太人最终解决的方案，这个方案直接导致600万名犹太人被处死。之后，艾希曼被任命为协调和管理将犹太人押送死亡营的后勤工作。1946年，艾希曼逃过美军追捕，定居在了阿根廷。1960年，他被以色列特工绑架回以色列并于1961年被判处绞刑。

当时阿伦特极度想要采访这个受审中的罪犯。她的导师雅思贝尔斯并不赞成她那样做，因为整个绑架行动在雅思贝尔斯眼里算不上什么正大光明的举动，但阿伦特还是坚持自己的想法，并得到了采访机会。

本来，在众人预料中，这应该是一次胜利方对失败方的报复加炫耀式的采访。然而，出乎意料的是，阿伦特在和艾希曼近距离接触后，认为对方是一个在言谈和思考上都很低能的人，说来说去都是一些陈词滥调，一些现成的纳粹宣传用语。这个独特的见解让她为《耶路撒冷的艾依曼》一书添加了一个副标题："一份关于平庸的恶的报道"。

舆论一时为之大哗。好多她的犹太好友都与她断绝了关系。但哲学就是一门不合时宜的学问，阿伦特必须说出她的真实想法，这叫如鲠在喉，不吐不快。

阿伦特可能在采访前已经预设了某种极端邪恶的立场，她自己身为德国犹太人，流离失所，经历了整个纳粹的暴行史，所以她已经把极端邪恶当作一种天经地义的概念，然而艾希曼的表现把她的预设硬生生来了一个一百八十度的大转弯，"nicht einmal unheimich"（他一点也不粗野），以至于她认为艾希曼只是因为不思考，于是他才促成了那些邪恶行动的发生。她认为这就是平庸的恶。此外，阿伦特也和雅思贝尔斯持相同观点，即认为把艾希曼绑架到以色列审判是不正义的，所以综合起来看，无论阿伦特在论述中表现得如何理性、客观、中立，她依旧很容易被人们误以为是在为纳粹罪行开脱。

阿伦特遵行自己的思考，不为流俗意见所左右，显然她在追求一种更高的善，一种在行动生活中，可以通过宽恕和承诺张成的表象空间。她甚至在书中还指出，墨索里尼是不配合最终解决计划的。犹太委员会是不尽责的……也许阿伦特指出的这些都是事实，但问题是人类在战争审判中，事实仅仅是装意见的盘子，端上来给大众消费的，始终是盘子里的意见，而不是盘子本身。

阿伦特的白莲花情结，不仅表现在她对海德格尔的同情态度上，还表现在她对艾希曼的同情态度上。通过对恶不露声色的同情，来展示自己卓尔不群的高尚情操，这是自耶稣以来愿意两边都被打脸的基督徒一向固有的"受虐爱好"。阿伦特用知识伪装了她的受虐倾向，选择性地回避了艾希曼的邪恶光芒。如果她详细调查过艾希曼的所有卷宗，她应该能看到艾希曼的三儿子为了保命揭发其父亲曾说过"500万犹太人死在我手上，这给我带来巨大的满足感"。而艾希曼矢口否认自己这么说过，说自己当时指的是第三帝国的敌人而不是犹太人。然而到了2011年，学者Bettina Stangneth在他的著作中证实，艾希曼是一个不折不扣的纳粹死忠。有一份录音记录表明，艾希曼亲口表示："我现在知道，算起来总共有1 030万犹太人，可惜只杀了其中600万，要是杀完1 030万我才满足呢，那样就好了，才可以说消灭了敌人。"总之，艾希曼成功骗过了旁听席上毫无记者素养的阿伦特，让阿伦特以为他是一个无思想的怪胎。

就算艾希曼真的是无思想，那也和有没有作恶无关。无思想做不了哲学家，但无思想做得了刽子手。无论是平庸的恶，还是极端的恶，阿伦特这样的人文描述都是多余的。法律只管根据作恶后果量刑，它并不关心如何形容这种恶。阿伦特自己设定了一种有思想有深度的恶，然后她想在艾希曼身上找到实例，但她并没有找到，于是就引发了一系列的哲学思考。这些思考都很有价值，也很发人深思，因为由此产生了对极权主义的一个精辟理解：在纳粹的极权机器上，每一颗螺丝钉都是平庸的恶。

然而，这个理解有时会走过头。比如，有这样一句鸡汤文："雪崩之下，没有一片雪花是无辜的。"这句话经常用来给某些作恶者开脱，然后将责任均匀推卸在每个人身上。欣赏这句话的人，可能只看到了恶的平庸，却没有看到恶的发动。也就是说，他们忽略了那片引起雪崩的雪花，它是所有不无辜的雪花里最有罪的那片，我们怎么可以因为谁都有责任，就可以让它混在所有雪花里，甘当平庸了呢。

推荐阅读：《耶路撒冷的艾希曼：伦理的现代困境》

波伏娃（Simone de Beauvoir）
1908—1986 年
法国的巴黎
"女人要当像男人一样的人。"

第四十八天　波伏娃

经历了德国女哲学家深刻到地狱里的思想，让我们浮到地面上来，享受一下浅薄哲学的快乐吧。

波伏娃是哲学家、剧作家萨特的女人，她和萨特两人就算放在今天的法国，也是一对惹人注目的奇葩：波伏娃一见萨特就喜得不行，但两人又决定不结婚，可是两人又商定必须从肉体到灵魂都彼此坦诚，互相交流各自的劈腿心得，为什么要这样呢？真是折腾。

执行下来，老奸巨猾的萨特总是在另寻新欢，老谋深算的波伏娃也一直在秋波暗渡，她还不时给萨特送点女学生，顺便自己也乐在其中，这对离经叛道的男女就这样挨了半个多世纪，把这段声名狼藉的恋情维持到生命尽头，可见比包办婚姻更要不得，就是这类号称存在就在于选择的"包不办婚姻"。

波伏娃最大的本事就在于为女性翻案。她认为女人并不是生就的，而是被我们的文明制作出来的，是第二性，是被排挤的他者。所以，她要为这种类型的人类争取更多的权力，把两性战争的战火给挑起来。她的《第二性》这本书在 20 世纪 80 年代，终于传到了中国上海。在那个封建闭塞的年代，光书名的最后一个字，就够看书人心惊肉跳、满脸赤红了。当时，不少上海男士下班后都偷偷拿出私房钱，速速买一本回家，关起门津津有味当黄色小说来读，而当时的中国妇女还为能顶半边天而忙碌，所以对波伏娃的那一套根本不屑一顾，并对其中一切下流的描写表达了愤慨。就这样，波伏娃的女权运动到了中国，完成了一次古怪而荒谬的误读。直到如今，我们才渐渐明白什么是女权主义，而我也在成年后偶尔读到了这本书，却又发现其实也不过如此。当然，现在的女权主义和当时的又不太一样了，比如在翻译上换了个更优雅的名词，叫作女性主义。但不管你是争权还是夺性，在中国都是吃不开的。

波伏娃将女性比喻成他者，是父权制度的牺牲品，这些都是毫无过错的常识。问题是这些常识如果明明白白说出来，层次就不够。于是波伏娃深思熟虑，将黑格尔的那一套搬过来，论证自我—他者之间的辩证关系，又将海德格尔那套搬过来，论证女性生活在非本真的状态中，最后她搬用萨特那套自在与自为的概念，认为男性是主动的有创造性的自为，女性是被动的被束缚的自在，女性要做的就是从自在中挣脱出来成为自为的一员。当然，她也做了一些调整，把萨特的"他人即地狱"改成了"你若安好，便是晴天"，意思差不多就是实现自我自由的同时也要承认他人自由。

总之，在这堆花里胡哨、毫无营养的术语堆砌中，波伏娃终于说完了一句话就能说清楚的大白话：女人应该成为像男人一样的人。而她的学说之所以在当时如此风靡欧美，激起广泛女性同胞的共鸣，很可能是因为她们终于等到有一位叫波伏娃的女性，也能用哲学家常用的那套学术语言，拿腔作调讲述一个个乏味的形而上学道理，并在运用弗洛伊德精神分析技术时，可以毫不羞赧，冷静刻画女性在性成长过程中受到的各种压迫。

这又是一起学术语言的拟态案例：拉康拟态了数学家，而波伏娃则拟态了哲学家，但是他们一个不是数学家，另一个不是哲学家。然而大众需要拟态，当大众落单时，更是需要一些理论来帮助自己伪装成强大的样子，来面对这充满天敌的世界。从这一点看，拉康和波伏娃才是真正地在为人民服务。

至于女性主义，那压根就不是一个哲学问题，而是一个政治问题。虽然哲学和政治总是扯不清关系,但它们的确是两回事:哲学面前每个学说都是平等的,人们可以根据喜好自由选择;但政治面前有些学说就特别平等,如女性主义。为了政治正确,西方那帮学者必须在公开场合声称,他们支持或至少同情女性主义。

这个海域就在这位没什么真本领的哲学家处轰然落幕了。也许有的读者会感觉失落,人们总是希望看到比自己更卓越、更伟大的人,然而他们在这里却遭遇了一朵哲学界的"流量小花"。但这是好事,这将告诉大家,哲学家没什么了不起,像波伏娃这样的,只要弄出足够声响,一样也可以混出名声。每一个行业都是阳春白雪配下里巴人,也只有如此搭配,那些高高在上的思辨,才能在一次次对比中,深深伤害那些浅薄无知的想法。而在下面最后一个海域中,哲学内部的板块对撞将趋于激烈,因为随着人类科技树的不断生长,留给哲学能够腾挪的空间,已是越来越窄了,正如非洲草原上持久干旱的天气将迫使肉食动物在最后一口池塘边短兵相接一样,不断蒸发流失的哲学思考空间,也让哲学家们不得不彼此露出尖利的犬牙。

推荐阅读:《第二性》

碰撞海域

拆解与建构

蒯因（Willard Van Orman Quine）
1908—2000 年
美国的阿克朗
"语言的真假，需要经验世界来检验。"

第四十九天　蒯因

越是能力强的哲学家，越是喜欢挑战性的工作，而拆解与建构相比，显然建构更具有挑战性。尤其走到今天，想要在哲学领域建构一些什么，也是越来越难，所以从事建构的哲学家普遍比喜欢拆解的哲学家能力强。但这并不是说，拆解派里就没高手了，而建构派里也一定就没眼高手低的。

蒯因算是建构派的，然而他建构起来的一个理论，反而成了拆解派的大杀器。这到底是怎么回事呢？让我们从蒯因的一点小八卦开始聊吧。

蒯因是个旅游狂，但他旅游的目的既不是购物也不是拍照，而是累加自己所去国家的数字。他儿子投其所好，把飞机越过的以及从旁边经过、能看到的国家也算上。嗯，世界上应该不会再有比这对父子更耍赖的旅行者了。

蒯因是逻辑学家出身，又生逢一个哲学问题就是语言问题的时代，所以自然上来第一件事就是拿语言开刀。当然，这把刀是非常专业的，下面的内容会比较难，对逻辑喜不自胜的读者请赶紧看下去。厌恶逻辑的也请硬着头皮看几段，万一发现自己喜欢上了呢？

我们先看这个定义：所有的单身狗都未婚。

这个定义当然是比较武断的，因为存在离婚了的单身狗，但是，我们先遵循蒯因的意思，姑且接受上述定义，以便进入后面的分析环节。

卡尔纳普作为逻辑实证主义的中心人物之一，曾有一段时间认为，类似上面这种句子里的句子成分都存在着对应的感觉材料。只要找到它们，一一对应，我们就能完成对这个世界的逻辑构造。

但在蒯因看来，这种做法是有问题的。我们上哪里去找到对应的感觉材料？我们能做到在某一瞬间，将世上所有单身狗一网打尽，然后严刑逼供或美色相诱，以套出他们在感觉上都是单身狗的材料吗？要知道不同时间单身狗的情况是会变化的，也许下一秒某一位就脱单，去"撒狗粮"了；就算能在同一时刻将他们一网打尽，全部证实完毕，也依旧会有审核上的问题：有的撒谎说自己已婚，于是逃脱了捕捉；有的根本不是单身，冒充身份混了进来。再退一步，将漏网的和混入的全部鉴别成功，依旧还得面对这样的情况：有的人身份难以判定：他不结婚登记，但有性伴侣，以夫妻名义同居，这是一种事实婚姻，却没有法理依据……显然，取证太困难了，符合要求的感觉材料实在太难收集了，而且要索取的感觉材料其复杂性和数量也太多了，分析命题陷在了还原证实的沼泽中，寸步难行。

对还原论的批判结束后，蒯因又构造了一个过于专业和严格的循环论证结构，来说明单靠分析命题的同义词替换，是得不到逻辑真理的。这个结构简单说起来是这样的：单身狗和没对象，这两个概念的意义相同，所以它们是同义的，而从同义性出发，我们得到了"所有的单身狗都没对象"这样的分析命题。现在，我们进行保真变换，比如变换成"所有的单身狗都不是有对象的"，并可以进一步加上必然算子，成为"必然的，所有的单身狗都不是有对象的"，如果要让这个必然命题有意义，那就意味着它得是一个分析命题，即"所有的单身狗都不是有对象的"。而在这样的变换下，命题立刻就又回到了我们的出发点："所有的单身狗都没对象"。上述这个过程，相当于你在证明一道数学题时，做着做着，忽然发现得到的结论竟然是题目里已经给出的条件。这不就白忙乎了吗？

逻辑实证主义本来希望，通过同义性的保真变换，非逻辑真理的命题能转变成逻辑真理,但现在看来,这个希望不太可能实现了。

就这样,蒯因把经验论的证实还原看作一种教条,再把经验论的同义性分析等也看作一种教条,这两种教条就像两条绞索,把逻辑实证主义杀死了两次。蒯因之后,逻辑实证主义这个学派就再也没有雄起过。附带的,由于逻辑实证主义是在康德的分析判断与综合判断上逐步建立起来的,蒯因实际上把康德的这种两分法判断也一并否定了:不仅没有这样的区分,而且也没有这样的判断结构。

如果康德那个巍峨高耸的形而上学体系就这样被大快人心地清算成功,那么喜悦和恐慌将会相伴而来。哲学家会赶紧追问:我们还剩下什么?对这个世界,和对我们自己,我们到底在用什么知识底盘来托起我们的认识?

蒯因的回答差不多就是轻松地呵呵呵。因为在他看来,任何知识底盘都需要一种本体论,选用哪种本体论,就是对哪种本体论作出承诺,承诺它是可信的。而对蒯因来说,哪种本体论承诺能带来简单、明晰和实用,就用哪种。

本体论,就是讨论什么是世界本原的学问。那么,在语言结构里,什么成分可以承担本体论承诺的责任呢?在经验论哲学家眼里,首先,名词是担当不起这个责任的。比如当我们说起"麒麟"的时候,我们就已经预设了"麒麟"是存在的;其次,谓词也不行,比如我们说"麒麟是吉祥的"时候,这个"吉祥"作为谓词①,存在于句子中,并不意味着吉祥性可作为一种共相,也真实存在于这个世界。

可是,如果你是一个相信世界上有麒麟的人,或者是一个柏拉图主义者,相信共相是一种实在,你一定不会认同上述观点。蒯因就是这点厉害,他早就看出这问题了,所以他换了一种语言成分来承担本体论承诺。在那种语言成分里,不管你是什么立场,信仰什么主义,都能被包含在内。

这个语言成分的术语叫作"约束变项"。

在现代逻辑里,约束变项就是带有量词的变量。在哥德尔那枚难以下咽的坚果里,我们已经领略到了它们古怪的形状:$\exists x$,意思就是至少有一个东西。$\forall x$,意思就是对任何一个东西。

---

① 谓词不是谓语的意思。这句句子里,谓语是"是",但谓词是"吉祥"。在谓词逻辑里,谓词是用来刻画个体词性质的。

现在，蒯因认为，本体论承诺就在这个 x 里，本体其实就在 x 所论及的范围之内。当我们说"麒麟是吉祥的"时候，将这句子先改装为"∃x，x 是麒麟，并且 x 是吉祥的"；然后再用罗素的摹状词理论，进一步改装为："∃x，x 有龙头，并且 x 有鹿角，并且 x 有狮眼，并且 x 有虎背，并且 x 有熊腰，并且 x 有蛇鳞，并且 x 有马蹄，并且 x 有牛尾，并且 x 是吉祥的"。好，我们承认这句子现在变得不仅古怪而且丑陋了，但它很有用，如果你是相信世界上有麒麟的，你就会认为符合所有这些条件的 x 是存在的，那么你就是作出了一个本体论的承诺，于是在这个 x 的取值范围内，可以定义出一个麒麟，并且真实存在；相反，你要是不信任何牛鬼蛇神，那么上述这个句子就不是真的，于是就没有这样一种叫作麒麟的生物，会真实存在于这个世界。

蒯因是很宽容的，他虽然是一名逻辑学家，但他认为这样的本体论承诺，无论是对胡塞尔这样的现象主义者，还是对卡尔纳普这样的物理主义者，或者对庞加莱这样的直觉主义者，以及对一切唯名论者和实在论者，都一视同仁。但这样一来，他也就是给哲学开了后门，因为既然大家都彼此彼此，那么科学的基础比形而上学或神学的基础又强在哪儿？在多元化的世界图景里，是不是科学、宗教以及各种民间迷信都该平起平坐了？所以同时蒯因也坚持，把追求语句之间无矛盾的融贯论，和追求语句和实在对象一一对应的符合论相结合，才能确保真理的本性不至于迷失。

然而光靠这样的声明，并不能挡住相对主义的滚滚潮流。蒯因并没有意识到，他的本体论承诺里，x 的取值范围也应当包括返回一个空值的可能，就是 x 什么数值也没取到，白白跑一趟回来交差的意思。而这正是后现代学者们孜孜以求的目标：不在场就是一种在场状态，一切都在解构之中，让逻辑分析让位于辩证法，让承诺不过是一场虚情假意。

就这样，本来蒯因想给哲学造一座更牢固的逻辑堤坝，结果堤坝没有起到保护作用，反而因决堤带来了洪水滔天。

如果你还没有被蒯因的哲学思想击倒，说明你要么和蒯因的对手德里达一样强大，要么你已大脑休克。无论你作出何种本体论上的承诺，让我们最后再蜻蜓点水地讲一下蒯因的整体论思想。

蒯因在清算了逻辑实证主义的两个教条之后，提出了自己的整体论思路。

整体论，就是在索绪尔语言网络的基础上，重新改写了真值①系统。本来在索绪尔那里，真值系统是由不同语词之间的差异性保证的，但在蒯因这里，则是由和经验接触的那些命题的真值来作为初始条件进行保证的，其他结点上的命题全部可以通过网络计算来逐步求得。蒯因把这个网络比喻成一张人工织造物，上面的真值分配根据边缘上命题与经验的冲突而不断重新调整，在网络中央部分的命题不直接和经验世界的对象接触，所以也不产生那种命题与事实之间直接的一一对应关系。

　　这个模型很有想象力，但蒯因似乎把这张人工织造物清理得有些过头了。能指和所指之间有时还是需要根据环境变化，随时产生大量临时绿色通道的。如果像蒯因说的那样，一切真值都必须从边缘那里间接获取，这样的观念网络不仅低效，而且容易陷入死胡同，毕竟关于这个世界的知识收集，要比以累加数字为目的的旅行，难多了。

推荐阅读：《从逻辑的观点看》

---

① 语义学里，真值指的是一句句子的真假。比如我们说"雪是白的"，当我们在经验世界里发现雪的确是白的时候，我们就判定"雪是白的"这句句子为真。蒯因的真值是靠我们经验世界的实际情况来校验的，但索绪尔的不需要，索绪尔的真值靠句子之间的比较来互相保证。

伯林（Isaiah Berlin）
1909—1997年
拉脱维亚的里加
"狐狸多机巧，刺猬仅一招。"

第五十天　伯林

"狐狸知道很多的事，但刺猬则知道一件大事。"这句古希腊寓言在中国本来名不见经传，但被自诩为狐狸的伯林一引述，在学术界顿时就变得家喻户晓。人们纷纷把目光投向这个目睹了苏联盛衰兴亡全过程的英籍俄产犹太学者，仿佛他是一位饱经风霜的历史见证人。

然而他不是。伯林这人，自由散漫，吊儿郎当，走的是俄国游吟诗人浪漫不羁的风格。他曾被俄国女诗人阿赫玛托娃迷得魂不守舍，然而他并没有受爱情的影响改变风格。要不是他提出了消极自由和积极自由概念，他与哲学界可能也就毫无关联了。至于他是建构派还是拆解派，那就更是一笔糊涂账。这头老狐狸从来不会把自己吊死在一棵树上，因为他永远在消极自由和积极自由之间，来去自如。

伯林认为消极自由是自由的基本形式。那什么是消极自由呢？就是一种不存在阻碍满足自身欲望障碍的自由，差不多就是"我的地盘我做主"的意思。比如当你已决定终身不娶，但每逢过年还是有一堆亲戚，非要来逼你结婚，那么你的消极自由就没有了。所以上海人民公园的相亲角，基本上就是个有趣的婚姻交易市场。所有子女都被父母插着收入、房产、学历、年龄的标签在那里进行相亲，毫无消极自由可言。

但另外一面，这其实也是父母的积极自由。所谓少小不嫁人，老大徒伤悲。父母的想法就是这么善良、单纯、充满正能量。要是我们给积极自由起个绰号的话，可以叫作"你的地盘我做主"，因为积极自由就是为了实现一个善的目的，来干涉你的婚姻状况，改变家庭结构。它并不是要妨碍你的消极自由，而是想积极参与到权力空间，但造成的客观情况，就是消极自由被打压了。

伯林之所以要提倡消极自由，因为他认为民族之间的文化中，有些是不可能达成共识的，所以，不存在什么先天的理性来统一大家不同的选择。如果能提供一个自由的空间，让大家各花入各眼，这样再好不过。

伯林当时所面对的苏联，正处于又厚又重又死板的铁幕状态，所以他的消极自由说法，还是相当有说服力的。然而，在今天看来，消极自由如果没有它的老对头积极自由的护航，根本站不住脚：假设有一位女性在没有积极自由的干涉下选择了一位圣战分子作为自己的未婚夫，随后她前往叙利亚，却不幸沦为性奴，最终变作战火中的炮火。她之所以会走到这一地步，我们也只能说全是由消极自由导致的。

消极自由就是这么弱：它只提供一个自由的最低标配版，却毫无防御力，稍有不慎就会成为恐怖主义的同盟军。老欧洲在政治正确的左派压力下，成了消极自由的最大牺牲品，面对咄咄逼人的外来者，面对由此引发的恐怖杀戮和性侵强奸，他们只能戴上"原谅帽"，生怕会激起本国的排外情绪乃至种族仇杀。犹太人在欧洲的悲惨经历令他们记忆深刻，但他们也因此杯弓蛇影。这些脑袋塞进汽车排气管的鸵鸟学者或艺术家，似乎忘记了正义要保卫的不是弱者，而是受害者。他们沉醉于自己无休止的道德反诘和双关语义中，竭力维护消极自由立场，却完全忘记消极自由的诸多缺陷。

这一点，伯林比他们谁都清醒。虽然伯林提倡消极自由，但他从来没有说过消极自由可以独立存在，并所向无敌，而积极自由作为多元价值论的一环，伯林从未弃之如敝屣。伯林心里清楚，没有积极自由在前面鸣锣开道，那就没有消极自由在后面跷腿乘凉。历史上，托克维尔、穆勒、贡斯当他们之所以如此推崇消极自由，只是因为他们遇到的邪恶都是专制主义，但如果有一天，他们遇到的邪恶是自由放任，一种失控的市场经济，那么积极自由就会重新获得更多的青睐，而消极自由则会受到更多的限制。伯林强调，并不是所有的消极自由都是同等重要的，也并不是所有的门都值得打开。比如，在伯林看来，父母决定孩子教育、雇主剥削或开除工人、奴隶主处置其奴隶等，都是算在消极自由里面的。但这些门在今天看来，真的是没必要打开。

今天的欧洲已到了重拾积极自由的时代，而今天的中国局面却更加复杂：消极自由还未完成它的使命，积极自由就已必须提早入场，但它又不应该表现出坏的一面，即以国家或社会的名义强行推广某种正义观念。相反，我们都希望积极自由可以表现出其好的一面，即让每一个个体都能自我实现他的价值。可是，花好稻好，消极自由和积极自由永远处于冲突之中：你要实现自我价值，难保不会动了别人的奶酪。面对这种冲突，伯林提供的解决方案是非常鸡贼的，他建议看哪种自由对人类价值贡献最大，或者看哪种自由带来的利益最符合当前环境需要。这显然非常荒唐，这就好比在给人们出电车难题：一辆电车即将碾死九个人，扳道工可以选择不作为，看他们被碾死，也可以选择去扳道闸，让电车驶向另一方向，但这样会碾死在另一方向的轨道上躺着的一名无辜者。现在，这个扳道工如果是你，你会怎么选？唉，这种伦理学难题愁死多少人了，伯林会不清楚吗？

此外，消极自由还有另外一层隐藏的危险：既然欲望受到阻碍就没有了消极自由，那要是主动把欲望扑灭了，不就等价于没有阻碍了吗？伯林后来也意识到这一点，他后悔当初把消极自由说得太光芒万丈，因为如果人们通过自我阉割来达到无欲则刚的境界，这可不是伯林想要的结果。无欲则刚，说得好听，但在政治哲学领域，其实就是"阿Q的精神胜利法"：屈服于外部政治暴力并顺其自然，这是消极，而非自由。

然而伯林并不会激烈抨击那些鸵鸟哲学家，相反，他的多元价值论完全容得下这些白左，而他自身也能在其中审时度势，如鱼得水，乃至几乎都已经走到了相对主义的悬崖边缘。有人曾抱怨说，如果伯林少一点理解，多一点谴责，也许事情会更好一些。但伯林生性如此。这只行踪不定的世故老狐狸，如何肯摇身一变，成为只认死理的愤青小刺猬呢。

然而这老狐狸却比任何刺猬都善于幻想：他假设如果知识的增进可以让

人更理性地选择,那么自由是不是就成了一种必然的律令?因为你已经知道开什么门是最优选择了,那你就不用再犹豫开哪扇门是最好的。伯林虽然不是一位决定论者,但他也不反对这种决定论的立场,相反他还抱怨反对决定论的人都是死脑筋,他们享受自由却不知道如何自由,这才是无知的悲剧。伯林认为,将来人类必然会有新的观念来适应这种新的决定论环境。不得不承认,伯林还真有点科幻范。

推荐阅读:《自由论》

加缪(Albert Camus)
1913—1960年
阿尔及利亚的蒙多维
"荒诞是这个世界的本来面目。"

第五十一天 加缪

当神话里的西西弗斯将巨石朝着山顶推滚上去时,他也许会看到路上有只推粪球的屎壳郎。但西西弗斯知道他和屎壳郎有所不同,屎壳郎推粪球的目的很明确,它要为下一代储备足够的口粮,但西西弗斯却是因为受了惩罚,在做一件徒劳无功的事情。当西西弗斯是科林斯国王的时候,他绑架了死神,让人类从此不再有死亡。为了惩罚这个屡屡冒犯众神的国王,众神罚他在山上推巨石,这块巨石每次到了山顶都会滚下山,于是西西弗斯就必须日复一日做同样的事。众神认为,再也没有比这种惩罚更可怕的惩罚了。

西西弗斯的理性不是那么好,因为他是加缪用来托物言志的对象。也许换一个研究数学或是研究逻辑的人来写西西弗斯,可能就会想道:随着岁月流逝,西西弗斯虽然会感觉百无聊赖,但他并不会完全绝望,因为他可以自己设定一个计数目标。只要自然数是可数的,只要时间恒久远,他就可以一直数下去,他可以数出一个人类一辈子也没人能数到过的巨大整数,乃至可以构造一个无穷大，从而获得某种令人窒息和绝望的成就。没人可以活得比他更长，没人可以把巨石推得比他更多。西西弗斯把惩罚当游戏，把巨石当玩具，把无聊当消遣，把永恒当瞬间。西西弗斯因为愚笨没有想到这些，加缪对此负有责任。

所以西西弗斯作为一个荒诞人，他只能继续在这样的重复劳作中，细细体味由此揭示的世界的荒诞性。西西弗斯明白人类日常生活大致就是这个样子，朝九晚五，混吃等死，其间又给自己设定了各种大目标和小确幸，都是为了对抗这整体性的荒诞。西西弗斯和加缪一样数学不太好，但他们却都敏锐地意识到，无论科学如何进步，哪怕能把原子里面的夸克家族清单全部列个清清楚楚，前方依然有一大堆他们解释不清的现象，而西西弗斯他们的问题就一直在那堆解释不清的现象里，因为那个问题太终极了：我们活在这个宇宙里，合目的性吗？

在加缪的笔下，西西弗斯每天的生活毫无目的。他也许会幻想，要是他还能用剩下的一点人身自由，加上激情，说不定他可以选择立即停止推动，任凭石头把自己碾死，或者索性撒手不管，看众神怎么办。但这点反抗并不是加缪认为的解决之道。因为这一切都依旧在可怜有限的理性思考范围内，根本不足以对抗整个非理性的荒诞情景。无论西西弗斯做什么，他都只是在试图掩盖这世界的荒诞。现在，西西弗斯要细细体味的，是直面这种荒诞，然后永久承受，在日复一日中，让精神与黑暗永久为伴，这是他的尊严之战。瞧，一旦智商受限，就会尊严翻涌，这和戏不够床来凑是差不多的道理。

当然，随着纳粹铁蹄的侵入，加缪意识到老是这么被动承受也是会出问题的。他必须反抗得更主动一些，朝建构派更加靠拢一些。然而，为什么反抗行为本身就不是荒诞的呢？它是如何在一片荒诞中寻求到合目的性的呢？加缪一时也说不出来，他只是讨厌极权。所以后来他又开始反对斯大林的极权，并因此和萨特分道扬镳。萨特对苏联那一套极其推崇，无条件推崇，这让加缪清醒地意识到，这才是真正的恶心。但加缪只是做到了政治正确，在哲学上他完全说不清楚为何恶心。这个来自阿尔及利亚贫苦家庭的孩子，只是凭着直觉押对了这件事，但你再要这个靠颜值混得风生水起的花花公子，去解释如何在一片荒诞中建立一个合目的性的反抗行为，他就无法自圆其说，因为这是一道智力题。

然后西西弗斯也可以考虑其他的选择。比如像加缪的小说《局外人》里的主人公莫索尔一样，他参加完母亲葬礼，与女友约会，然后和一个叫雷蒙德的人交上朋友后，在回家路上，开枪杀死了一个雷蒙德情敌的兄弟。这一系列事件前后毫无因果性，却揭示出了这世界运行规则的本来面目。莫索尔对即将到来的死刑也毫不关心，他只是喜欢每天像动物一样，享受着点滴的自然之趣——夜的气味，泥土的气味，海盐的气味……他认为这样早早地死去，就可以获得一次新的开始。在这里，加缪设定了一种尼采式的生命永恒循环，简单地说就是这个宇宙结束之后，还会有下个宇宙按照之前的样子再来一遍，直到永远。然而加缪对此没有过多地展开，因为一旦展开，人们就会发现：这不正是一种合目的性吗？

当加缪义无反顾地将人生最重要的事情就是自杀这个断定，一下子抛给他那些毫无准备的法国同胞时，人人都会觉得这人要不得诺贝尔文学奖，那真是文学界的一大损失。危言自古就是用来耸听的，但加缪一旦功成名就拿了奖，他就不会再像以前那样一无所有，于是就不再会有重估一切道德价值的豪情。他也会退缩，也会反思：自杀也许是不好的吧。可是怎么才能从荒诞中推出自杀是不好的结论呢？既然一切都是荒诞的，那么有勇气主动结束自己的生命，是面对荒诞最有尊严的反抗，这个行为毫无目的，就是为了告诉荒诞，我承认你，并且我要做得比你还荒诞，这样一来，荒诞本身反而变得滑稽了。可是，这是没有发迹前的苦难加缪，不是成为有钱人后的阳光加缪。两者之间，我们到底应该喜欢谁？

加缪一直在写作，他需要在写作中为自己撕开一条出路，也许他迟早会像克尔凯郭尔那样，通过绝望来接近不可能接近的神。然而荒诞不仅仅表现在文字里，也表现在生活中：加缪的写作意外中断了，一场车祸结束了一切。

论哲学上的成就，加缪的成就似乎微乎其微。但因为有了加缪，我们发觉似乎世界上一切哲学其实都毫无营养，都是人类为安慰自己构造出来的虚拟营养。而在真实的世界里，无论人们汲取怎样的营养都没有用，因为死亡是不可避免的。加缪的思想一言以蔽之，就是上帝非理性是常态，理性才是偶态，所以人类不要以为，自己和上帝一定在同一条船上。

于是我们不仅要打倒萨特，也要打倒加缪。

推荐阅读：《局外人》

戴维森（Donald Davidson）
1917—2003 年
美国的春田市
"意义先于真。"

第五十二天　戴维森

什么是真？

对我们吃瓜群众来说，只要瓜是田里种出来的，沙甜沙甜，满嘴是汁，那就是真。但对逻辑学家来说，这事儿要比吃瓜难上 100 倍。为了把这难事讲清楚，让我们从戴维森的一位前辈开始说起。

这位前辈就是波兰的逻辑学家塔斯基。下面我们讲一下他构造的 Tx 模式，看他如何来定义真。

X 是真的，当且仅当 p。整个句子包括 X、真、当且仅当、p，其中，X 是对象语言，p 是元语言，并且 p 取遍所有 X 所指称的对象。

不要被逻辑学家的黑话吓倒，为了追求严格性他们是不讲人话的。其实举个例子，我们吃瓜群众也一样能搞明白上面这句话。

例句 K："本句话是假的"。请问例句 K 是真的还是假的？让我们这就分析一下吧。

A. 例句 K 为真，那么"本句话是假的"就成立，但这和前提 K 是真的矛盾；

B. 例句 K 为假，那么"本句话是假的"就不成立，于是运算下来就是"本句话是真的"，但这和现在的前提 K 是假的矛盾。

那么，例句 K 到底是真的还是假的？现在请让 Tx 模式上场来鉴定一下吧。

首先我们构造以下的 Tx：

"本句话是假的"是真的，当且仅当本句话是假的。

我们先把 K 代入左边"本句话是假的"，左边是对象语言，可以直接代入，于是得到："K"是真的；接着看右边。右边是元语言，它包裹了"本句话是假的"这句对象语言，也把真、当前仅当、本句话是假的全都包裹了进去，就像做面拖小黄鱼时，不仅要把小黄鱼裹进去，还要把早就腌制上去的葱姜汁、盐、花椒、料酒也一并裹进去。

这样加工之后整理一下，Tx 就成为：

"K"是真的，当且仅当 K 是假的。

这样的 Tx 模式当然是等式不成立的。塔斯基希望我们把所有不让 Tx 模式成立的句子全部清除出去，即把所有的悖论排除在人工语言之外，这样眼不见为净后，世界上的语言就清净了。

当然，塔斯基本人的阐述并不像上面写得这么言简意赅，他还要把 T 模式分成 T 和 Tx，然后还要分析恰当的、形式的，以及在元语言和对象语言分层的基础上进行类演算。这么多细节对吃瓜群众来说，完全就是在教你再怎么一粒一粒把西瓜籽吐出来，并按大小个头排个序，太过无聊且烦人，所以我自作主张，帮大家把西瓜籽全剔干净了，留下沙甜沙甜的瓜瓤给大家尽情啃，希望这样能诱惑住吃瓜群众，继续往下看。

现在，终于轮到戴维森上场了。

戴维森认为，塔斯基现在这样做，虽然看起来很不错，但不能避免以下这种荒唐情形的成立：

"塔斯基喜欢泡女生"是真的，当且仅当戴维森不泡女生是真的。

左右两边都是真的，所以 Tx 模式也是成立的，但这样的 Tx 模式是没有意义的。因此，戴维森认为，不应该先定义真，然后去描述意义，而是应该倒过来，先去定义什么是意义，然后再去描述真。

我们得说，戴维森这个想法有点欲加之罪了。因为塔斯基说过，X 是 p 的指称，也就是说，Tx 模式两边是有牵制的，现在左边很明显，并不是右边的指称，所以这个想法加在塔斯基的 Tx 模式并不成立。

尽管如此，这并不影响戴维森之后的一系列工作成果。因为不管在塔斯基这个 T 模式上如何添砖加瓦，只要仅仅想让它在逻辑和直觉的范围内就能完成对真的定义，那终究逃脱不了 "A_i"=A_{i+1} 这类递归重言式的命运：正确，然而价值不大。如果这就是真，那就真是见了鬼了。

要强调的是，塔斯基的 Tx 模式，是严格遵守索绪尔的规范的，就是说只在已知语言领域内，进行两种已知语言的翻译联结。但是现在，戴维森开始"带球突破"了，他要带着语言的球突破到语言世界的禁区，和经验世界的守门员面对面。也就是说，依靠一个行动，让整个作为元语言的 Tx 模式的右边 p 部分，接受来自经验世界的意义赋值。

戴维森这套方法叫作彻底解释。它看起来特别适合用于和外星人交流。假如有一天，彼此言语不通的外星人和我们对上了话，由于没有现成的互译字典，我们就可以用戴维森的彻底解释理论，尝试和他们沟通。

比如他们开口说："%……￥%# ￥% ￥～ #@# ～！@#@"，然后同时指指天上。

当时，天上有一轮明月，还有一只乌鸦飞过去，呱呱叫了三声……

戴维森希望我们首先相信，对方是真诚的，不是故意跟我们捣蛋，所以我们应该宽容一些，先充分信任他们每次说的话，都代表他们真实想要表达的意义。现在接下来，我们吃不准这句 "%……￥%# ￥% ￥～ #@# ～！@#@" 是什么意思，但我们可以罗列所有天上出现的一切情况，然后等他们第二次说同样的话。

他们第二次又说了这句话"%……￥%#￥%￥～#@#～！@#@",然后同时指指天上。

这回,明月被乌云遮盖,但仍旧有一只乌鸦飞过去,但呱呱叫了四声……

好,我们再等他们说第三次、第四次、第五次……只要能找到反复出现的同类项,就能找到这句外星语言是什么意义。

无数次后,我们得到的答案是:

"%……￥%#￥%￥～#@#～！@#@"就是指指天上的意思。

嗯,外星人真是太有才了。

推荐阅读:《真理、意义与方法》

罗尔斯（John Rawls）
1921—2002 年
美国的巴尔的摩
"正义就得考虑：你弱你有理。"

第五十三天　罗尔斯

当戴维森他们在逻辑语义学领域不断取得成就的同时，一群政治哲学家也在自己的专业领域大放异彩。罗尔斯就在这方面取得了辉煌的成就，并赢得了整个世界的注目。不过说实话，欧美政治哲学界对罗尔斯的评价真的有些过誉了。他所建构的正义论，仔细观察下来还真有点像是头纸扎的老虎。

罗尔斯这人按中国的说法，就是福大命大。他先后染上白喉和肺结核，两个弟弟被他传染了去世，他却每次都有惊无险。作为一名第二次世界大战退伍军人，他又可以根据退伍军人法案，进入普林斯顿大学开始哲学专业的研究生课程；然后在写长篇大作《正义论》时，他家的老房子失火，火势惊人但厚厚一叠手稿竟安然无恙。年迈时，他遭遇中风，各方面都陷入绝境，最后却都挺了过来，继续从事学术工作。

罗尔斯本来是个虔诚的基督徒，却在残酷的莱特岛战役中，对基督教彻底绝望：原来上帝对战争是袖手旁观的态度。之后，罗尔斯穷其一生的努力，都试图在上帝缺席的情况下，建立一种自洽的道德规范，这种规范基于公平的正义（justice as fairness），它并没有面面俱到，却也可以放之四海皆准；它也没有过于简陋，以至于成为虚晃的空架子。罗尔斯希望这套规范能取得不同种族、不同国家、不同人群的重叠共识，并成为人类未来应当努力去实现的目标。

为了得到能满足上述要求的规范，罗尔斯进行了漫长而艰苦的论证。整个论证不乏亮点，但基本上还是在康德划定的先天道德律令的范畴之下，以一种坐下来跟你商量的口吻，坚定不移地给出其早就想好的方案。类似情形，你可以在拆迁办和钉子户的谈判中见到：作为钉子户，你可以有100个理由不接受他开出的条件，但对方有礼有节有铲车，你最好还是坐下来听一下"拆迁办主任"罗尔斯的建议。

但罗尔斯设计的这套方案，门槛很高。比如他设计的正义三层结构里，其中达到最高层的条件，是要求人们具有以下三种能力：普遍的正义观、普遍的善观念、个人的善观念。这对喜欢过自己小日子的劳苦大众来说，真是要求过高了。很多人只能具有最后一种能力，就是个人的善观念。比如下班后我们在看到一只孤苦无助的小猫时，买点牛奶给它喝，但对整个人类的正义和善，却依旧不关心。然而罗尔斯却强调，前两个能力可以通过第三个能力的实现来实现，就是说，喂完那只小猫后，我们就间接实现了人类普遍的正义和善。好吧，罗尔斯你赢了，原来世界和平可以这么容易就获得，那大伙都去喂猫吧，今后的诺贝尔和平奖轮流拿。

就算没有系统性地学过政治哲学的人，也能一眼看出罗尔斯的整个构想太傻太天真。他完全是在靠数学分析，试图从几条抽象的普遍规则开始，通过优劣比较筛选，从而挑选出最好的一套正义理论。无论是他设计的无知之幕，还是人们之间中等程度的相互冷淡，这些花哨的数学模型，不过是当初霍布斯粗糙野蛮论述的精细化，并且越是精细，越是容易陷入自说自话的境地。

罗尔斯的反对者都认为，人们的很多道德规范是在历史长河中因为各种原因慢慢积累形成的，不是像罗尔斯希望的这样，凭着理性强推出来的。但是，罗尔斯也是有理由的：假如善是人们共同想要追求的目标，那么依靠理性去寻找一条最优最可行的路径，又有什么不可以呢？

当然不可以。

这个契约理想的确超越了个人功利主义和制度功利主义，将一种康德式的道德理性，凌空跨越在了所有时空。然而人们抬头仰望之余，尽力仿效之后，却会发现这只是镜花水月，对大家的日常生活毫无作用。因为这个目标完全是宗教性质的：一旦善上升到普遍善，那它就和上帝一样，都不可能在世俗世界中追求得到。罗尔斯自己也被这样的情况所困扰，当设定完理想中的良序社会后，他开始通过不断削弱某些过高的标准，以图往现实靠拢，但木已成舟，积重难返。

在罗尔斯的正义两原则里，罗尔斯还要求利益分配在平等的前提下，要向着最弱的一方倾斜。在整个社会都欣欣向荣的时候，老欧洲的确有大量资源可以供养这种基于公平的正义，但随着目前经济逐步衰退，"泥菩萨"不得不首先考虑如何保全自身。在这样的现状下，美国将更不可能按罗尔斯说的去设计规划它们的道德谱系，更不要提其他国家了。

不信神，却信善，并相信正当优先于善，这是罗尔斯的正义论，但人们越来越意识到，这样的正义论，不过就是把神隐匿了的圣经。在圣经里，耶稣就曾赞美过类似的倾斜政策。为了拯救有罪的人让他悔改，耶稣曾打比喻说，他宁愿离开身边99只听话的羊，也要搜救迷途的那一只。这样的正义，只有神做得到，因为神不是人，神可以不计成本，但人做不到。然而，罗尔斯和康德都认为，既然做人，就要必须做到。

而对上述民主制度更辛辣的反讽，来自奥威尔的那句本来用于抨击极权主义的名言：**"所有的动物都是平等的，但有些动物比其他动物更平等。"**

但罗尔斯毕竟在纷繁的现实世界中，清理出了一条金光大道，并且这条大道还与各种宗教信念、伦理学说、道德标准接通。任何人都可以自由踏上罗尔斯的大道，只要他愿意。就算他不愿意，至少他也看到了如果愿意之后的美好景象，哪怕那个景象不过是一场海市蜃楼。当年，我读完《正义论》，掩卷长叹，被他所描绘的那种人间天堂深深吸引……15年后，历经无数次反思平衡，我已清醒，更愿意直面这荒诞、荒凉、荒唐的三荒世界。至于那份美好，静静存放着就是了。因为——

有些美好是值得追求的，结果它不可信。

有些美好是值得追求的，结果它不可取。

有些美好是值得追求的，结果它不可追。

推荐阅读：《罗尔斯：生平与正义理论》

拉卡托斯（Imre Lakatos）
1922—1974 年
与牙利的德布勒森
"知识系统的防御圈，像个荷包蛋。"

第五十四天 拉卡托斯

　　相比罗尔斯面临的困局，研究过数学史的拉卡托斯似乎要幸运多了。因为数学这个领域，公众的普遍印象就是，数学家拿起纸和笔，不需要和经验世界打交道，只要演算正确，那就能保证结论正确。但实际情况并非如此。自打发现平行公理混进欧式几何系统之后，整个数学公理化的运动，都无法避免这样一个诘问：你们数学家所认可的这些公理，究竟来源于先天的知识，还是来源于你们从日常生活中提炼出来的经验？

　　除了死不悔改的逻辑实证主义，包括罗素在内的大多数数学家和逻辑学家，都对上述这个问题不再那么信心百倍。哥德尔的两个不完全定理表明，想要从源头上建立元数学，然后一步步得到所有数学定理的做法，并没有原来想象中那样唾手可得。希尔伯特纲领失败后，数学家开始相信自己的各种直觉，但拉卡托斯认为，他们已经忘了初心，以为符号序列上说得过去，就算完成了使命，至于逻辑真值，是否还能从源头保证到末端，他们已不敢继续关心。拉卡托斯对这样的龟缩战法非常不满意，因为这意味着在怀疑论的步步紧逼下，连数学也开始背叛革命了。解构主义思潮正逐步侵蚀人类理性最后的堡垒，拉卡托斯觉得他该出手了。

于是，他设计了另外一种做派，就是和"自顶而下"的思路相反，变成"自下而顶"，从末端出发，模仿经验中提炼规则的做法，形成一套特殊的定理集，再对数学系统进行试错的做法，逐渐兴盛起来。这就是拉卡托斯的拟经验理论。

拉卡托斯本来不姓拉卡托斯，而是姓利普施茨，这是一个典型的犹太姓氏。可他生活在第二次世界大战时期，在匈牙利的德国鬼子疯狂抓捕犹太人，他不得不改了个法国名字叫莫奈。纳粹完蛋后，他又发现莫奈这名字不太方便，因为穿的衬衫上印着的是拉普西茨的首字母"L"，而不是莫奈的首字母"M"。他想换件衬衫，可迫于生活窘境没有办法去换。好吧，那就换名字吧，改名叫作拉卡托斯，不仅这名字 L 打头，还是当时抗击纳粹的匈牙利领袖的姓氏。

拉卡托斯先把整个公理化系统，看成一个城市的自来水系统：在自来水系统的源头，也就是在几座自来水厂那儿，如果注入的自来水品质是合格的，那么只要整个水网运转正常，流到千家万户的水龙头里的水，就一定也是品质合格。换句话说，就是从有限个公理的合取的地方注入一个真值，那么就可以保证系统下面所有定理都为真。

接下来，拟经验理论上场了。它也运用上面这套系统结构，但注入地点却已经不是在自来水厂，而是在某段下级的水站，或者某个水龙头上。注入的也不一定是合格的自来水，有时会是其他液体，如牛奶。相对自来水而言，牛奶就是不合格的，现在，我们检测整个水网是不是到处混着牛奶成分。如果最后发现，水网里某几个区域或整个水网都混有了，那这个系统就是有问题的，但要是发现整个水网和牛奶不相容，牛奶刚注入进去，就被全部原地吐出，那这个水网就很不错。换用拉卡托斯的术语来说，就是在非形式的启发式证伪的试探下，整个形式系统保持住了真值。

此外，拉卡托斯的水网系统有一定的自我净化能力，并不是毫无抵御能力的系统。波普尔曾以为，一个系统只要被成功证伪，那整个系统就垮了。但拉卡托斯的水网系统并非如此。它只要通过改变它的基本语句集合，调整一下，就能排除证伪造成的后果，用上述牛奶混入水网的例子，那就是即便污染了某几个区域，但只要在自我净化能力之内，水网系统在过滤掉牛奶成分之后，照样可以正常运行。

基本持建构立场的罗素、哥德尔、外尔、冯·诺依曼他们也心里清楚，拉卡托斯这一招是走投无路之下的权宜之计，有谁会主动抛弃优雅的演绎推理，转而投入粗坯一样的拟经验理论的怀抱呢？现在，他们别无良策，只能哀叹说，好吧，数学不过是最后一个向经验论投降的自然科学。

然而，拉卡托斯并不这么认为。因为数学史上，拟经验的做法古已有之，并不是直到最近数学家们才委屈接受。拉卡托斯分析了微积分无穷小理论的发展过程，指出莱布尼茨当年的无穷小概念设定是有缺陷的，它并非一个量，而是一串量，是一个序列，所以柯西在莱布尼茨基础上做的点收敛分析是有漏洞的，但当时所有数学家也就听之任之了，因为虽然不严格，但微积分用得还挺顺手，直到魏尔斯特拉斯提出了一致收敛概念，才把无穷小量的概念严格化。但数学家们依然想要说明，这个一致收敛其实在柯西当年的证明里已经包含了，哪怕提出非标准分析的罗宾孙，通过扩张实数结构，把无穷小量和无穷大量都纳入实数结构从而又还无穷小量以一个直观性后，也依旧坚持，柯西当年的分析和他的贡献是相容的。拉卡托斯认为，这些都是拟经验做法经常会遇到的现象：启发性证伪提出后，大家会努力调节原来的系统使之能应对证伪，然后要么成功，要么失败。

在拉卡托斯的眼里，数学尚且如此，更不要提物理学了。牛顿的万有引力理论，爱因斯坦的广义相对论理论，都是通过自来水网的末端注入来测试的。当他们从经验端得到启发，经过反复证伪都没发现错漏后，才依靠一些理性的飞跃，跳过归纳法面前的断崖，得到最终的理论成果。

尽管拉卡托斯深信，包括数学在内的一切理性知识系统都没有必然性基础，但是他还是为理性知识系统建立了一个"荷包蛋"防御机制，这个防御机制的学名叫科学纲领，但其形状的确像个荷包蛋：中间蛋黄部分是它的重要核心，这里要是被证伪，整个荷包蛋就全被毁了。外面一圈蛋白部分都是保护带，保护带可以自我调节，来消除整个荷包蛋和证伪材料不一致的地方。比如，生鸡蛋要是打入一个五角星煎蛋模具里，它就会努力变成一个五角星荷包蛋，但中央的蛋黄依旧可以那么完整那么圆。

行文至此，我不得不再一次提及皮尔士。因为皮尔士提出过，在演绎推理和归纳推理之外，还有第三种推理方案，就是溯因推理。我想拉卡托斯应该感谢皮尔士在这领域没有进一步深入展开，否则，现在就没拟经验理论什么事了。

推荐阅读：《数学、科学和认识论》

普特南（Hilary Whitehall Putnam）
1926—2016 年
美国的芝加哥
"如何才能确定我们不是缸中之脑？"

第五十五天　普特南

在家喻户晓的电影《黑客帝国》里，主角尼奥进入真实世界，看到的情景是一个个人都躺在营养槽里做梦。他惊愕地意识到，原来平时我们的生活世界，都只不过是大脑在外机控制下的虚幻图像。然而比这部电影再早20年，哲学家普特南就提出过同样的假设。并且，他的假设更加夸张，因为他设计了如下一个恐怖场景：一只只人脑全浸放在缸里，它们的神经末梢都联在一台超级计算机上，这台超级计算机给大脑们提供各种幻觉，但这些缸中脑却和外界没有联系。

其实《黑客帝国》的创作者就是受了上述"缸中之脑"的刺激，才发宏愿玩票大的，然后他们双双变性，现在成了沃卓斯基姐妹。

那么回过头来我们继续思考下去，这个"缸中之脑"有可能是真的吗？我们的世界真的都只是我们的幻觉，其实我们都是"缸中之脑"想象出来的吗？或者"缸中之脑"就是庄周那个宇宙中的蝴蝶，它在梦里创造了我们和我们的世界吗？

普特南认为这是不可能的，因为类似于"缸中之脑"这种内在的意象假设，只是语句上的描述可能，但无法成为物理世界的现实可能。也就是说，语词可以安排出这样的恐怖情形，但语词所指称的现实世界，却没有安排出这样恐怖情形的能力。也就是说：

情形 A. 假如我们现在真的是缸中之脑，那么我们所能感觉到的一切材料，都是假的。也就是说，包括缸，还有脑，都不是真的，都是制造出来的幻觉。那么在这样的情况下，说我们可能是缸中之脑时，想都不用想，答案一定是：我们不是缸中之脑，因为没有缸，也没有脑。我们到底是什么，对不起，没有真实的外部感觉材料，支持我们知道我们是什么。

情形 B. 假如我们是在现实中，那么由于我们可以感觉到外部一切真实材料，所以经过探索我们发现，现实中有缸，也有脑，但我们的脑并没有泡在缸中，因此，我们也一样可以知道，我们不是缸中之脑。

以上就是普特南的整个论证过程。但这个论证实在是一种自我安慰。反驳普特南的做法可以是这样的：当普特南能区分情形 A 和情形 B 时，这说明他已经预设了一个现实世界和一个缸中之脑的世界。因此当他在描述情形 A 时，已经先天带着"我们不是缸中之脑，但我们可以先假装是缸中之脑的"意思，因此，尽管思考结果是"我们不是缸中之脑"，但实际上这个结果，早就在前提里默认了，所以是一个多此一举白费劲的证明。

此外，普特南的这个论证，还存在另外一个可被质疑的地方。在普特南眼里，包括如今人工智能图像识别技术在内的一切机器学习，都和人类学习有一个根本区别：它们并不理解所处理的对象，到底是怎么回事。比如人工智能在识别"树"这个单词时，它只是进行了符号识别，然后进行句子处理，它并没有理解树是什么意思。而在识别一棵树的图像时，它也只是依靠一些图案特征值在进行匹配，最后识别出这是一棵树而不是一头猪，但这个过程也没有任何理解。

句法处理不等于语义处理。

读解不等于理解。

普特南上述这种想法，用塞尔的"中文房间"思想实验，能够更加清晰地加以阐明。

"中文房间"思想实验指的是想象一个只会英语不会汉语的人,被锁在一个房间里。房间里有一盒汉字卡片和一本用英语写的规则书。这个人通过读规则书,知道如何操作汉字卡片,但对于这些汉字是什么意思,他完全没法通过规则书知道。现在,房间外面有人向房间内递送字条,字条上用汉字写了一些问题。这个人虽然看不懂汉字,但他会用规则书,他按照书上的指示,一步一步把房间内的汉字卡片组合出一些词句,作为对这些问题的回答,外面的人一看这些回答,竟然全部答对了。

现在请问,这个人理解汉语吗?

塞尔和普特南都认为,这个人没有理解汉语,他只是在操作流程。

的确,我们必须要把语词所对应的物理对象,嵌入日常经验中形成因果链,我们才能理解每一个语词是什么意义,语词观念网络、物理对象网络、连接这两个网络的意义网络,三大网络要全部激活。皮尔士当年说的三个范畴一个也不能少,我们才能说机器有了理解能力。否则,它就仅仅是输入输出的黑箱,就算是通过图灵测试,普特南他们认为也不能算是机器具有人类智能的表征。

但如果大家仔细想想,就会发现普特南这个论证有漏洞。

就算是物理主义者,他也同意以下观点:人类依靠五官和器材获得的感觉材料,并不能完全代表客观对象的一切,无论这个客观对象有没有实在性。我们能承认的,都是我们能得到的感觉材料。那么现在所要解决的,又是"缸中之脑"那个烦人的假设:我们怎么保证人类通过获得的感觉材料,搭建出来的理解后的物理对象网络,和生成感觉材料的那些理解前的物理对象网络,两者之间是等同的,而不是截然不同?

也就是说,对中文房间里的人来说,他拿到的感觉材料就是这些没有意义的汉字,这就是对他而言的物理对象,再加上他对这些汉字的处理,日复一日,他就会由此产生一切和他生命有关的因果链,一样可以产生语词观念网络、物理对象网络,以及这两个网络之间的意义网络。按照索绪尔的理论,他由此会形成一套能指和所指完全在任意性基础上产生的符号系统,他会说出一些对他自己有意义的中文,并知道怎么将其翻译成英文,而这个时候他和屋子外面的人要是能再进行对话,那么双方虽然都听不懂对方的汉语,但通过英文翻译,这两套不一样的汉语却是可以互相理解的。

可是，我们都知道，中文房间里的这个可怜人，他所理解的物理世界，和真正的物理世界，是有区别的。就像一个天生的盲人说，他看到了整个宇宙，但我们都知道，他看到的一定不是我们正常人所看到的，虽然大家指的是同一个宇宙。

同理，我们日常所能感受到的世界，如果其实就类似于中文房间里的那个人所面临的那些汉字，怎么办？我们不也是起初什么都不懂吗？我们不也是依靠我们人类日积月累的文明进程，逐渐将所有这些感觉材料重新组织成我们观念网络所对应的物理对象网络，并赋予其意义价值吗？那么，这个过程如果我们定义为是一种理解，为什么中文房间里那个人所进行的操作就不能算是理解？

切换到人工智能领域，我们一样会问：为什么机器学习按上述流程操作，就不能算是理解？

而一旦有一天人工智能真的就这么操作了，它们为什么还不是人类？

中国有句古话，叫作天外有天，人外有人。

现在这句古话有了新的含义：我们所理解的天，并不是天的本来面目；我们所不理解的人，才是人的本来面目。

同样道理，我们也可以猜测：当前呈现在我们面前的宇宙，用另一种我们人类并不理解的描述语言去刻画的话，那么翻译过来的意思，就是"缸中之脑"。

推荐阅读：《理性、真理与历史》

福柯（Michel Foucault）
1926—1984 年
法国的普瓦捷
"流量即话语，话语即权力。"

第五十六天　福柯

认识论是个筐，什么都能往里装。自打索绪尔通过符号差异将意义赋予了符号系统后，大家都意识到了这是一个方便法门。这不，现在轮到福柯了。他在原来符号形成的知识系统上，又添加了一种新的意义结构，就是所谓的权力。这样，知识、权力，再加上自我，就形成福柯自己的认识论。

福柯为什么选择了权力呢？劳动生产、力比多、来世信仰、烹饪法则、排泄物崇拜等，都可以被用于构成新的意义网络中吗？

是的，这些都可以用，但福柯不想用，因为他想在马克思、弗洛伊德、尼采、列维·施特劳斯、巴塔耶他们的基础上，建立一种更有颠覆色彩的学说。权力，就是在知识大幕掩护下的夺取物，谁掌握了权力，谁就拥有形塑知识体系的资格。福柯这位自认是被压迫被排挤的边缘学者，他需要通过阐述语言中的权力而非语言中的真值，来向普罗大众传递一个明确的信号：真理并不重要，重要的是谁在生产真理。

就这样，语言学不再是哲学，而成了政治。福柯专门用"话语"这个词，来表达在权力网络中的言语。权力无处不在，真理被大学、军队、监狱、医院和出版机构所占有，研究话语关系，就能了解权力网络的运转规则。话语之间的关系是滑动的，话语下面没有先天存在的意向性结构，只有陈述是它的基本单位。

福柯的陈述和索绪尔的能指相比，只是把应用范围从语言扩展到了语言使用的环境，所以分析话语的目的，就从研究语义学，变成了理解话语所处的社会、文化和经济空间的机制，总之，一切都还是按照索绪尔说的来：话语是漂浮无根的，陈述是没有主体的，只要把描述对象扩张到语言所在的世界，并时刻警惕不要让它们连续起来，始终让它们保持不可还原和不可替代，这样，形成福柯知识考古的理论准备就算完工了。

如果有学理工科的读者对此表示不满，认为论域扩张得过于冒失，那么我敢打赌，福柯根本就不在乎这种不满。福柯只吸引他能吸引的激情群体，从不吸引他满足不了的理智群体，况且按他的理论，理智也是一种被控制了的话语，如果你想摆脱控制，那最好远离理智，拥抱激情。这一点，如今可以在一些影响力很大的鸡汤公众号那里，看到同样的情形：十万加一般来自公众被挑逗起来的盲从，而不是来自他们的理智；如果粉丝的数量能达到百万，那么盲从就升级到了痴狂。

这也是福柯的魅力所在。因为相对于哲学来说，福柯自己发明的知识考古学的准入门槛更低。1968年的法国年轻人，没有经历过贫困和战争，不知天高地厚，但他们知道经历过血腥法国大革命的国家绝不会让警察或军队对他们开枪，所以他们放心走上街头，慷慨激昂，充分表达了他们心中的凛冽正气，他们大喊为了自由，要用最后一个资本家的肠子勒死最后一个官僚，然后就在人们渐生厌烦的不满情绪中，安全退潮了。这场运动中收获最大的，自然是萨特、罗兰·巴特这些老奸巨猾的哲学家，当然福柯也没少受益，他的权力话语体系让学生们沉迷其中，仿佛他们真的在通过影响权力从而影响知识的生产。法国学生当年就是这样，蠢得单纯，活该被收智商税。

福柯的话语分析虽然尖锐，却也实在简陋。比如讨论生物权力时，他直接就说，权力直达肉体，无所不在，并包括对你判决死刑。这样分析当然没有错，法庭判决杀人犯的确就是这么回事，它不仅仅是个法律问题，也是公众卷入权力场中的游戏。但是，经过这样的权力分析，能生产出什么改变话语流向的策略呢？

策略是以语言作为其底盘的。所以作为符号的策略，也一样要在差异中形成价值，并通过价值比较选出最优策略。如果福柯反对比较，那他就是个虚无主义者，认为什么策略都行，只要能反抗当前的权力场就可以，但如果他不承认自己是个虚无主义者，他也就不得不允许比较，那么我们就会在局域范围产生价值锚点，进而对所有策略进行价值评估，于是也就会发现，也许反抗当前的权力场并不是必需的。有时候，当前的权力场反而不仅是稳定的，而且已经是最优的。在某些地区，偷盗就要被剁手，通奸就要被阉割，谋杀就要被砍头。是的，这些规定很血腥、很野蛮，但如果改成福柯建议的，通过灵魂对话来拯救对方，那么，这不过是在话语体系中提出了一大堆伪善的原谅方式。按福柯的想象，那里的人们应该团结起来，共同反抗精神病院、监狱和军营，然而，一旦想象堕入现实，面对一大群失控的精神病患者、犯罪分子、恐怖袭击者，他们还会选择灵魂对话吗？也许他们第一个想到的，应该依旧是医生、警察和军队吧。

以福柯为代表的某些后现代哲学家，其惯用的拆解手法是相当粗糙的。他们对哲学的贡献，差不多就相当于在哲学已发展到走投无路的时候，上去再踩几脚，然后发出几声绝望呼告，赚点眼球。也许形而上学的再度崛起，必须等待来自数学、物理学、生理学等领域的重大突破，至于福柯的知识考古学，看来只能暂时成为一门注定会没落的后现代哲学，虽然福柯从来不承认，他的学问属于后现代。

我觉得福柯的这个不承认的做派，非常后现代。

推荐阅读：《知识考古学》

哈贝马斯（Jürgen Habermas）
1929——
德国的杜塞尔多夫
"交往有规范，就还有希望。"

第五十七天　哈贝马斯

我们夸了一大撮建构派哲学家，又贬了一撮子拆解派的，这会儿也该风水轮流转，揭一下建构派中的短板了。须知参差多态，乃是幸福本源。这就说一个他们中比较下来较弱的哈贝马斯，可以让我们看一看，什么叫"没有金刚钻，也可以揽瓷器活"。

作为一名哲学家，哈贝马斯其实并不赖，他的名气还很大，基本算是法兰克福学派的中流砥柱了。然而，他在自然科学方面的水平实在不怎么样，以至于他的行动交往理论，再怎么滔滔不绝，总会不经意间流露出一名文科哲学家的知识贫乏。这个弱点，看来是所有黑格尔的衣钵传承者永远的痛。比如在论述托勒密的理论体系时，哈贝马斯认为这个体系虽然是错的，但却是大家都可以通过交谈理解的。他这个想法当然是不对的：托勒密体系、牛顿体系以及爱因斯坦体系这三个体系之间没有谁对谁错，它们只是对天体运行规律的解释效力各有不同而已；而在论述交往行为的主体时，哈贝马斯又认为只有人类才具备驾驭语言系统进行沟通理解的能力，能够对语义是否真实、有效等等作出判断，而鱼类、丁香花等等动植物都是没有此等能力的，因为它们都是没有理性的。但实际上，很多鱼类有它们自己的一套语言系统，比如大黄鱼、小黄鱼就能通过声音互相传递信息。有人辩解说这是本能，不是理性，但能主动编码发出符号并有接收解码系统的有机体，都应该算是有理性的，因为这是有意识的行为，至于鱼类能否察觉这一意识行为，这已经是自我意识范畴里的讨论内容，对理性来说，这不是必需的。

哈贝马斯的交往理论，由于预设了一种谈话各方都要追求的终极目标，也就是共识，于是他阉割了自古希腊以来的修辞术传统。修辞术讲究的是说服，其说服对象不完全是对手，更主要的对象是听众和裁判。而在没有第三方的场合，只与对手面对面，那么说服对手或被对手说服的共识，就必须建立在谈判技术上。可是，谈判技术却不是必须建立在哈贝马斯提倡的可理解基础上，包括在这个基础之上的真诚、真实和正当，也不是必需的。相反，谈判充满了各种欺骗、试探和讨价还价。如果双方都是专家，那么谈判的最后均衡点一定是落在双方实力的均衡点上，不可能落在某种各方自带的先天道德规范上。

但哈贝马斯可能厌恶透了纳粹那套主张，他决意要另辟一个清新高尚的疆域。在那个疆域，来自不同文化背景的理性人，能够通过一种规范的交往规则，达成田园牧歌一般的共识。不得不说，持这一套设想的哈贝马斯实在过于天真了，天真得适合当一名牧羊少年，而不是指导现实生活的哲学家。而他和罗尔斯的大辩论，差不多也就是自家人关起门来的小打小闹。他们两个在这一点上的主张太相似了，都是试图给人类重新安置一块甜蜜理想的新天地，但对现代国家的决策者来说，这些构想几乎没有实战指导意义，与当年可辅佐亚历山大皇帝的亚里士多德的修辞学相比，倒退了差不多两千多年。

但这些构想也并非一无是处。

当全体人类共同面对重大灾难性事件的时候，哈贝马斯的交往行动理论就会顿时有了用武之地。比如，外星清除部队某天降临地球，他们的队长用地球语言通知我们说："呔！尔等地球人听真！尔等乃宇宙之原位癌，本次前来团灭尔等，12个时辰之后，将立即投放新冠病毒！望尔等速速配合。钦此。"

这个时候，物种自我保护的需求，将立刻成为所有人的共识并上升为普遍道德，它也不需要检查参与者是否都是自由的、平等的，也无所谓多有深度的讨论，全天下所有乌合之众，都会自动获得交谈和行动的正当性与合法性。专家系统将在此时自动洗白，不再被人怀疑它背后有商业机构操纵，人们会重新抬高对专家的信任度。至于程序正义这一步骤，赶紧跳过去吧，别磨蹭了，也许全世界只剩下哈贝马斯本人还在磨蹭，还在苦苦思考，我们这样取得的共识，真的符合整个宇宙的正义吗？

且不论哈贝马斯各种迂腐的规定，单单就非常时期而言，似乎真到了这一步，政府和民间都会自发组织起来，完成绝大多数目标一致的行动，包括有人愿意主动牺牲自己，为其他人作出勇敢无畏的英雄榜样。这样一来，哈贝马斯的理论就成了一种描述性的理论：人们根本不需要他指手画脚，凭着救亡图存的生存本能，就一样可以做到他所期待的万众一心。那些合法性危机和合理性危机都可以在一夜之间消失，而哈贝马斯对晚期资本主义的种种忠告和批判，也就一块儿化作了青烟。

所以对资本主义制度来说，最好的出路，无非就是在日子过不下去的时候，没有危机也要制造危机，从而可以最低成本地重新组织共识，用文化建设来缝合阶级固化导致的社群大撕裂，从而重新获得执政合法性，这已经成了他们政治生活的保留剧目，也是普遍语用学在实操中活学活用的典范。

而和平年代的人类行为，更是可以把哈贝马斯这一套反其道而用之。国与国，家族与家族，个体与个体之间，本来就充满各种非对称博弈，因为人类优先发展出智力，不是用来做数学题解乏的，而是用来在欺骗与合作中为自己挣到更多利益的，否则，今天将是肌肉最发达、牙齿最坚固的人种统治世界，而不会轮到大脑最发达的那群。因此，哈贝马斯进一步要求每一个参与者都是自由平等的，从而保证程序先天合法正当的愿望，只能说是空中楼阁。但是，这个空中楼阁本身就是非常富有欺骗性的，比如天赋人权，或者世界大同之类，它们可以满足不同人群的共同想象。在名义上的真诚、真实、正当三原则下，人们会在交往行为中，把自己代入想象中的共识世界，实则跨入的是欺骗之境。

出现这种和哈贝马斯背道而驰的结局，完全是因为在语言游戏中，真只是一个约定，而既然是约定，那就逃不开说服。在晚期资本主义社会，当然是越有钱越有权越有知识的，越有说服力。就这样，哈贝马斯想逃脱智术师的修辞罗网，最终却像孙悟空一样始终逃不出如来佛祖的五指山。

但哈贝马斯毕竟是善的，他就像当年中国的孔子一样，想为全天下的人们找一个可以大同的理想。而他们在不同时空的失败，将证明人类至少还一直怀揣天真，向善而生。

也许有梦想，就有希望吧。

让我们以电影《悟空传》结尾那几句毫无理性的宣传语，作为对这名理性主义哲学家的总结吧。

> 我要这天，再遮不住我眼
> 要这地，再埋不了我心
> 要这众生，都明白我意
> 要那诸佛，都烟消云散

天真。

推荐阅读：《交往行动理论》

德里达（Jacques Derrida）
1930—2004 年
阿尔及利亚的艾尔比亚尔
"去中心"

第五十八天　德里达

后现代哲学家似乎普遍都缺乏自信，所以他们都向古希腊哲学家赫拉克利特靠齐，用大量像诗歌一样的辞藻，为三言两语就能说清楚的思想进行过度包装。这个来自阿尔及利亚的德里达，显然是这种修辞术的集大成者：他为了让自己的文风和思想一致，不惜在书写过程中不断闪烁自己的写作意图，以至于写出来的文字，既不是文学，也不是哲学，而是一团文字的迷宫。

这一招保护了他脆弱的边缘人身份，也招惹来一群学者的愤怒。1992年，当剑桥大学想授予德里达荣誉博士时，蒯因和10个国家的18位哲学家终于拍案而起，联名写信抗议，说那德里达是在把"跟达达主义者或具体派诗人一样的恶作剧和鬼把戏翻译到学术领域中来"。德里达哪里咽得下这等颐指气使的指控，他在反驳时指出，论证的关键在于讨论，在于提出问题，而不在于所谓的清晰与严格的标准。最终，剑桥大学授予了德里达这个荣誉学位。

很多年前，德里达曾访问过中国，其中一站是在上海的复旦大学。当时我也慕名去了，因为我很好奇他的一头白发是天然白还是后期染的色。但在演讲前，德里达首先默哀了前一日在"9·11"中死去的人。这一点让热情洋溢的观众和主办方都一时错愕，但随即大家都反应过来，跟着一起哀悼那场不幸。看来，解构并不是无情无义，只是想要在对抗的过程中书写另外一种正确，但又不好意思自居是正确的代表，所以经常事了拂衣去，深藏身与名。德里达从一开始就在和整个世界既定的秩序对抗，哪怕他对中国的文字书写传统怀着不切实际的迷恋，面对"9·11"次日无动于衷的中国同仁他还是小小反抗了一把。

可见，拆解派并不是个个都是"弱鸡"，到处挨打，只能偶尔发点不同的声音。不，这个德里达其实是一只"战斗鸡"。我们只有进入德里达的想象世界，才能搞清楚他繁复精妙的"小肚鸡肠"里，藏着些什么雄才大略。也就是说，必须切入德里达的文字迷宫，才能发现那些他"不肯生出来的金蛋"。

但是，所谓解铃还须系铃人，切德里达思想也最好让德里达自己来切。不幸的是，德里达死在了这个自体解剖计划之前。所以，我们再也不可能得到一本名字叫"德里达论德里达"的著作了。现在剩下的唯一便捷法门，就是回到这个一年写一本书的写作狂魔的起步阶段，翻阅他当年对晚年胡塞尔的思想研究。因为当时，德里达还来不及层层包裹他的思想，一切还相对比较清晰。我们从那里入手，绕过所有的文字包浆，找到其赤裸裸的本源思想，将其摊开在光天化日之下。

好，现在让我们和德里达一起，再一次来琢磨下"人见人厌"的胡塞尔。

晚年胡塞尔在考察几何学的起源时，差不多也是图穷匕首见了。他老眼昏花，一步三回头地走上康德的老路。胡塞尔认为几何中有一种内在意义结构，先天就存在于历史之中，人类数学史上第一个几何学家所写出来的几何文本，将作为一种含有源初观念的构造物，奠定今后所有几何学的源初意义。然后，胡塞尔再兑入柏格森的绵延风，认为源初意义在不断的意义积淀下，不断相互交织和相互蕴涵，最终形成了今天蔚为大观的几何学系统。在这里，胡塞尔的论证继承了海德格尔的思路，也跟着一起认为，人生来就在这个世界，被视域结构给先天规定了，所有人都在相同的视域中。因此，这样的先天结构将规定着几何学永恒的意义，而不是今天这样明天那样。

显然，胡塞尔这样的论证是相当无力的。也许在皮亚杰发表著作之前，这样的论证还挺像回事，但不幸的是，皮亚杰在大量观察实验的基础上，认为几何学这些知识系统，都是因为人类与环境的互动所累积而成，它是构成性的，在历史经验中的，而不是由什么静态的本质直观或动态的观念直观来决定。换句话说，柏拉图也好，康德也好，胡塞尔也好，他们只不过是变着法子在玩生活世界里的近景魔术，如果把这种魔术当作信念，那就是哲学的树瘤，一个疤痕组织。

当然，皮亚杰没这么大胆表露过意见，他只是提出了一种解释的可能性，在没有更多证据的情况下，他并不想和无数康德哲学的继承者发生冲突。要知道先天存在某种普遍有效的永恒真理，不仅是很多数学家和物理学家的信念，也是很多哲学家和神学家的信念。如果你要反对康德，那差不多就在反对整个正统的哲学世界。

但是，只要经验主义能不断从科学实验中采集更多的数据来支持自己，那么康德所建成的先验哲学王国，再怎么仰之弥高，也只能且必须在历史的透视法则中逐渐远去：它从来就不是正确的，也不是错误的，它只是褪色了。取而代之的，也许是这样的一种新理解：包括数学在内，一切科学都是一种发现，但因为是被人类发现，所以也能算是一种发明。

现在，我们暂且从反对康德的革命情绪中抽身出来，返身到德里达的思想中，看他是如何像鬣狗一样，敏锐嗅到猎物踪迹并紧追不舍的。德里达在巴黎高师念本科时，已经"咬"过胡塞尔这篇被学界冷落的文章了。8年之后，他再次紧紧"咬"住它，不但将其翻译成了法文，还配上长长的引论。德里达这个人就是这样，他就喜欢把某个哲学家的著作推在前面，然后自己躲在其后，絮絮叨叨吐出无数蜘蛛丝，反复编织，最后发给你一个被裹得密密麻麻的思想尸体，作为他的劳动成果。

在这篇引论中，德里达非常小心地顺着胡塞尔的思路，谦逊地梳理着对方大量的论证细节，偶尔眼看就要露出反骨，他也能立即变换手法，作出一番很捍卫先辈的样子。他把更多自己的想法和意见，差不多都放进了注解中，任其发酵。看德里达的文字，就像看一个了不起的跳梁小丑，凭着敏捷善变的步法，赢得一次又一次喝彩，以至于谁也不记得他的小丑身份，而对这个身份的遗忘，本身就展现了德里达的魅力。

这种写作方式不仅仅是因为德里达的性格，也是因为他的哲学观念。对他来说，把自己或者把世界当作某种书写的中心，都是不安全的，他总是把这些中心给空心化，让它们不在场，让追逐它们的读者扑空，并且还不承认他这么做是在否定。相反，德里达认为自己所做的一切都是肯定，都是试图告诉我们，世界其实是在进退两难中，才能保持着一条道走到黑。

德里达不仅强调了差异（Différence），还使劲捏揉出了一个谁都没见过的法语单词：Différance（延异），然后到处放风说，你们谁也别想给这单词找个定义，它没定义，它的意义只在于语言的关系网络中。但实际情况并没有这么可怕。从这篇引论中，我们可以轻易捕捉到差异和延异是怎么回事：

胡塞尔把他的先天综合真理，做成一道超时空的源初桥，横跨在我们人类历史的头顶上方。它看不见摸不着，一头连接包括几何学在内的人类理性的发轫源头，一头连接面向未来无限开放的命运尽头。然后胡塞尔再通过一系列发生现象学的方法，让每一个主体在理性的反思中，不断在历史的重重沉淀物中，追寻这座桥遗留下来的线索，从而依靠蛛丝马迹，挖掘出一个个历史上可环环相扣的链环，并找到当初系在桥上的最末一环。

然而，德里达认为胡塞尔这个方法存在着很大风险：第一，我们所挖掘出来的链环，是坠落到历史中的线索，已然受了时空的约束，发生了变形，所以复原出来的源初桥，和当时的源初桥并不一致，之间存在空间上的差异；第二，在存在差异的基础上，我们每多挖掘出一个环，回过去问源初桥的结构走向时，总是慢一拍，并不能和源初桥当初在场的时间同步。这种时间上的延迟，加上先前空间上的差异，合起来就叫作 Différance。

德里达能想出延异这个奇怪的术语，也不完全是按上述抽风一般的抽象思辨得到的结果，他只是将手头的日常工作给高大上了：德里达也许当时正在写他的著作，他看着纸面上不断出现的字，不由灵感丛生：他想他可以把他脑子里的思想比喻成源初观念，写下来的文字当作历史中的经验对象。脑子里想的和写下来的字，当然存在差异，并且因为书写需要时间，所以自然也会产生时间差造成延异。接下来，他继续扩大空间差和时间差，终于完成了书稿并校对完毕，将书寄给出版社并得到出版，当他人阅读他的著作时，将再度产生延异。

再换个比方。这就像他用一根树枝在水里划了一道水痕，水痕会很快消失，但荡起的涟漪，却需要通过延异才能播撒开来。引申开来，那就是我们只有通过延异，才能捕捉到那根树枝的凤毛麟角，想要绕过延异，直达树枝的本来面目是不可能的。我们只有带着障碍，才能满足摆脱障碍的欲望。

这就是德里达所有的写作伎俩，说出来很简单，运用起来却全凭造化。德里达并不想解构什么，他只是想融合什么，就像莫奈晚期画的那些睡莲，氤氲升起，妙不可言，其实是因为他年老后视力衰减，对色彩的分辨力大大减退了。

但我依旧有些喜欢德里达，因为只要从他的理论中，把那个他依依不舍但实在太康德的不在场中心，从超时空拉回到经验世界，成为皮亚杰说的格局，那么德里达等于在用哲学的思辨语言，将皮亚杰的发生认识论给扎扎实实建构了一遍，现象学将和心理学互相连通，这不是胡塞尔希望看到的，但这却是一切超越性理论所盼望的。

因为这样将不仅拯救经验主义，也将拯救形而上学。

推荐阅读：《胡塞尔〈几何学的起源〉引论》

蒙塔古（Richard Montague）
1930—1971 年
美国的斯托克敦
"人工智能，你妈叫你去种语法树。"

第五十九天　蒙塔古

现在，让我们走近语言哲学最幽深曲折的一条路径，去探访最难以被人所理解的人工语言：蒙塔古语法吧。

日常生活中，我们使用的自然语言，尤其是我们中国人的汉语，用起来是信手拈来毫不费力，可真要研究起来却是伤脑筋，毕竟当初摸索出自然语言的古人，怎会想到今天的逻辑学家各种折腾，对语言提出越来越苛刻的要求呢？这些逻辑学家要求完备性，也要求一致性，还要求扩展性。为了满足这么多要求，他们放弃自然语言，发明了人工语言，看起来很精确，计算机也喜欢，但这么做的缺点也是显而易见的：第一，我们普通人看不懂，第二，我们看懂了也觉得没法用，第三，就算用了也发现各种不称手。喝着冬瓜汤消火气还摇着蒲扇的群众不禁要问了：万能的逻辑学家，你们就不能为我们人类想想吗？

然后我们的蒙塔古来了，不幸的是他很快就走了，因为他被谋杀了。我怀疑杀人犯是外星人派来的,因为他们不想人类的科技树发展过快。

无论怀着多大恶意去揣测外星人都是不过分的,但我们还是先说一下蒙塔古的贡献吧。

在蒙塔古出现之前,弗雷格、罗素、塔斯基、卡尔纳普、戴维森、乔姆斯基、克里普克等逻辑学家或哲学家,还有丘奇这样的计算机学家,在人工语言方面都已做了不少工作,但他们都是搞外延逻辑出身,并没有完全转型到内涵逻辑。是蒙塔古博采众长,第一个整理出了一套独特的内涵逻辑系统,从此,自然语言终于可以扬眉吐气,对人工语言说:啊朋友,再见。

其实外延逻辑和内涵逻辑,它们之间的差别并没有我们想象中的那么大。我们要整明白一句话的意义,习惯做法就是把这句子打碎,成为一个个的名词或短语等碎片,然后为这些碎片去找相应的指称对象,最后把指称对象合起来,成为这句话的意义,这种做法就形成了一套外延语法逻辑。

但外延语法逻辑有一个问题,就是它只能处理一部分它能处理的句子,可是有些句子,比如带时间状态的,它就蒙了,不知道该怎么处理。因为外延逻辑所指称的对象,都是硬邦邦不能变化的,必须是永恒存在的,比如著名的"法国国王是个秃子",外延逻辑就很难处理,因为以前的确有过一个秃顶的法国国王,但现在法国没有国王了,未来有没有还不知道。

现在,内涵逻辑就可以改善上述死板不开窍的状况。它引入了可能世界,可以把在时间中的各种可能态都考虑进去。也就是说,内涵逻辑其实就是把外延逻辑给浸没在了时间长河里。内涵,是敲上可能世界时空坐标的外延函数。

此外,蒙塔古开发的内涵逻辑还有一个好处,那就是它不仅可以处理句法,还可以同步处理意义。这一点很厉害,这就相当于它不但把语言外面的形状给摸了,还把手伸到语言的里面,把里面的意义也给摸了。

本来索绪尔的传统是只管语言的,语言学家躲进小楼成一统,管他冬夏与春秋。但是卡尔纳普他们后来发现,抛弃物理世界,不问句子意义,这算什么语言学啊,不行,我们必须搞定句子意义,必须能生成有意义的句子。于是,语言学家乔姆斯基就在他的深层结构里添加词库,试图通过语义解释来废除那些生成出来的无意义的废句,比如"无色的绿思想在狂怒地睡觉"(colourless green ideas sleep furiously)。这样生成的废句曾令逻辑学家们大为头疼,但这个副作用也意外揭示了一个有趣现象,那就是现代诗人们写诗,其实就是利用外延逻辑来生成废句。所谓的灵感或者天赋，原来是获得性语言能力缺乏症，没什么神秘之处，这也就是人工智能率先学会的就是写诗的缘故，因为这根本不需要什么灵感天赋，纯粹就是句法操作。

但对于说日常语言的日常人来说，我们需要的不是梦呓一般的诗句，而是可以交流理解的正常句子。如果外延逻辑的道路遇到了无法克服的困难，转而求助内涵逻辑，那就是迎难而上的必经之路。

但问题是所要面对的困难实在是过于艰巨了。内涵逻辑简直就是试图用最原始落后的方法，模拟出人类千万年来靠自然进化出的智能系统。所以现如今占上风的机器翻译技术，改弦易辙，采用的是海量数据的语料库，借助统计学的办法来完成翻译任务。相形之下，内涵逻辑这种依靠规则来翻译的智能系统，效率上远远是比不过的。但是，放眼未来，如果要让翻译水平更上一层楼，更像是理解了意义之后翻译出来的语言，那就无法忽略蒙塔古发展起来的高阶内涵逻辑。

蒙塔古的总体想法是：先仿照乔姆斯基他们的做法，种一棵语言树。就是把自然语言这落了一地的树叶，全部采集起来，按照句子、动词短语、及物动词、不及物动词等 11 种语形范畴，组成树的大小枝条和各类树叶，然后依据 17 条语形规则，将它们按层次一点一点重新粘贴拼装，最后整理成一棵树。这棵树有个专门名称，叫作 FE，就是碎片英语的意思。FE 树上的语言虽然碎，但好歹还是自然语言，就好比有人说话虽结巴，但好歹说的还都是人话，不像人工语言语法古怪，要求刁钻，一听就不是人类在说话。

接着，蒙塔古另外找片空地，开始种另外一些树。这回种的树，全都是人工语言树了，树的品种从 L_0 到 L_1，L_{1E}，L_{type}，L_λ……L_{lmt}，名目繁多，而树的复杂程度也是一棵比一棵高，因为蒙塔古不断地给树加码：加量词、加类型、加时态，加可能态……总之，就是越加码越逼近自然语言，直到最后一棵树：IL，终于可以做到非常逼近先前的那棵 FE 树了。

最后，蒙塔古在这两棵树之间，拉起了一张关系网，让 FE 树上的任意一片树叶，都可以通过映射关系，在 17 条翻译规则的帮助下，从 IL 树上找到对应的树叶。就这样，自然语言可以直接翻译成机器看得懂的人工语言，反过来的翻译也成立，并且全程无歧义。

如此一来，再想让人工智能创作诗歌，这个要求就太低级了，因为它会判定什么句子是没有意义的,而要它造一堆没有意义的句子,简直是易如反掌,至于人类能从中得到很多情感上的共鸣,那很可能只不过是低级生物对错误信息产生的无效反应,就好像夏日晚上的路灯下,总有大量飞蛾绕着灯泡在疯狂飞舞,耗费它们本来就不多的宝贵生命。

如今不是流行"丧"文化吗,也许这个文化根本就不用着急着流行,因为再过几十年,面对那个时候的人工智能,人类不丧都不行了。

推荐阅读:《蒙太古语法及其应用研究》

碰撞海域　拆解与建构

齐泽克（Slavoj Zizek）
1949——
斯洛文尼亚的卢布尔雅那
"段子哲学，天经地义。"

第六十天　齐泽克

最后一位拆解派哲学家，是写阿甘本、朗西埃、巴迪欧还是齐泽克，我颇费了几日踌躇。这四个当红流量哲学家，似乎每一个都很有诱惑力，都属于哲学界的"老鲜肉"，但最终我还是决定写齐泽克。不仅仅是因为他会讲粗俗的市井笑话，能让我们在轻松的哲学学习中不至于忘记严肃地笑上几下，还因为他是吴冠军的熟悉人物，有这位政治学教授把关，我写得再荒腔走板也有人愿意来圆场。

齐泽克继承了马克思对资本主义制度的无情批判，但基于这个制度就像那头武松怎么也打不死的不高兴老虎①，齐泽克对批判这个制度的马克思思想

---

① 在1962年的国产动画片《没头脑和不高兴》里，长大后成为工程师的没头脑，去看"武松打虎"戏剧演出。舞台上，扮演老虎的就是他的同学不高兴。老虎被武松打死后，小观众们都欢呼，这下不高兴不高兴了，就跳起来继续和武松打，三番五次后，武松累坏了，求他别打了，不高兴不罢休，最后把武松给打趴在地，下面看戏的小朋友们都看傻了。

进行了大刀阔斧的修正。他同时调用包括德里达和拉康在内的诸多后现代大佬的思辨技术,将马克思主义改造成了一台活色生香的综艺节目。老套的剩余价值,现在用新套的剩余快感来解释,就算是行将就木的马克思主义老太太也会因此激动得焕发青春:是的,现在剩余快感来了,它是人类在满足现实生活中各种必要需求之后,多余生产出来的快感。如果人类为了更伟大的理想,肃清这种剩余快感,让一切拜物教和迷恋全部消失,那么以这些剩余快感作为中介来达到的爱情对象,也就会一块儿消失。同理,齐泽克以为,马克思的错误就在于,他以为消除了剩余价值,就能达到生产力的完全自由,但实际上,障碍物和目标会同时消失殆尽。

齐泽克运用拉康的精神分析技术,对政治作出的种种诊断,具备了古希腊智术师才有的修辞魅力。如果他的这套分析技术风靡起来,将会对资本主义制度构成哥斯拉级的伤害。然而,全球资本主义的反对者也不用高兴太早,因为他这套方法也可以一样运用到任何其他制度上。事实上,齐泽克制造的是一门不分对象的超级地图炮。任何一种制度、主义、情感、宣言、偶像,只要想论证其合法性与合理性,并自摸崇高光环,齐泽克的地图炮都能找到它的命门,然后将之三炮摧毁。

以现代艺术为目标,整个摧毁过程大致如下。第一炮:打掉幻象基座,好比是让古根海姆这类的世界级美术馆变得毫无意义;第二炮,打掉幻象基座上的僭主,好比是让美术馆里杜尚的便器不再依靠它的恶心与粗俗让观众产生惊愕、愤怒或若有所思;第三炮:将幻象基座背后隐藏的虚无真相轰出来,好比是让所有观众知道被杜尚恶作剧作品所隐藏的那种艺术的崇高,其实就是个连屁都不是的空。

但"齐三炮"对此讳莫如深,三缄其口。我认为大大方方地承认在今天这个世界上,唯有"齐三炮"是一名真正的马克思主义战士,是一点也不过分的评价。只是要提醒大家的是,如果在齐泽克的指导下,世界上一切幻象和幻象背后的价值全部被犁平,人们穿透一切代理的僭主,直接和邪恶、淫荡、虚无的对象合二为一,那么,人类也就在那一刻到来之时,失去了人类之为人类的全部意义。就这样,齐泽克解了康德投下的毒,用的却是一种毒性更强的解毒剂。

然而齐泽克自己并不是一个虚无主义者,他很享受应邀来上海演讲的那段经历，让他可以坐在五星级宾馆面对窗外冬景的浴缸里，一边泡在温热的水里，一边体验着他个人学术生涯的种种惊奇。按照他有时候的理论，这个世界的混乱、无耻与邪恶，是用来掩盖某种更荒谬的真相的，而秉承拉康精神的大无畏者，应该看穿这层荒谬，直接回到前本体论的时段，看清我们之所以会如此堕落，如此不正常，是因为宇宙本来就是如此堕落，如此不正常。我们继承了这种品质，却又不愿意承认，所以才编织如此众多的剩余快感，企图蒙骗我们自己，说服我们的天性是善的。齐泽克一旦想明白了这一点，他一定会再一次打消他在想象界为自己编造的自杀念头，而是会把身体更深地泡在热水里，看窗外飞雪满天，行人匆匆，构思如何在下一本书里，将自己的幽灵恐惧再次转化成阶级斗争语言，让更多的人陪他一起去面对这末路狂奔的世界。在这一点上，他再次和马克思心有灵犀。

最后，还是让我们愉快地再说一个齐泽克编的段子作为结束吧，管它是不是真的。

齐泽克接受采访时说："我不是个好父亲。维护尊严的某些方式是荒谬的，我会自动抵制。我十几岁的儿子认同我对自己权威的破坏。那时他14岁，因为某些原因我很生气，还用斯洛文尼亚语的脏话骂了他：'让你妈被狗日。'儿子回答说：'这件事15年前已经发生过了。我就是这样出生的。'"

推荐阅读：《易碎的绝对》

后记

要让哲学史能照进未来,就必须先点亮它的过去。

再过 15 年,回头再看今天所写内容,我还是会哑然失笑吧。想想自己就这点水平,还好意思普及哲学,但那也是 15 年后的自我批评了吧,至少我现在是认真重写了每一篇,争取让每一个哲学家归位到他们应有的位置。当然,这里面有我的哲学态度,这个态度是摇摆的,因为这些哲学家各自有各自的魅力,我总是会被他们吸引。既做不到彻底中立,也做不到唯我是瞻。这是一个互相影响的过程,恰如天体与宇宙形状之间的关系。

感谢那时候《one》的主编小饭过了如此多年还记得我写过这么一堆哲学家,他说,你让我发表在我们的刊物上吧,我想让我的读者接触些不一样的知识。我说,好,你给我时间,让我重修一遍吧。于是我写啊写,写完第一稿后又接着给哲学家造像,于是又画啊画,等我全部折腾完了,小饭说他已经辞职了。

但任何事情都是一种因缘,哪怕最后这本书只为我一个人而写,我也要把它做到我能做到的最好。为此我不断调整自己的哲学立场,并不断发现这件事是如此不可思议。在我的头脑里,已没有任何的哲学立场可以一以贯之,这是危险的，也是刺激的。昨天可能我还在支持苏格拉底，今天就会因为智术师的集体出现而反对他，但明天我也许会在孟子的观点中再次变脸。这一切正如哲学博士宝树总结的那样，是一场哲学奥德赛。而当大幕落下、付梓出版之时，我的哲学态度也最终定格在落语家春风亭一之辅的那句格言：

只顾当下，终生修行（目の前だけを見て　これからも生きていく）。

诸多因缘，我笔下的哲学家终于全体相聚，我可以郑重感谢所有帮助过我的人，但世事难料，阴晴圆缺，为此，我想还是提前感谢一下为好：我感谢塔塔、李莫提、zen、星空、王立铭、晃晃、北星、JS 等各路专业人士的精准点拨和指正，没有你们的无私帮助，凭一己之力，我根本无法完成这项人类群星闪耀下的工程。而工程中存在的任何错误、疏漏以及有待修缮的建议，请 E-mail 至 lubingwen999@163.com，我将会一一读取，并会在今后再版中逐一修订。

买块兰花要整根，
神完力足长儿孙。
莫嫌今岁花犹少，
请看明年花满盆。

2020 年 10 月 25 日 终稿